KB232472

하나님의 마음에 합한, 다윗

하나님의 마음에 합한, 다윗

유진 피터슨 지음
전상수 옮김

쉴만한물가

하나님의 마음에 합한, 다윗

재판 1쇄 발행 : 2006년 11월 25일
재판 2쇄 발행 : 2007년 1월 31일

저 자 : 유진 피터슨
역 자 : 전 상 수
발행인 : 이 원 우 / 발행처 : **쉴만한물가**
주 소 : (413-756) 경기도 파주시 교하읍 문발리 535-13호 파주출판도시
전 화 : (031)955-4421 / 팩 스 : (031)955-4432
E-mail : quietwater23@hanmail.net
등록번호 : 제18-99호

공급처 : **미스바출판유통**
전 화 : (031)955-4433 / 팩 스 : (080)300-9191

Copyright ⓒ 2006 **쉴만한물가**   Printed in Korea
값 10,500원

ISBN 978-89-90072-07-7 03230

목차

시리즈 머리말

성경연구 지침서라는 분명한 목적을 가지고 펴내는 이 시리즈는 교회를 위해서, 그 보다 더 정확히 말한다면 평신도들을 위해서 마련한 것이라고 이야기해 두고 싶다. 일상적인 신앙생활에서도, 성경공부 모임이나 교회학교에서도, 아니면 가장 가깝게 목사님의 설교를 들을 때에도 크리스천들은 성경을 의지하게 된다. 성경말씀은 우리에게 용기를 북돋아주고, 때로는 삶의 도전이 되기도 하며, 우리의 언행이나 선택에 지혜를 공급해 주기 때문이다. 성경에 담겨 있는 이야기들은 기쁨과 슬픔이나 놀라움 등 우리가 일상적으로 겪게 되는 지극히 인간적인 내용들이라고 할 수 있다. 또한 성경말씀은 우리 모두와 연관되어 있어 우리가 무척이나 고심하고 어려워하는 윤리적이며 신학적인 문제들을 아주 폭 넓은 차원에서 다루고 있기도 하다. 그래서 모든 교회와 교단에서는 자주 논쟁이 일어나곤 하는데, 그럴 때마다 목회자들과 평신도들은 동일하게 하나님의 말씀으로 돌아가서 우리가 직면한 어려운 문제들을 제대로 다룰 수 있는 방법을 깨닫곤 한다.

교회 내의 수많은 남녀 평신도들이 '가르치는 사역'을 위하여 헌신하고 있다. 아마도 그들 대부분은 그 가르침을 준비하기 위해 많은 시간을 할애할 것이다. 평신도라는 말에서 알 수 있듯이 그들 대부분은 전문적인 신학 교육을 받지 않은 사람들이다. 그러나 성경 교육과 관련되어 있는 그들의 지속적인 헌신으로 말미암아 성경과 우리의 삶이 어떤 관계가 있는지를 더 깊이 알고자 하는 관심이 기본적으로 유지되고 있는 것 또한 사실이다. 그들은 다른 사람들이 성경에서 솟아나는 생수를 마실 수 있도록 도와주기 위해 자발적으로, 때로는 아주 열정적으로 성경을 연구해 왔다.

본서는 "웨스트민스터 성경 연구서"(Westminster Bible Companion) 시리즈 중의 한 권으로, 평신도들이 성경을 더욱 분명하고 지혜롭게 이해할 수 있는 일에 일조하고자 하는 마음에서 씌어진 책이다. 그런 이해가 개인적인 지식을 위한 것이든지 아니면 다른 사람을 가르치기 위한 것이든지 간에 성경을 연구하는 사람들은 오랜 역사를 거쳐 전해져 내려온 이 성경말씀의 내용을 이해하기 위해 힘든 노고를 회피할 수는 없을 것이다. 모든 성경은 예수 그리스도로 말미암아 자신을 나타내신 하나님에 대한 믿음을 가질 수 있도록 우리를 인도하고 또한 모든 사람에게 구원의 약속을 제시하고 있기 때문에 분명하고 확실할 뿐만 아니라 누구에게나 유효한 것이기도 하다. 그러한 성경의 내용을 올바르게 이해하기 위해 반드시 어떤 참고서가 필요한 것은 아니다. 그러나 어떤 본문에 대하여 보다 더 깊이 생각하고 숙고하며 더 깊은 의미를 알고자 하는 사람들에게는 성경의 본문만으로 모든 것이 이해될 수 있는 것이 아니기 때문에 마음 가운데 의문을 갖기 마련이다. 그런 의문들은 역사적인 사실이나 지형적인 내용들과 관련된 것일 수도 있고, 한눈에 그 핵심을 구별할 수 없는 분명치 않은 의미의 단어들에 관한 것일 수도 있다. 또한 그런 의문들은 어떤 구절에 나타나 있는 근본적인 의미에 관한 것일 수도 있고 아니면 특별한 본문이 우리가 살고 있는 현 시대와 어떤 연관이 있을까 하는 궁금증에서 비롯된 것일 수도 있다. 또는 교회학교의 성경공부를 준비하는 교사가 그저 "다음 주일 성경공부를 인도할 때 이 구절에 대해서 무엇을 말해야 하는 것일까?" 하며 고민하는 것으로 시작될 수도 있다. 이 시리즈의 도서들은 오랫동안 성경을 연구해 온 목회자들과 가르친 경험이 풍부한 노련한 성경 교사들이 저술하였다. 그렇기 때문에 이 책들이 의문을 가지고 연구하며 공부하는 교인들에게 도움이 되기를 바라는 마음 간절하며, 또 그렇게 될 수 있을 것이라고 확신하는 바이다.

강해하고자 하는 성경 본문은 각 장의 도입 부분마다 제시되어 있기 때문에 독자들은 성경 본문과 그 본문의 의미에 관한 강해를 보다 쉽게 볼 수 있을 것이다. 성경 본문의 전문을 반드시 수록할 필요는 없겠다고 판단되는 경우이거나 강해자가 성경 구절 전체를 설명하지 않고 있는 경우에는 본문을 군데군데 삭제하여 실기도 했다는 사실을 참고하기 바란다. 그런 몇몇 특정한 경우 외에는 성경 본문 전체를 그대로 발췌하여 수록하고 있다.

이 시리즈가 하나님의 말씀을 모든 사람들에게 활짝 열어 주어서 그들이 그 말씀을 통하여 힘을 얻고 인도함을 받게 되어서 그들 각자가 섬기고 있는 신앙 공동체에 더 큰 유익을 끼치게 되기를 소망한다.

서 문

사무엘서는 한나, 사무엘, 사울, 그리고 다윗에 관한 이야기로 구성되어 있다. 그 인물들의 생존 시기는 BC 1000년을 중심으로 하여 그 전후라고 추정할 수 있는데 이 시기는 이스라엘의 조상 아브라함 시대(BC 약 1800년)와 예수 그리스도가 탄생하신 때의 중간 즈음에 위치한다고 할 수 있다.

우리 믿음의 조상들이라고 할 수 있는 히브리인들은 일화 형식으로 어떤 내용을 전달하는 것에는 탁월한 재능을 가진 사람들이다. 그들이 들려준 이야기들은 예배에 참여하고 있는 여러 공동체들 가운데 메아리치듯 전해지고, 그 이야기들이 처음 들려졌을 당시 이야기의 실상을 알고 있는 사람들이 공감했을 그 생생함과 현실감이 그대로 또렷하고 또 분명하게 우리 마음에 울려 퍼지게 된다. 아담과 하와, 아브라함과 이삭, 야곱과 라헬, 모세와 여호수아, 미리암과 아론, 드보라와 바락, 룻과 나오미,

에스더와 모르드개 등과 같은 사람들의 이야기는 우리 자신의 인격을 면면히 들여다 볼 수 있도록 거울 역할을 해 주며, 또 인간성의 한계를 잘 드러내고 있기도 하다. 그 이야기들은 인간이 바르게 살아가기 위해서는 반드시 하나님과의 교제가 있어야 한다는 메시지를 전하고 있다. 인생을 살아가는 우리가 경험하거나 직면할 수밖에 없는 인생의 단면들, 즉 출생과 죽음, 굶주림과 갈증, 돈과 무기, 천재지변과 자연의 변화, 우정과 배신, 결혼과 간음 등은 결국 하나님과 나누는 교제의 틀 속에 포함되어 있다는 사실을 가르쳐 주고 있기 때문이다.

이야기

하나님과 그 분의 뜻을 우리에게 계시하심에 있어서 이야기는 아주 특별한 역할을 담당하고 있다. 신약과 구약을 통틀어 이야기는 하나님의 말씀을 우리에게 전달해 주는 주요한 언어적인 도구로 사용되고 있기 때문이다. 이 사실에 대하여 우리는 감사해야만 한다. 왜냐하면 '이야기'라는 수단은 우리가 가장 쉽게 접근할 수 있는 구전형식이기 때문이다. 젊은이든 노인이든 어린 아이든 이야기는 어느 누구나가 좋아하고 즐기는 것이다. 지식이 깊고 학식이 풍부한 사람이거나 그렇지 못한 사람이거나에 관계없이 이야기를 하고 이야기를 듣는 형태에 있어서는 별반 차이가 없다. 이야기가 지니고 있는 친근한 이미지와 매력에 견줄만 하거나 대응할 수 있는 유일한 수단이 있다면 그것은 아마도 노래일 것이다. 그러나 성경에는 이야기는 물론 노래 형식도 아주 풍성하게 담고 있다.

그러나 하나님의 말씀을 우리에게 전달하는 주요 수단으로써 이야기

형식이 적절한 또 다른 이유가 있다. 이야기는 단지 우리에게 어떤 것을 알려주는 것으로만 끝나는 것이 아니라 우리를 그 이야기 속으로 끌어들이고 있다는 사실이다. 그래서 재능 있는 이야기꾼은 사람들을 이야기 속으로 빨려 들어가게 하는 능력이 있다. 이야기를 듣는 사람들은 자신의 감정이 동하고 있다는 것을 느끼면서 그 이야기가 주는 감동에 사로잡히게 되고, 자신을 이야기 속의 인물들과 동일시하기도 하며, 지금까지 간과해 왔던 생활의 단면들을 하나하나 면밀히 들여다보게 되고, 사람답게 살기 위해 실천해야만 하는 것이 그동안 자신이 알고 있었던 것보다 훨씬 더 많음을 깨닫게 된다. 만약 유능한 이야기꾼이라면 그가 들려주고 있는 이야기들에 대하여 모든 여지를 활짝 열어 두었을 것이다. 그런 면에서 성경의 저자들은 예술성과 윤리적인 감각이 잘 갖추어진 유능한 이야기꾼들이라고 단언할 수 있다.

성경의 저자들인 히브리인 이야기꾼들의 특징 가운데 한 가지는 언어와 표현방식을 신중하게 사용하고 있다는 사실이다. 그들의 이야기는 엄격하면서도 간결한 내용을 담고 있다. 즉 너무 많은 것을 말하지 않으려고 하다는 것이다. 그들은 이야기 속에 많은 공간을 남겨 두었는데, 그것은 우리를 그 이야기 속으로 초대하여 그 이야기를 통하여 우리 자신을 직접 조명해 볼 수 있도록 하기 위해서이다. "성경에 담긴 이야기들은 독자의 호감을 구걸하지 않는다는 점에서 호머의 이야기와는 큰 차이가 있다. 즉 성경 이야기들은 독자의 비위를 맞추면서 독자를 즐겁게 해 주는 것에만 급급하지 않는다는 뜻이다. 사실 성경의 이야기들은 우리를 굴복시키는 것이 목적이다. 만일 우리가 굴복하려 하지 않는다면 우리는 곧 반역자가 된다."(Auerbach, Mimesis, 15) 성경의 이야기들은 또한 우리의 자유를 존중해 주고 있다. 교묘하게 눈가림을 하는 것도, 강제로 무엇을 하도록 몰아붙이는 것도 아니다. 성경의 이야기들은 하나님이 창조하시고, 구원하시고, 축복하신 이 넓은 세상을 보여주고 있는 것이다. 우선은 우리의 상상력을 통하여, 그 다음은 우리의 믿음을 통하여 — 여기서 상상력과 믿음은 아주 밀접한 관계가 있다 — 성경 저자들은 그들의 이야기 가운데 어떤 상황을 우리에게 제안하며, 하나님의 뜻이라는 광대한 하늘 아래에서 이루어진 그 큰 이야기 가운데로 우리를 초대하고 있는 것이다. 이것이야말로 자아의 폐쇄된 방 안에서 우리 취향에 맞도록 요리된 수다스런 일화들과는 확연히 다른 것이라고 할 수 있다.

언어가 우리에게 전달되는 형식은 그것의 내용에 못지않게 중요한 것이다. 그 형식에 대한 오해는 십중팔구 그 내용에 대해서도 곡해의 소지를 만들기 때문이다. 예를 들어 찌개요리 하는 방법이 쓰여있는 요리책을 보물찾기 책쯤으로 오해해서 아무리 주의를 기울여 그 책을 정독을 한다 해도 여전히 배고픔은 가시지 않을 것이고 갑자가 부자가 될 리도 없다. 만약 고속도로 상에서 "100km/h" 표지판을 "시속 100km를 초과하지 말라!"라는 경고로 이해하지 못한다면, 그 운전자는 속도위반으로 교통경찰의 재제를 받고 고속도로 변에 차를 세워 둔 채로 교통 표지판을 제대로 읽는 교육을 받게 될지도 모른다. 일반적으로 우리는 이러한 차이들을 이미 잘 알고 있으므로, 의미를 결정할 때 형식과 내용에도 같은 비중을 두고 있는 것이다.

그러나 성경은 그렇게 하지 않는 경우가 대부분이다. 성경은 우리에게 아주 권위적으로 전달된 하나님의 말씀이므로, 우리가 성경에 대해서 할 수 있는 것은 복종과 순종뿐이기 때문인지도 모르겠다. 복종과 순종은 성경에 대해서 우리가 실천해야만 하는 한 부분이다. 그렇기 때문에 무엇보다도 경청해야 한다. 지금 듣고 있는 것의 내용뿐만 아니라 그것을 전달하는 형식에 대해서도 반드시 귀를 기울여야 한다.

이야기를 단순히 이야기로 받아들이거나 인정하지 않으면 그 이야기가 전하려는 참된 의미는 곧 왜곡되고 만다. 하나님의 계시가 이야기 형식이라는 그런 평범한 옷을 입은 채 우리에게 전해졌을 때, 사람들은 그 이야기에 신학이라는 최신 유행의 비단 옷을 덧입히거나 윤리라는 이름의 조끼까지 딸린 엄격한 정장이 어울리도록 그 이야기를 다듬는 것이 우리의 임무라고들 생각한다. 단순한 이야기가 그렇게 다듬어지면 그 즉시 사울 왕의 갑옷에 갇힌 소년 다윗처럼, 윤리적인 훈계와 신학적인 구조물과 학문적인 논쟁들로 인해 아주 복잡하게 방해를 받게 되므로 그 이야기는 꼼짝없이 틀 속에 갇히고 만다. 물론 성경의 이야기들은 연구를 통하여 명료하게 정리되어야 할 필요가 있는 윤리적, 신학적, 역사적인 요소들을 포함하고 있다. 그러나 이야기 형식으로 전달된 사실을 무시하거나 가볍게 여겨서는 결코 안 된다. 그래서 본서가 치중하고 있는 임무 중의 하나는 본문의 이야기를 드러내어서 독자들 앞에 놓아두는 것이라고 할 수 있겠다.

한나와 사무엘과 사울과 다윗의 생애를 통하여 우리의 삶을 "조명하는 것"을 배우면서 우리가 얻게 되는 바람직한 결과 중의 하나는 확신과 자유에 대한 의식이다. 우리 모두가 알고 있듯이 하나님과 동행하는 삶을 사는 것이 무엇보다 중요하다. 그러기 전에는 윤리적이거나, 정신적이거나, 종교적인 가건물들을 미리 조립할 필요가 없다. 우리는 지금 우리의 모습 그대로가 하나님께 용납되어 있음으로 인해 하나님의 이야기

가운데 한 역할을 부여 받은 셈이다. 그 모든 이야기는 하나님이 주도하여 이끌어 가시는 하나님의 이야기이기 때문이다. 어느 누구도 우리 삶의 이야기들을 우리 스스로 주도해 가는 배역이 될 수는 없다.

성경의 방법은 윤리적인 규범을 우리에게 제시하면서 "이 수준에 이를 수 있도록 살라"고 말하려는 것도 아니고, 어떤 교리체계를 설정해 둔 채로 "이런 식으로 생각해라 그러면 행복하게 될 것이다"라고 훈계하려는 것도 아니다. 성경의 방법은 우리에게 이야기를 들려주면서 우리를 이야기 가운데로 초대하고 있다. "이 이야기 속으로 들어와 살아보시오. 이 이야기는 하나님이 만드시고 다스리시는 세상에서 진정 인간다운 것이 무엇인지를 가르쳐 주고 있습니다." 그러나 성경을 통하여 물질적인 이익을 얻고자 하거나 쾌락적인 생활을 합리화하고 미화시키려는 목적을 위해서 성경을 "이용"한다면, 성경의 계시를 상대로 폭력을 휘두르는 것이나 다름이 없다. 이런 행위는 일종의 "부띠끄 영성"(boutique spirituality)을 낳는데, 그 부띠끄는 하나님을 고급 장식물 또는 매혹적인 상품으로 진열해서 꾸며 놓는 것을 말한다. 사무엘서의 이야기는 그런 행위를 용납하지 않는다. 본문을 읽는 가운데 우리의 삶을 바로 그 본문의 내용과 일치시켜 나간다면, 우리 인생의 이야기 속에서 하나님을 볼 수 있기 위해서가 아니라, 하나님이 주도하시는 이야기 속에서 우리 인생의 이야기를 볼 수 있도록 인도 받고 있다는 사실을 발견하게 될 것이다. 하나님은 더 광대하신 배경이 되시고 더 크신 구상이 되시기 때문에 우리 자신의 이야기는 고스란히 하나님의 이야기 안에서 찾을 수 있다.

그러므로 반드시 기도하는 마음으로 성경을 읽고 이해해야 한다. 기도하는 마음으로 성경을 읽는 것은 곧 하나님이 경청하시고 하나님께서 응답하시는 성경 읽기 태도를 의미하는 것이다. 사무엘서 전체 이야기는 기도로 틀이 짜여져 있다. 사무엘서의 기본 구조를 보면 서두에는 한나의 기도(삼상 1~2장)가 있고, 거의 마지막 부분에 다윗의 기도(삼하 22~23장)가 기록되어 있다. 또한 전체적인 의미에 있어서도 두 기도가 시작과 종결을 이루고 있는 것을 감안해 보면 사무엘서를 기록한 이의 분명한 의도가 그 안에 담겨있음을 짐작할 수 있다.

역사

본문의 내용을 이야기로 인식해야 하는 것과 더불어 본문이 배경으로 삼고 있는 역사에 대해서도 확실한 이해가 필요하다. 역사는 본문의 이야기들이 전해진 상황을 의미하는 말이다. 사무엘상하는 두 권 모두 구약성경에서 "역사서"로 분류되어 있다.

고대 민족들 중에서 히브리인들보다 역사에 대해 더 많은 관심을 가진 민족은 아마 찾아보기 힘들 것이다. 그들은 이 세상 최초의 역사가들이다. 이웃 민족들 중에는 별자리를 보며 그들의 운명을 찾을 목석으로 점성학에 몰두하였고, 어떤 민족은 기쁨과 슬픔으로 복잡하게 얽혀있는 인간의 행위를 설명해 주는 신화들을 만들어 보급하였고, 또 다른 민족들은 불행한 재난을 막고 미래에 어떤 일이 일어날 것인가를 알고자 하여 날씨, 짐승의 내장, 별종의 수목과 거대한 산 등에 특별한 의미가 있다고 믿고 그것을 판독하는데 갖은 정성을 쏟았다. 그러나 히브리 민족은 단지 있었던 사건을 관찰하여 기록하는 것에만 주의를 기울였다.

그들은 그들 안에서 일어난 일이나 그들 주변에서 발생한 사건들을 진술하는 것에 전념했는데 그 이유는 하나님은 세상 가운데, 그들의 공동체 가운데, 그리고 그들 자신 가운데 인격적으로 살아계시며 활동하고 계신다고 그들은 확고하게 믿고 있었기 때문이다. 생명은 생명보다 가치가 없는 어떤 것으로 설명할 수 있는 것이 아니다. 아무리 중요하고 신비한 것일지라도 – 태양의 일식, 염소의 간에 있는 점들, 또는 분화구에서 솟아오르는 증기 소리 – 그것이 생명을 대신할 수는 없다. 하나님은 우주의 질서와 관련된 물리학적, 지형학적, 심리학적인 어떤 현상으로도 대체될 수 없는 분이시다. 하나님은 살아 계시고, 언제 어디서나 하나님 당신의 뜻을 이행하시며, 사람들에게 소명을 주시고, 믿고 순종케 하시며, 예배 공동체를 형성하시고, 자신의 사랑과 자비를 나타내시고, 죄에 대하여 심판하신다. 하나님이 하시는 일 가운데 어떤 것도 "일반적으로" 또는 "대충" 되어지는 것이 없다. 정한 시점에, 특별한 장소에서, 지명된 사람들에게 이루어지는데, 히브리 저자들은 이것을 바로 역사라고 이해했던 것이다.

성경에 등장하는 히브리인들은 철학자들이 다루는 어떤 관념적인 존재로 하나님을 생각하지 않는다. 또한 그들은 특정 종교의 성직자들이 조작해 내는 어떤 힘과 같은 존재로 하나님을 여기지도 않는다. 하나님을 연구와 관찰의 대상으로 삼아 마음대로 취할 수 있는 피조물의 일부로 다루지도 않는다. 그들은 하나님을 인격적인 존재로 인정하고 있다. 인격적인 존재이므로 그 분은 시간과 공간에서 경배를 받으시거나 아니면 무시당하시고, 신뢰를 받으시거나 아니면 거절을 당하시고, 사랑을 받으시거나 아니면 미움을 받게 된다. 바로 이 이유 때문에 히브리인들은 날짜와 사건과 사람과 환경, 다시 말해 역사에 지대한 관심이 있었던 것이다. 히브리인들은 그들의 일상적인 삶을 구성하고 있는 아주 평범한 일이나 특별한 사건들을 통하여 하나님이 그들을 만나 주신 것으로 인식하고 있었다. 그들이 역사를 벗어나서 하나님을 더 잘 이해할 수 있을 것이라고는 생각조차 할 수 없다. 하나님께서는 역사 속에서 구원을 이루시는 분이시므로 역사란 사실 하나님이 사용하고 계시는 수단이라고 할 수 있다. 마치 렘브란트가 그림을 그릴 때, 물감과 캔버스를 도구로 사용했던 것과 같은 이치이다. 그러므로 하나님께 더 가까이 다가가려면 역사와 친숙해져야 한다.

히브리인들이 역사를 기록하는 방법으로 자신들의 이야기를 진술하는 근본적인 이유는 그들에게 깊이 스며있는 이러한 역사의식 때문이다. 즉 역사 안에서 그들이 처해 있는 존엄성을 인식하고 또한 역사 안에서 하나님의 임재를 확인하고자 함이다. 그들은 고대시대 다른 국가나 부족에서 유행했던 것처럼 환상적인 이야기들을 지어내고 꾸미지 않았다. 그들의 이야기는 위안이나 설명을 목적으로 하는 것이 아니라, 감추어진 진리를 드러내 보여주는 것을 목적으로 삼고 있었다. 그들 자신이 하나님과 교제를 나눌 때, 그리고 하나님께서 그들과 대면하실 때, 그와 관련되어 있는 실존 인물들이나 실제상황을 보다 생생하게 진술하기 위해 설화체 형식(이야기 서술 형식)을 사용했다.

히브리인들의 그런 사고방식은 우리에게서는 찾아보기 어려운 부분이다. 왜냐하면 우리는 소위 세속적인 역사가들이나 학자, 기자들이 들려주는 역사에 익숙해 있기 때문이다. 그리고 그 사람들은 역사를 연구하고 기록할 때 하나님이 개입하고 계신다는 사실을 배제하고 있는 까닭이다. 우리는 학교에서 배운 것들이나 신문, 방송매체에 전적으로 의존하여 정치, 경제, 사회, 환경 등과 관련하여 역사를 이해하도록 철저하게 훈련되어져 왔다. 그러나 히브리인들에게는 세속 역사라는 것이 존재치 않았다. 모든 일은 하나님이 지으시고 통치하시는 바로 그 세상에서 일어났다고 믿는 믿음이 바탕을 이루고 있었기 때문이다. 또한 이야기 진술에서 그들이 하나님에 관해서 많은 말을 하고 있지 않다는 이유만으로 우리가 쉽게 간과하는 사실이 한 가지 있다. 하나님은 눈이 보이지 않는 분이시지만 세상에 일어나고 있는 모든 일들 가운데에 소리 없이 임재하고 계신다는 그 진리 말이다. 하지만 우리가 이 사실을 오랫동안 잊어버리게 된다면, 기록되어 있는 내용이나 기록하고 있는 방법, 둘 중의 한 가지를 이해하지 못하게 될 것이다. 하나님은 결코 이 이야기들의 주변적인 존재가 아니라 이야기의 중심에 계신 분이시다. 히브리인들이 사람과 사건에 주의를 기울였던 유일한 이유는 그들이 하나님을 향해 언제나 깨어 있었기 때문이다.

하나님

사무엘서에 나오는 이야기들의 근본 주체는 바로 하나님이다. 하나님은 주체이지 대상이 아니다. 이 이야기들은 하나님에 관한 것이 아니라, 그 분이 말씀하시고, 그 말씀대로 행하시며, 선택하시고, 사랑하시고, 심판하시고 또한 구원하시는 세상(삶의 실제)을 보여 준다.

또한 이 이야기들은 하나님께서 자신을 계시하시고 그들과 언약을 세우셨다는 이야기 당사자들의 생각과 관점에서 진술하고 있다. 그 사람들이 어림짐작으로 만든 어떤 주장에 매여 하나님을 증거하고 있는 것이 아니다. 또한 그들은 하나님을 하나의 대안으로 여기지도 않았다. 모세는 역사적인 인물이었고 시내산에서 있었던 일 또한 분명 사실이었다. 언약이란 명쾌하게 이해되는 그들의 신앙이었다. 그들이 세상의 모든 이치를 다 알고 있었던 것은 아니지만 가장 중요한 사실은 깨닫고 있었다. "이스라엘아 들으라 우리 하나님 여호와는 오직 하나인 여호와시니 너는 마음을 다하고 성품을 다하고 힘을 다하여 네 하나님 여호와를 사랑하라"(신 6:4~5).

분명한 계시가 있고 명확한 언약이 있는 세상에서의 삶은 어떠할까? 거기에는 모든 것이 분명하고 또 명확할 수 있을까? 그러나 실은 그렇지가 않다. 이 이야기들이 그 대답을 확증해 준다. 거기에도 모호함과 모순이 존재하고 있다. 어두움과 빛이 있다. 사무엘서보다 먼저 기록된 성경 본문에는 하나님의 개입을 말하는 장엄하고 극적인 이야기들이 기록되어 있다. 이삭의 잉태와 출생, 출애굽, 십계명, 만나와 메추라기, 여리고 함락 ―장을 넘길 때마다 기적과 경이로운 사건들이 이어진다. 그렇지만 현재 우리는 마치 그런 거룩한 기적들과 상관이 없거나, 아니면 적어도 그 기적들을 믿을 수 있는 상황으로부터도 단절되어 있는 것 같다. 하나님은 삶의 모든 영역에 관여하시지만, 신비하고 은밀하게 일하고 계신다. 이스라엘 백성들이 "낮에는 구름 기둥과 밤에는 불 기둥"으로 하나님의 임재를 분명하게 깨달았던 것처럼, 평범한 일상을 통하여 하나님의 임재를 깨닫는 것을 배우고 있는 사람들을 우리는 알고 있다. 제단과 향과 등잔이 제대로 갖추어진 예배 장소에서 뿐만 아니라, 배신과 고통의 뼈아픈 괴로움 속에서도 하나님의 말씀을 분별할 수 있도록 훈련되어져 가는 사람들이 우리 주변에는 많이 있다. 눈으로 볼 수 없고 귀로 들을 수

없는 하나님이지만, 또 확실하게 이해가 되지 않는 분이시지만 분명한
진실 한 가지는 하나님은 바로 그곳에 계신다는 사실이다.

　사무엘서의 이야기들은 듣기에 좋은 구호를 가지고 어려운 문제들을
무마시키는 것이 아니다. 어떤 윤리적인 교훈을 만들기 위해 실상에서
일어난 일들을 추상적으로 바꾸어 버리지도 않는다. 하나님이 하나님 자
신을 계시하시고, 우리와 언약을 세우신 이 세상에서 우리가 현재 경험
하고 있는 어려움과 혼돈을 이 이야기들은 고스란히 드러내 보여주고 있
는 것이다. 계시와 언약이 있는 세상이지만, 현재 우리 앞에는 죄의 영민
함과 책임회피, 가정에서나 정치 현장에서 복잡하게 얽혀있는 문제들,
문화에 얽매여 있는 상황 등등 어려움과 혼란이 놓여 있다. 이 이야기들
은 또한 폰 라드가 말했던 "통찰력 있는 예술적 수완"을 가지고, 우리가
단순히 세속적인 세상과 일상적인 삶으로 여기는 그 상황 안에 계시면서
일하시는 하나님을 지속적으로 깨닫고 의식할 수 있도록 도와준다. 그러
나 우리를 향해 "하나님!" 하며 소리를 질러서 일깨워 주는 것이 아니다.
윤리의 몽둥이를 가지고 난폭하게 대하는 것도 아니다. 단지 실제적이고
실감나는 이야기들을 들려주고 있을 뿐이다. 우리의 귀와 눈이 그 "이야
기"의 "실제 세상"을 향하여 열리게 되므로, 우리는 바로 그 이야기, 그
이야기의 세상에서 온 마음과 영혼과 뜻과 힘을 다해서 살 수 있게 된다.
위대한 구약학자 중 한 사람인 게르하르트 폰 라드(Gerhard von Rad)
는 사무엘서의 이야기들이 문학의 모든 문체를 탁월하게 담아내고 있는
것에 대하여 다음과 같은 말을 했던 적이 있다. "엔돌의 마녀가 개입되어
있는 사울의 우울한 비극(삼상 28장)에서부터 희극(나발의 죽음, 삼상
25:36~38)에 이르기까지 온갖 묘사가 총망라 되어있다. 그런 묘사는 굉

장히 매혹적이라고 할 수 있다. 그러나 역설적으로 들릴지도 모르겠지만, 매혹적인 것 역시 그 이야기들의 예술이다. 다시 말해서 그 이야기들은 어떤 것도 말하지 않고 독자가 스스로 코멘트 할 수밖에 없도록 만들고 있는 것이다"(von Rad, Old Testament, Ⅰ, p. 54).

예수님

사무엘서는 물론 창세기부터 요한계시록에 이르기까지 성경 전체를 관찰해 보면, 그 중심에는 예수 그리스도가 계신다. 교회가 태동될 때부터 기독교인들은 하나님 계시의 중심이 예수님이라는 사실은 성경의 시작부터 암시된 것이라고 이해하면서 구약성경을 읽었다. 초대교회 시대의 기독교 저술가들과 성경을 가르쳤던 사람들은 "창세 전에(또는 창세로부터 창세 이래로)"와 같은 표현을 아주 즐겨 사용했는데, 그 이유는 하나님께서 예수 안에서 하나님 자신을 계시하신 것은 후대에 만들어진 이론이 아니라 태초부터 계획되고 그대로 시행된 것임을 강조하기 위함이었다(마 25:34, 요 17:24, 엡 1:4, 벧전 1:20, 계 13:8를 보라). 그리고 기독교인 조상들은 온 마음을 다하여 그리스도와 동행하기를 힘쓰는 가운데 사무엘서에 기록되어 있는 이야기들과 자신들이 처해 있는 현실의 유사한 점들을 살펴보면서 그들 앞날에 대하여 예견하고, 삶의 여러 유형을 보며 그들 신앙에 확실한 믿음을 갖는 근거들로 삼으면서 기도하는 마음으로 읽어나갔던 것이다. 만일 창세기부터 요한계시록이 하나의 이야기라면, 위에서 다룬 주제들에 관한 이야기들의 궁극적인 결론은 예수님께로 집중되어야 함을 의미한다. 이것을 알았기 때문에, 루터는 "그리

스도에게로 이끌어 주는 것을 보는 눈"을 가지고 성경을 읽어야 한다고
강조했던 것이다.

현대(17~18세기의 계몽주의 이래)의 가장 영향력 있는 성경 교사들
과 학자들 중에 많은 사람들은 위에서 말한 그리스도 중심적인 성경 읽
기와 그리스도를 중심으로 하는 성경 이해를 그다지 권장하지 않는다.
우리는 성경의 내용을 가능한 한 객관적으로 검색하는 것에 익숙해 있
으므로, 본문 중에서 객관적으로 명료하지 않은 것은 어떤 것이라도 해
석 대상에서 배제시켜 버리는 경향이 있다. 우리 자신 – 우리의 생각, 우
리의 감정, 우리의 헌신, 우리의 가치 – 과 예수님이 바로 그런 대상에
포함된다. 예수님을 배제하는 것은 예수라는 이름이 구약에는 기록되어
있지 않다는 이유 때문이다. 그렇게 하는 이유는 '해석'이라는 작업에
적합하도록 실험실 조건들을 잘 통제하여 설정해 놓고선 본문에 대해
서 엄격하고 정당하고 정확한 해석을 얻어내려는 의도에서 비롯된 것
이다. 다시 말해 독자들은 하얀 가운을 입고 마스크와 실험용 장갑을 착
용한 채 자신들이 읽고 있는 본문을 해석함에 있어 그것을 조금도 오염
시키지 않게 하려 하는 것이다. 독자들의 개인적인 성향과 비현실적인
개념을 미리 제거하므로, 본문 밖의 어떤 것이 개입하여 본문의 원래 의
미를 왜곡할 수 있는 위험을 제거해 버리고자 하는 생각이 저변에 깔려
있다. 이런 태도가 많은 유익을 끼친 것이 사실이다. 왜냐하면 여러 세기
에 걸쳐오면서 성경 해석에 있어 상당한 왜곡과 오해가 누적되어 온 것
또한 부인할 수 없는 사실이기 때문이다. 수많은 시간이 흐르면서 성경
에 대한 개인적인 생각과 감정이 겹겹이 쌓여 실제적으로는 본문 그 자
체를 제대로 볼 수 없게 되어 버린 것이다. 자기 개인의 윤리적, 신앙적,

정치적, 신학적인 계산을 본문을 이해하는 요소로 삽입하기를 일삼아 온 수세기 동안의 성경 읽기 습성을 기독교 안에서 근원적으로 소제해야 할 필요가 당면해 있었다. 본문 읽기와 해석을 위한 새로운 학문("역사적 비평"이 통상적인 표현이다)은 필수적인 것이었고 동시에 그것은 유익하기도 했다.

그러나 시간이 흐르면서 크리스천 독자들은 그런 방식으로 성경을 이해하는 것이 불가능하지는 않다 하더라도, 성경의 진의 파악을 어렵게 만든다는 것을 깨닫게 되었다. 다시 말해, 다른 모든 성경 본문들과 더 넓은 의미에서 직접적으로 연관시켜 성경 전체의 문맥에 비추어 예수 그리스도를 성경해석의 정점으로 삼지 않고서는 본문 이해가 어렵다는 사실을 깨닫게 되었던 것이다. 역사적이며 합리적인 엄격하고 객관적 해석 방법은 읽고 해석되어야 할 것들 가운데 너무도 많은 것을 배제시켜 버렸던 것이다. 사실 그 방법은 성경 내용 중에서 상당 부분을 무시해 버렸는데 그 대표적인 예가 바로 이야기이다. 이야기가 담고 있는 요소들 — 인물, 구성, 관계, 반응, 기도 등등 — 을 해석의 대상으로 여기지 않았다는 사실이다. 성경 해석을 중지시키려는 목적으로 역사 비평적 방법론이 추구했던 방식은 농작물 수확을 증대시키기 위해서 화학 약품을 사용한 현대의 농업 방식과 유사한 결과를 낳게 된 것이다. 살충제의 무분별한 남용으로 인해 병충해를 제거하기는 했겠지만 땅의 산성화가 심해져서 경작 자체가 어렵게 된 상황을 초래한 것과 같다는 말이다. "나중 형편이 전보다 더 심하게 되느니라"(눅 11:26).

최근에는 기독교 공동체 내에 일치된 의견이 있다. 그것은 성경을 읽을 때에 그 본문에 독자의 전인격 ~ 마음과 영혼, 생각과 실생활 ~ 이 포함되어야 한다는 것이다. 성경 독자들이 성경 본문을 함부로 참견(intruding)하는 것을 금지해 왔던 지난 2백여 년 동안의 신학적 견해들을 버리는 것은 분명 어리석은 행동일 것이다. 반면 우리를 더욱 어리석은 사람으로 만들게 될 것은, 우리가 그런 신학적인 이론에 매여 여전히 본문에 참여(participating)하려 하지 않는다는 것이다. 성경을 읽는 독자들은 성경 본문 안으로 들어와 거기에서 들려오는 소리에 귀를 기울이고, 신경을 곤두세워 그 안에 나타나 있는 관계들을 면밀히 살피면서 무엇보다도 하나님께 주목해야만 한다. 성경은 살아있는 책이기 때문이다. 이런 방법으로 성경을 읽고 이해하기 위해서는 풍부한 상상력과 상당한 기억력이 필요하다. 본문에 기록되어 있지 않고, 그 본문에서 보이지 않으며, 성경 다른 곳에서도 보이지 않는 것이 상상력과 기억력을 갖추고 있는 독자들에게는 분명 보여질 것이기 때문이다. 또한 그런 것을 갖추고 있는 상태에서 성경을 읽고 이해한다는 전제하에 사무엘서를 이해하는 열쇠는 바로 예수 그리스도가 되는 것이다. 왜냐하면 예수님은 성령을 통하여 지극히 세속적인 우리의 인간성을 확증하시고, 회개와 제자도의 삶으로 우리를 지명하여 불러주심으로써 하나님을 개인적이며 동시에 관계적인 분으로 계시하고 있기 때문이다. 예수님은 신중하게 연구하고 지혜롭게 분별하기 위해 애써 노력해야 하는 우리의 임무를 면제시켜 주시지는 않는다. 그 분은 본문 가운데에서 믿는 자와 헌신한 자로서의 우리 역할을 찾을 수 있게 하신다. 예수님이 모든 성경 이해의 핵심에 계신 이상, 성경 본문을 종교적이며 윤리적인 원리들로 전락시켜서 죽은 문서로 다루거나 또는 우리 자신이 본문에 대해서 믿고 순종하지 못하도록 우리 스스로를 격리시켜서는 결코 안될 것이다.

사무엘상·하와 열왕기상·하는 본래 하나의 책으로 저술되었다. 사무엘서와 열왕기서는 두 개의 가죽 두루마리에 히브리어로 기록되어 있었는데 BC 2세기에 헬라어로 번역이 되면서 현재 우리가 보듯이 네 권의 책으로 분리되었던 것이다. 헬라어로 기록하는 것은 히브리어로 기록하는 것보다 두 배의 공간이 소요되었기 때문에 네 개의 두루마리가 필요했을 것이라고 짐작할 수 있다. 그 이후로 교회에서도 편리함 때문에 네 개의 책으로 분류하였고 그 형태가 지금까지 전해 내려오고 있다. 기억해야 할 것은 사무엘서와 열왕기서 두 권의 책 중에서 사무엘서가 앞부분이며, 그 두 권의 책 내용은 한 왕조의 통치 아래서 5백 년을 지낸 이스라엘의 이야기이라는 사실이다. 보다 더 광범위하게 분류된 구약의 역사서(여호수아부터 에스더까지)는 가나안 정복부터(BC 약 1200년) 페르시아의 지배 하에 생활하던 시기까지(BC 약 400년)의 이야기를 진술하고 있다.

지난 백 년 동안 학자들은 어떻게, 왜, 그리고 언제 이 이야기가 기록되었는지를 연구해 왔다. 그들의 노력은 가장 화려한 방법의 문학적인 탐사를 이루고 있다. 그들이 이루어낸 대체직인 결론에 의하면 우리가 가지고 있는 성경은 기록과 구전(口傳)의 방법을 사용하여 바벨론 포로기간 중(BC 6세기)에 기록된 것이다. 기록자(또는 기록자들)는 문학적 기술과 신학적 통찰력을 아주 뛰어난 방법으로 결합시키고, 성령님의 인도하심 아래서 이 놀라운 이야기를 서술했던 것이다.

사무엘서는 한나, 사무엘, 사울, 그리고 다윗, 이 네 사람의 인생이 그려져 있다. 한나의 기도와 영성은 신약에서 마리아가 예수님의 복음을 위해 헌신했던 역할과 유사한 이야기의 환경을 설정한다. 뛰어난 사무엘서 주석가 중 한 사람인 한스 헤르쯔버그(Hans Hertzberg)는 한나의 이야기 뒤에 이어지는 세 사람의 이야기를 세 폭으로 이루어진 하나의 회화작품에 비유하면서 다음과 같이 표현했다. "역사적으로 어두운 시기에 한 획을 그었던 사무엘과 다윗, 그리고 문제의 인물 사울, 이 세 사람은 왕정시대의 역사에 있어 아주 특별한 중요성을 가지고 있으며, 그들의 삶과 그들의 고군분투에는 성경의 많은 메시지가 숨겨져 있다. 그리고 이 세 사람 모두 나름대로의 방식으로 참된 왕(예수님 – 역주)의 예시이며 포고자 역할을 했던 사람들이다" (Hertzberg, I & II Samuel, p.20).

한나, 하나님의 마음에 **합한** 사람의 시작

1부

서론

한나에 관한 성경본문은 그 자체 내용만으로 하나의 이야기이다. 한나가 주는 의미는 단지 사무엘의 어머니로만 머무르지 않는다. 사무엘의 출생에 관한 이야기는 본문 전체를 지배하고 있는 사무엘, 사울, 다윗에 관한 이야기로 인도해 주는 일종의 출입문과 같은 역할을 한다. 한나는 그 세 사람의 중심적인 역할에 결코 가려지지 않고 오히려 자신의 입지를 꿋꿋하게 지키고 있다. 그렇기 때문에 한나는 사무엘서에서 나머지 세 사람 못지않게 역사적으로나 영적으로 중요한 인물이라고 단언할 수 있다.

역사적으로 볼 때, 당시 이스라엘과 이스라엘의 문화는 무척 혼란한 상태였다. 영광스러운 출애굽, 시내산에서의 계시, 그리고 사십 년 동안의 광야생활에 이어 간담을 서늘케 하는 가나안 정복이 있은 후 약속의 땅에서 정착하기 시작한 그들의 삶은 조금씩 어긋나기 시작했다. 사사기에 기록되어 있는 말씀을 근거로 해 볼 때 도덕적으로도 정치적으로도 혼란한 시기였던 그때의 상황에서 드보라와 삼손, 기드온 같은 사사들이 그때의 타락한 현실을 직시하여 일어나 단호하게 하나님의 이름으로 행동하고, 하나님의 말씀을 분명하게 외치는 등 그 시대를 고쳐보고자 하는 노력들이 간헐적으로 이어가고는 있었다. 그러나 전반적인 사회 상황과 움직임은 최악의 상태로 치닫고 있었다. 사사기의 마지막 구절에는 다음과 같이 기록되어 있다: "모든 사람들이 각기 제 소견에 옳은 대로 행하였더라(삿 21:25)"

그런데 이 무질서의 혼란한 시기에 두 여인 룻과 한나에 관한 놀라운 이야기는 그 사회 전체 분위기와 의미를 이해할 수 있는 새로운 실마리를 제공해 준다. 룻기는 한나의 이야기로 시작되는 사무엘상 바로 앞에 수록되어 있다(히브리어 성경에는 다른 순서로 배열되어 있다). 두 이야기를 나란히 비교하여 읽어보면 룻과 한나의 이야기는 서로를 보완해 주는 비슷한 이야기라는 사실을 알 수 있다. 두 여인은 거의 동시대 사람이었지만, 이웃하여 살고 있었던 것은 아니다. 한나는 이스라엘의 중앙 지역에, 룻은 남쪽 지역에 거주하여 살고 있었다. 두 이야기의 비슷한 점은 두 가지 모두 차분하고 침착한 여인의 이야기이며, 상식을 초월하는 방법으로 문제가 해결되고, 가정을 주요 배경으로 삼고 있다는 사실이다. 두 여인은 당시 그 사회가 자신들에게 짐지어 준 상황에 맞서 대항하고 있는데, 룻은 대담하고 고집스럽게 한나는 신앙에 의지하여 그 난관을 극복해 가고 있으며 역사의 흐름은 하나님의 목적을 인지할 수 있을 만큼 다시 한 번 방향 전환을 이루고 있었다. 지역적인 색채가 강하고, 지극히 개인적이고, 그 시대의 문화에 대항하면서, 하나님 중심적인 두 여인의 영성은 하나님의 섭리 가운데서 커다란 반전을 시도하기 위한 촉매제 역할을 했으며, 그 반전은 다윗의 이야기 안에 폭넓게 진술되었고 드디어 예수 그리스도 안에서 완전한 실체를 볼 수 있게 된다.

룻의 이야기는 책의 제목이 그 여인의 이름으로 명명되어졌기 때문에 더욱 널리 알려져 있다. 이방인 과부였던 룻은 낯선 땅 이스라엘에서 사랑을 찾아 재혼하여 다윗의 증조모가 되었고(룻 4:13~21), 후에는 예수님의 족보에 그 이름이 기록되는 영예를 얻게 되었다(마 1:5). 한나의 이야기도 유사한 의미를 지닌다. "자식을 낳지 못하는 여인"으로 낙인 찍혀 괴로워하는 가운데 대적인 여인이 그녀를 번민케 하고 제사장에게 무안을 당하기도 하지만 남편이 그녀를 지극히 사랑하고 그녀 또한 하나님 앞에 나아가 간절히 기도하므로 드디어 자식을 잉태하여 사무엘을 낳게 되었던 것이다. 그 아들은 장차 이스라엘이 하나님의 백성으로서 정체성을 회복할 수 있게 하는 개혁을 주도해 나간다. 때문에 한나의 이야기는 위대한 세 사람 ─ 사무엘, 사울, 다윗 ─ 의 그늘에 가려져서는 결코 안될 중요한 인물로 인정 받을 만한 충분한 가치가 있는 것이다.

1. 그 모습 그대로

1 에브라임 산지 라마다임소빔에 에브라임 사람 엘가나라 하는 자가 있으니 그는 여로함의 아들이요 엘리후의 손자요 도후의 증손이요 숩의 현손이더라 2 그에게 두 아내가 있으니 하나의 이름은 한나요 하나의 이름은 브닌나라 브닌나는 자식이 있고 한나는 무자하더라

3 이 사람이 매년에 자기 성읍에서 나와서 실로에 올라가서 만군의 여호와께 경배하며 제사를 드렸는데 엘리의 두 아들 홉니와 비느하스가 여호와의 제사장으로 거기 있었더라 4 엘가나가 제사를 드리는 날에는 제물의 분깃을 그 아내 브닌나와 그 모든 자녀에게 주고 5 한나에게는 갑절을 주니 이는 그를 사랑함이라 그러나 여호와께서 그로 성태치 못하게 하시니 6 여호와께서 그로 성태치 못하게 하시므로 그 대적 브닌나가 그를 심히 격동하여 번민케 하더라 7 매년에 한나가 여호와의 집에 올라갈 때마다 남편이 그같이 하매 브닌나가 그를 격동시키므로 그가 울고 먹지 아니하니 8 그 남편 엘가나가 그에게 이르되 한나여 어찌하여 울며 어찌하여 먹지 아니하며 어찌하여 그대의 마음이 슬프뇨 내가 그대에게 열 아들보다 낫지 아니하뇨

한나의 이야기는 지역과 인물에 대한 확실한 진술과 더불어 시작된다. 첫 문장은 아홉 개의 분명한 고유명사로 채워져 있는데, 세 곳의 지역 명칭과 여섯 명의 사람들의 이름이 기록되어 있다. 이것은 막연히 "옛날 아

주 옛날에” 하는 식의 이야기가 아니다. 즉 도덕적인 교훈을 목적으로 만
든 이야기가 아니라는 뜻이다. 우리는 이 이야기를 통하여 한 사람의 삶
을 확실히 인식할 수 있게 되는데 그 사람의 시대는 앞선 네 세대의 역사
를 통하여 이미 준비되고 있었던 것이다. 에브라임 지역은 비옥하고 아
름다우며, 자원이 풍부한 곳이다.

하늘의 보물인 이슬과

땅 아래 저장한 물과

태양이 결실케 하는 보물과

태음이 자라게 하는 보물

(신 33:13~14)

그리고 그의 가문 역사 가운데 네 세대가 자세히 소개되는 것을 볼 때,
엘가나는 분명 명문가 출신임에 틀림없다. 때를 잘 만나 갑자기 출세하
여 명성을 얻은 경우가 아니다. 엘가나가 “부유하고, 명망 있는 집안” 사
람이라는 사실은 다음에 소개되는 그의 생활을 통해서도 잘 드러나 있
다. 그의 신상을 소개하는 이 내용은 이야기의 구성에 감정적인 역동성
을 제공하고 있다. 엘가나에게는 두 아내가 있었다. 그 중 한 여인인 브닌
나에게는 자식들이 있었지만, 한나는 자식을 낳지 못했다. 이 때문에 두
사람은 늘 불화할 수밖에 없었다. 한나가 자식을 낳지 못한다는 것은 불
행한 상황임에도 불구하고 이 이야기는 바로 거기에서 전개되고 있다.

　따라서 그 지역과 조상과 집안의 풍요로움과 가족의 다복함에 초점이
맞추어져 있던 우리의 시선은 곧 한나의 불행한 상황으로 옮겨가게 된

다. 사실 아이를 낳지 못하는 여인의 이야기는 성경에서 자주 사용되고 있는 기본 소재 가운데 하나이다. 한나의 무자함은 창세기에 나오는 사라(창16:1;18:9~15)의 이야기와 누가복음에 나오는 엘리사벳(눅 1:7)의 이야기와 더불어 하나의 틀을 형성하고 있다. "한나는 무자하더라" 하는 분명한 표현은 우리를 이야기 속으로 끌어들이는 하나의 방법인데, 비옥한 땅과 부유한 그 가정에 대한 묘사가 아무리 화려할지라도 그 말이 그다지 눈에 띄지 않는 것과 비교해 보면 이 방법은 우리의 시선을 끌기에 충분한 매력이 있는 요소임에 틀림이 없는 듯하다. 심지어 아이를 낳을 수 있는 여성 고유만의 능력을 여자의 본질과 존엄을 규명하는 중요한 근거로 삼는 것에 대히여 반감을 가지고 있는 현대 서구 문화에서조차도 정말 아이를 낳고 싶어 하지만 아이를 가질 수 없는 여자들의 고통과 비애에 대해서는 관대한 편이다. 우리는 "무자하더라"는 구절을 읽은 후 곧 바로 간절함과 절망과 눈물과 애절한 기도로 점철된 생활 현장을 만나게 된다. 이 이야기는 더 이상 우리의 삶과 무관한 이야기가 아닌 우리 삶의 일부로 자리 잡기 시작하게 된 것이다. 삶의 거의 대부분의 경우가 그러하듯이, 어떤 삶으로 들어가는 길은 고통과 기도로 연결되어 있는 법이다.

다시 이야기의 배경은 기도와 예배의 장소인 실로로 바뀐다. 실로는 산지와 언덕으로 형성되어 있는데 엘가나의 고향 라마에서 약32킬로미터 정도 떨어져 있는 지역이다. 엘가나는 매년 그곳으로 올라가서 여호와께 경배하고 제사를 드렸다. 여호수아의 지휘 하에 가나안 정복이 완성된 때로부터 다윗의 등극과 더불어 왕국이 시작되었던 시점까지 실로는 약 2백 년 동안 이스라엘이 여호와께 경배를 드리던 신앙생활과 관련해서 가장 중요한 장소가 되어왔다. 성막과 언약궤가 실로에 있었고, 온 이스라엘이 경배를 드리기 위해 해마다 그곳에 모였던 것이다(삿 21:19). 1920년대에 덴마크의 고고학자들이 그 유적지를 찾아 발굴한 이래 성지순례를 하는 사람들은 그곳을 직접 방문하여 체험할 수 있게 되었다.

일반적으로 예배 드리는 처소로 인해 우리에게 없었던 성품이 나타나는 것은 아니다. 오히려 우리가 어떤 성품을 가지고 있든지 간에 그것을 극대화시켜 주는 역할을 한다고 할 수 있다. 엘가나의 경우가 바로 그러하다. 엘가나는 본래 마음이 넓고 관대한 품성을 지니고 있는 사람이었다. 엘가나가 실로에서 기도를 드림으로써 그러한 그의 품성은 더욱 더 커지고 극대화된 것이다. 한나가 아이를 낳지 못하기 때문에 그녀를 비난하고 멀리하는 것이 아니라, 오히려 자신의 권리를 버리고 한나에게 다가가 물질적인 보상을 통하여 그녀의 마음을 위로해 주었는데, 제사 제물의 분깃 중에서 한나의 몫을 두 배로 나누어 준 것이 바로 그 예이다. 똑같은 시간, 똑같은 장소에서, 브닌나의 옹졸한 마음과 야비함은 남편 엘가나가 한나에게 위로와 관심을 베푸는 것을 빌미로 삼아 그녀를 격동하여 괴롭히게 된다. 브닌나는 제 자식들을 대동하여 거드름을 피우며, 한나에게 비아냥거리면서 한나의 불임을 조롱거리로 삼고(본문에 "격동"이란 단어가 2회 나온 것으로 볼 때 조롱의 강도를 강조한 것이라고 할 수 있다), 아이를 갖지 못해서 괴로운 여인의 눈에서 눈물을 흘리게 했던 것이다. 예배하는 처소에서 그리고 예배하는 사람들의 모임 가운데 충분히 검증되고 있는 일이지만, 신앙이 어떤 사람 안에 있는 최선의 것을 드러내기도 하거니와 또 어떤 사람 안에 있는 최악을 드러내게 하는 것은 신기한 일이 아닐 수 없다. 예배하는 장소, 실로는 엘가나 안에 있는 관용을 극대화시킨 반면, 브닌나 안에 있는 비열함 또한 거침없이 드러내게 했던 것이다. 한편 한나는 그들 두 사람의 양극단적인 대우를 참고 견뎌내야만 했다.

엘가나는 한나를 돕고, 슬픔에서 벗어나게 해 주기 위해 끊임없이 노력했다. 한나에게 네 가지 설득력 있는 질문을 던짐으로써 엘가나는 한나가 현재 자신이 가지지 못한 것(자녀)에 마음을 빼앗기지 말고, 현재 자신이 가지고 있는 것(사랑하는 남편)에 관심을 갖게 하고자 애를 썼던 것이다(삼상 1:8). 남성 위주의 가부장적인 사회의 문화와는 상반되는 모습으로 엘가나는 한나가 그에게 줄 수 있는 어떤 것 때문에서가 아니라, 단지 그 모습 그대로 즉, 그녀 자신의 고유한 인격 그대로를 귀하게 여겼다. 여자를 하나의 도구로 여기던 당시의 분위기에 역행하며 엘가나는 한나에게 호소했다. "자녀가 있든 없든, 당신은 그저 지금의 모습 그대로도 내게 소중한 사람이요!" 여자는 도구가 아니라 타고난 권리 그대로 인격적인 존재로 대우 받아야 한다는 사실을 선언하는 엄중한 순간이었다. 오랜 세월이 지난 지금 우리는 여전히 엘가나의 윤리적 열정을 생활 규범으로 발전시키고, 오도된 사회의 통념으로부터 여성을 구출하기 위해서 힘쓰고 있다.

2. 마음의 기도

남편이 아무리 다정다감하고 남편의 사랑이 아무리 크고 확실하다 할지라도 한나에게는 남편이 해결해 줄 수 없는 문제가 분명 존재했다. 그래서 연례제의 식사 의식(제사 제물을 드린 사람들이 지정된 장소에서 식사를 하는 것은 제사 의식에 포함된 것-역주) 후에 한나는 기도하러 갔던 것이다.

[1:9] 그들이 실로에서 먹고 마신 후에 한나가 일어나니 때에 제사장 엘리는 여호와의 전 문설주 곁 그 의자에 앉았더라 [10] 한나가 마음이 괴로와서 여호와께 기도하고 통곡하며 [11] 서원하여 가로되 만군의 여호와여 만일 주의 여종의 고통을 돌아보시고 나를 생각하시고 주의 여종을 잊지 아니하사 아들을 주시면 내가 그의 평생에 그를 여호와께 드리고 삭도를 그 머리에 대지 아니하겠나이다

[12] 그가 여호와 앞에 오래 기도하는 동안에 엘리가 그의 입을 주목한 즉 [13] 한나가 속으로 말하매 입술만 동하고 음성은 들리지 아니하므로 엘리는 그가 취한 줄로 생각한지라 [14] 엘리가 그에게 이르되 네가 언제까지 취하여 있겠느냐 포도주를 끊으라 [15] 한나가 대답하여 가로되 나의 주여 그렇

대부분의 기도는 한나의 경우처럼 고통 가운데서 눈물과 함께 시작된다. 꼭 있어야 할 것이 없을 때, 그리고 친구(엘가나) 또는 적(브닌나)이 만드는 삶의 조건으로 문제를 해결하고 싶지 않을 때, 우리는 주님께 나아가 기도 드린다.

한나의 기도는 고통 때문에 시작되었으나, 기도가 그 고통 속에만 매여 있는 것은 아니었다. 그녀의 기도는 일종의 서약의 형식을 취하고 있다(11절). 서약의 형식으로 기도함으로써 한나는 책임감을 가지고, 심지어 희생 제물로 드려진다는 마음가짐으로 기도에 깊이 몰두하게 된다. 그녀는 자신이 원하는 바를 간구하는 것과 동시에 자기자신을 하나님께 헌신했던 것이다. 한나는 하나님께 자녀를 구했다. 그러나 또한 그 자녀를 하나님께 다시 돌려 드릴 것을 약속했다. 하나님께 드리고 싶어하는 마음과 하나님 앞에서 괴로워하는 그녀의 심정은 한나가 드리는 기도의 본질적인 요소였다. 한나의 기도는 받을 것과 드려야 할 것을 함께 예견했던 것이다.

"나실인"은 하나님을 섬기는 일에 전적으로 헌신하기 위해 구별되어 있는 사람을 말하는데, 술과 삭발을 금하는 것으로 그 구별됨을 표시했다(민 6장 참고). 다시 말해서 나실인은 즉흥적이거나 변덕스러운 헌신자들이 아니라는 뜻이다.

한나는 혼자서 소리없이 기도했다. 그런데 그녀를 지켜보고 있던 사람이 있었다. 실로에 있는 성소의 수석 제사장 엘리가 성소의 문 곁에 있는 감독 자리에 앉아서 한나를 바라보고 있었던 것이다. 기도소리는 들리지 않은 채 한나의 입술이 오랫동안 계속 움직이는 것을 보고 있던 엘리는 그녀가 술이 취한 것으로 단정지었다.

기도하는 방식이 당시의 정해진 기도 관습에 극히 위배되었기 때문에 기도하는 모습을 술 취한 사람의 행동으로 오해를 받는 경우는 한나 이후에도 성경에 기록된 일화가 있다. 오순절에 기도하던 예수님의 제자들이 비방 받는 사건이 바로 그것이다(행 2:13~15). 한나와 예수님의 제자들의 경우처럼 그 관습대로 기도하지 않는 것은 정상적이고 존경 받을 만한 사람들이 해서는 안되는 방식인 양 매도되는 경우가 많이 있다.

당시 엘리 제사장에게 있어서 정상적인 기도 방법은 제사장의 지시에 따라 모인 공동체들이 향과 제사 제물을 준비한 후 예배 의식에 참예하며 드리는 기도였다. 그러나 한나는 준비한 제물도 없었거니와 제사장에게 어떤 지침을 부탁하는 일도 없이 홀로 성소에 들어가 단순히 기도만 했던 것이다. 당시의 제의적 관습을 모두 초월하고 더욱이 성식자의 판단에 의존하지도 않고서 담대히 하나님 앞에 직접 자신의 소원을 아뢰었다. 한나는 자기 자신의 언어와 자신의 목소리로 기도 드렸다. 중재인이나 매개물은 필요치 않았다. 후대에 이르러 랍비들은 한나의 기도에서 참된 기도, 즉 모든 희생 제사를 대신하는 "마음의 기도"의 모델을 찾았다.

엘리는 그렇게 기도하는 모습을 본 적이 없었다. 성소의 규례를 유지하는 책임을 맡고 있으면서 사람들의 신앙생활을 보호하고 지도할 수 있는 권위를 인정 받았으므로 엘리는 한나를 몸가짐이 바르지 못한 여자나 술주정뱅이쯤으로 간주한 채 신성한 예배 장소에서 지켜야 할 예의범절을 어긴 것을 비난하며 꾸짖었던 것이다. 그러나 한나는 종교적 권위에 주눅들지 않았다. 선례에 구애받지도 않았다. 한나는 교권체제보다 자신의 진심에 더욱 주의를 기울였다. 엘리 제사장의 문책을 대수롭게 여기지도 않았다. 다만 한나는 자신이 짊어지고 있는 고통을 주님 앞에 내려 놓음으로써 자신의 방식대로 기도할 수 있는 그녀의 특권을 주장했다. 한나의 담대함은 전례를 찾아보기 어려운 것이다. 간절히 소원하며 기다리는 것 외에는 달리 특징이 없는 이 평범한 여인의 기도는 어떤 정해진 기도문을 의지하지 않았고, 개인적으로 마음의 소리로 기도를 이어갔다. 그녀는 그 시대의 사람들이 부여한 역할에서 벗어나 독특한 방식으로 거룩한 역사에 진입했던 것이다. 그녀는 희생제사와 의식을 회피한 채, 성소에 나타나 자신의 필요를 위해서 기도를 드린 최초의 여자, 아마 "최초의 평민"으로 여겨진다. 그녀의 행동은 그만큼 비범한 것이었다.

평범한 사람 한나, 그다지 주요인물이 아닌 것 같은 한나, 종교적 권위에 의해서 인정 받지 못한 한나는 이 사건을 통하여 우리가 본 받아야 할 기도의 기본적인 모델로 비쳐지고 있다. 하나님 앞에서 유효한 기도는 경건한 분위기나 종교적 지위로부터 오는 것이 아니라, "마음이 슬픈 여자"임을 실감하며 고백하게 만드는 절박함에서 나오는 것임을 그녀는 담대하게 주장한 것이다.

엘리 제사장은 자신이 행한 무지하고 우둔한 비난으로도 제사장 직분의 효용성을 상실하지는 않았다. 어떠한 상황에서도 제사장이 해야 할 역할은 여전히 존재하기 때문이다! 종교의 형식들과 영성의 자발적인 요소들이 극명하게 대립될 필요는 없다. 그의 신분과 역할에 따라서 엘리는 한나의 내적인 심령 상태와 소리 없는 기도가 진실한 기도임을 인정하게 된다. 그리고 그는 그녀를 축복하고 그녀가 기도고 있는 문제를 위하여 함께 기도 드린다. 성직자로서 그가 베풀었던 축복 기도는 한나 개인의 애절한 기도를 이스라엘 전체의 삶으로 확대시킨 것이었다. 그리고 한나는 방금 전에 자신을 천하게 여겼던 그 사람, 엘리 제사장의 축복을 받아들인다. 자기 기도가 응답되었기 때문에 이제는 마치 모든 문제가 해결된 것 같은 홀가분한 마음으로 한나는 자기 길을 간다. 실로 놀라운 일이 아닐 수 없다. 왜냐하면 우리가 보다시피 지금 당장 되어진 일은 아무 것도 없다. 그녀는 여전히 아이를 갖지 못하는 상태다. 그러나 성경 이야기에서는 기도와 축복과 신앙이 오늘날 우리가 신문지상에서 보고 듣는 사건들처럼 현실적인 일이 되었던 것이다.

3. 예배는 인생의 길

사무엘상 1:19~28

하나님이 모든 것의 근본이 되시는 세상에서는 그 분을 예배하는 것이 가장 중요한 활동이 된다. 예배를 드리는 가운데 우리는 하나님의 말씀을 경청하고 그 분께 민감하게 반응하는 태도를 계발해 간다. 계발하라. 그 이유는 만일 우리가 단순히 주변에서 일어나는 사건에 따라 우리의 행동을 결정한다면, 즉 가장 큰 것에 주목하고, 가장 시끄러운 것에 귀 기울이고, 가장 쉬운 일을 해 나간다면 우리는 하나님이 우리 삶의 변두리에 제한되어 있는 것처럼 여기며 사는 것과 같기 때문이다. 그러나 하나님은 변두리에 밀려나 있는 분이 결코 아니다. 그 분은 만물의 근본이시며 중심에 계시는 분이시다. 마치 하나님은 인생의 한쪽 구석에 있는 의자에 앉아 위급한 순간에 우리가 자기를 불러 주기만을 기다리고 있는 분인 양 살아가는 사람은 하나님의 존재를 경험치 못한 사람이기 때문에 악한 생활을 할 수밖에 없는 것이다.

사무엘을 낳다(1:19~20)

한나는 하나님의 실재(實在)를 알고 있었으므로, 그녀의 삶은 예배 중심적인 생활이었다. 한나의 이야기는 전체적으로 예배하는 생활을 기초로 하여 구성되어 있다. 한나가 예배 드리는 모습은 일곱 번이나 언급되어 있는데 이것이야말로 한나의 생활이 얼마나 예배 중심적이었는지에 대한 근거를 제시하고 있다(1:3, 7, 9, 15, 19, 21, 24).

이때부터 이야기는 불임에서 임신으로, 결핍에서 성취로, 무자한 처지에서 자녀를 양육하는 생활로, 슬픈 애가에서 기쁨의 찬양으로 전환되고 있다. 이러한 전환을 기점으로 위에서 말했던 한나의 삶에 대한 태도의 실재성은 더욱 명명백백해진다고 할 수 있다(1:19a).

라마에 있는 가정으로 돌아온 후, 두 가지 일이 동시에 이루어졌다. 엘가나가 그의 아내 한나와 동침하였고, 하나님께서 한나를 잉태케 하셨다. 19절에 나란히 기록되어 있는 동사 "동침하다"와 "생각하다"는 한나의 행위에 대하여 두 가지 중요한 의미를 담고 있다. 즉 구체화된 하나님의 목적과 약속에 관한 것인데 성관계와 영성이 서로 심오하게 얽혀있는데 이 두 가지가 아무런 연관 없이 별개로 추구된다면 그것은 곧 부정한 결과를 낳게 되지만, 이 본문에서 보듯이 두 가지가 함께 짝을 이루게 되면 땅 위에 천국을 이룰 수 있게 되고 생명을 잉태하는 복된 결과를 낳게 된다.

사무엘이라는 이름은 "이름"(shem)과 "하나님"('el)을 의미하는 히브리어의 두 단어가 결합된 복합 명사인데, "하나님이 자신의 이름을 알려준 사람"이라는 의미를 지니고 있는 말이다. 또한 그 이름은 히브리어로 "구하다"(sha'al)의 의미를 가진 동사와 발음이 아주 비슷하다. 실로에서 한나를 축복할 때, 엘리는 'sha'al'이라는 말을 두 번 사용했다(1:17). 그리고 실로에서 엘리 앞에 그녀의 아들을 둘 때, 한나는 세 번 더 그 단어를 사용한다(1:27~28). 본문에서는 한나가 아들의 이름을 지을 때 그 단어에 집중했음을 암시해 주고 있다. "한나가 아들을 낳아 사무엘이라 이름하였으니 '이는 내가 여호와께 그를 구하였다' 함이더라"(1:20b). 사무엘은 "하나님이 지명하신 자"이며 동시에 "구하여 얻은 자"이다. 히브리 사람들은 단어의 발음과 의미에 근거하는 언어유희를 좋아했다. 불행하게도 히브리어를 번역한 현대 언어의 발음과 의미로는 똑같은 언어유희를 재생할 수 없다. 우리는 단지 사무엘이라는 그 이름이 한나가 간구하면서 지냈던 세월과 하나님이 응답해 주신 증거들을 결합시켜 주고 있다는 사실에 주목하는 것만으로 만족해야 한다. 그 이름 "사무엘"은 태어난 그 아이 안에서 하나님의 약속이 성취된 광경이자 동시에 한나의 기도 소리에 반향하는 메아리인 것이다.

사무엘을 여호와께 드리다(1:21~28)

한나의 예배는 계속된다. 예배는 예배 드리는 사람이 무언가를 얻기 위해서 행하고, 일단 목적을 달성하고 난 후에는 그만 둘 수 있는 인간의 자의적인 행위가 아니다. 예배는 바로 삶의 방식이다.

1:21 그 사람 엘가나와 그 온 집이 여호와께 매년제와 그 서원제를 드리러 올라갈 때에 22 오직 한나는 올라가지 아니하고 그 남편에게 이르되 아이를 젖 떼거든 내가 그를 데리고 가서 여호와 앞에 뵈게 하고 거기 영영히 있게 하리이다 23 그 남편 엘가나가 그에게 이르되 그대의 소견에 선한 대로 하여 그를 젖 떼기까지 기다리라 오직 여호와께서 그 말씀대로 이루시기를 원하노라 이에 그 여자가 그 아들을 양육하며 그 젖 떼기까지 기다리다가 24 젖을 뗀 후에 그를 데리고 올라갈새 수소 셋과 가루 한 에바와 포도주 한 가죽부대를 가지고 실로 여호와의 집에 나아갔는데 아이가 어리더라

25 그들이 수소를 잡고 아이를 데리고 엘리에게 가서 26 한나가 가로되 나의 주여 당신의 사심으로 맹세하나이다 나는 여기서 나의 주 당신 곁에 서서 여호와께 기도하던 여자라 27 이 아이를 위하여 내가 기도하였더니 여호와께서 나의 구하여 기도한 바를 허락하신지라 28 그러므로 나도 그를 여호와께 드리되 그의 평생을 여호와께 드리나이다 하고 그 아이는 거기서 여호와께 경배하니라

엘가나가 해마다 실로에 가서 제사 드리기를 계속하는 동안, 한나는 아들을 하나님께 구별하여 드리기 위해서 그녀 자신은 물론 젖먹이 아이까지 준비시켰던 것이다. 이스라엘의 역사를 근거로 하여 살펴보면 사무엘이 젖을 뗄 시기는 세 살에서 다섯 살 사이인 것으로 추정할 수 있다. 중동에서는 아기들이 여러 해 동안 어머니의 젖을 먹는다. 마카비우스하서 7:27(외경 중의 하나—역주)에는 젖 먹는 기간을 3년으로 언급하고 있다. 젖 먹는 기간에도 엘가나는 매년 실로로 가는 순례를 신실하게 지키고, 그 동안 한나는 하나님께서 자기에게 베풀어 주신 것을 다시 하나님께 돌려 드리기 위해 자신이 직접 실로로 돌아가야 할 때를 위하여 준비하고 있었다. 이 기간 동안 그녀가 해야 할 가장 중요한 일은 아들을 양육하고 젖을 먹이는 것이었다. 그녀의 첫 번째 임무는 하나님께서 주신 아들을 돌보고 영양분을 공급하는 것, 즉 이 새 생명의 발육을 위해 힘써야 하는 것이었다. 두 번째 임무는, 아이를 자신의 지배에서 분리시켜 그 아이가 자기 스스로 하나님과 관계를 맺고 그 관계를 발전시켜 나갈 수

있도록 돕는 것이었다. 이 두 가지 임무는 부자관계, 결혼관계, 친구관계 등을 포함하는 모든 친밀한 관계를 계발하고 발전시키는 기본적인 토대 인 것이다. 실로에서 엘리 앞에 다시 나가 하나님께서 주신 선물을 하나 님께 다시 되돌려 드릴 수 있기 위해서 한나는 무엇보다도 이 두 가지 임 무를 동등하게 잘 수행해야만 했다.

4. 축복 받은 한나

본문의 이야기는 울고 있는 한나와 함께 시작하여 찬양하고 있는 한나를 소개하면서 끝을 맺는다. 노래로 표현된 한나의 기도는 하나님과 깊은 교제 가운데서 지냈던 자신의 인생을 인상 깊게 간증하고 있는 대목이기도 하다. 소위 말해서 바위 덩어리같이 엄청난 삶의 실체들 － 육체의 운명, 정치적인 압박, 경제적인 유린, 군사직 위협, 혁녕 성향의 테러 － 조차도 하나님과는 비교할 수 없는 것들이다. 한나는 사무엘을 잉태하여 출산하고 그 아들을 하나님께 구별하여 드림으로 인하여 이 사실을 깨닫게 되었다. 그래서 최상의 아름다운 언어로 이 진리를 노래하고 있다.

2:1 한나가 기도하여 가로되,

내 마음이 여호와를 인하여 즐거워하며

내 뿔이 여호와를 인하여 높아졌으며

내 입이 내 원수들을 향하여 크게 열렸으니

너무도 간절하게 기도해 왔고, 이제 아주 소중하게 간직하고 있었던 그 일을 공개하는 순간, 한나는 감당키 어려운 기쁨을 체험했다. 주님으로부터 생명을 잉태 받았던 순간도 더 없이 행복했지만, 그 아이를 주님께 구별하여 드리는 날은 더욱 더 행복한 순간이었다.

그러나 한나로 하여금 노래할 수 있게 하신 분은 바로 하나님의 성품과 그 분께서 베풀어 주신 행동이었다. 본문의 노래를 로켓에 비유한다면, 본문에 기록되어 있는 '내 마음, 내 뿔, 내 입, 내 원수들'에서 알 수 있듯이 전적으로 개인적인 경험에 의해 발사된 후 하나님을 중심으로 맴도는 궤도에 진입한 것과 같은 모양이라고 할 수 있겠다:

> 2:2 여호와와 같이 거룩하신 이가 없으시니
> 이는 주 밖에 다른 이가 없고
> 우리 하나님 같은 반석도 없으심이니이다
> 3 심히 교만한 말을 다시 하지 말 것이며
> 오만한 말을 너희 입에서 내지 말지어다
> 여호와는 지식의 하나님이시라
> 행동을 달아보시느니라

지금 우리는 간절한 기도를 통하여 기적같이 얻어서 키운 어린 아들을 주님께 바치는 한 여인에 관한 이야기를 듣고 있다. 그 상황은 더할 나위 없이 개인적이고 친밀하며 직접적인 것이었다. 노래에 실린 한나의 기도는 한나로부터 하나님께로, 특별한 아이 사무엘로부터 평범한 사람들에게로 곧 바로 옮겨간다. 이와 비슷한 현대의 상황이라고 할 수 있는 헌아

식이나 세례식에서 드려지는 우리의 기도는 흔히 감정적으로 흐르기가 쉽다. 그러나 한나의 경우는 다르다. 아주 놀랍게도 한나는 자신이 기적적으로 아들을 잉태한 것에 대해서 찬양을 드리는 것이 아니었다. 그녀는 하나님과 그 분의 놀라운 방법들에 관하여 노래하고 찬양하고 있다.

강한 이미지와 잘 정돈된 표현들이 전쟁과 양식과 번성 등 일반적으로 인간에게 친숙하고 잘 알려진 영역들에서 세 번의 대역전을 연속적으로 드러내고 있다:

2:4 용사의 활은 꺾이고
넘어진 자는 힘으로 띠를 띠도다
5 유족하던 자들은 양식을 위하여 품을 팔고
주리던 자들은 다시 주리지 않도다
전에 잉태치 못하던 자는 일곱을 낳았고
많은 자녀를 둔 자는 쇠약하도다

강한 자와 연약한 자, 배부른 자와 굶주린 자, 자식이 많은 여인과 무자한 여인, 모두 다 입장과 처지가 뒤바뀐 것이다. 원래의 입장과 처지를 유지하고 있는 이는 아무도 없다. 하나님이 통치하시는 그 세상에서는 삶의 조건에 해당되는 것은 어떤 것이라도 요지부동으로 설정된 것이 없다.

그 다음 구절에서 하나님의 주권은 모든 가능성의 최후까지 다스리고 있을 정도로 극대화되어진다. 인간 존재와 관련된 어떤 부분도 하나님을 제쳐두고 발생되지는 않는다. 하나님의 현존과 하나님의 활동하심은 생명과 죽음, 성공과 실패 등과 같은 양극단을 모두 포함하고 있다:

> 2:6 여호와는 죽이기도 하시고 살리기도 하시며
> 음부에 내리게도 하시고 올리기도 하시는도다
> 7 여호와는 가난하게도 하시고 부하게도 하시며
> 낮추기도 하시고 높이기도 하시는도다

그 다음 구절은 관점이 조금 독특하다고 할 수 있다. 하나님이 일하시는 영역은 일반적으로 광대하시고 포용적인 것으로 설명되어 왔는데, 패자의 관점에서 그 부분이 명료하게 제시되고 있는 것이다:

> 2:8 가난한 자를 진토에서 일으키시며
> 빈핍한 자를 거름더미에서 드사
> 귀족들과 함께 앉게 하시며
> 영광의 위를 차지하게 하시는도다

한나는 "일으킴"을 받은 사람들 가운데 한 명이다. 이 이야기의 초반부에는 "한나가 일어나서 주님 앞으로 나아갔다"("Hannah rose and presented herself before the Lord" NSRV 1:9)라는 기록이 있다. 똑같은 동사가 한나의 노래에서도 사용되고 있다. 그러나 앞부분에서는 한나가 주체였지만 이 구절에서는 하나님이 주체이시다. 하나님은 우리가 우리 자신을 위해서 할 수 없는 일들을 우리를 위해 친히 이루어 주시는 분이시다. 여기에서 당신은 부활에 관한 암시를 발견할 수 있겠는가? 많은 사람들이 그렇게 생각한다. 사람을 일으키시는 하나님은 성경 전반에 나타나 있는 주제이며, 하나님께서 예수님을 사망에서 일으키실 때 그 주제의 초점은 더욱 분명해질 것이다.

때때로 역사는 승자의 관점에서만 기록되었다는 불평의 소리가 터져

나오곤 한다. 어느 누구도 패자, 실패한 사람, 변두리 인생을 살고 있는 사람들의 이야기를 하려 하지 않는다. 그것은 시간 낭비일 뿐이라고 생각한다. 다른 역사 기록에서는 그것이 사실일는지도 모르겠으나, 성경에 소개되어 있는 역사 기록에서는 결코 사실이 아니다. 우리가 성경에서 볼 수 있는 역사 가운데에는 유린당한 자와 버림 받은 자의 관점에서 기록되어 있는 내용이 상당히 많다. 아주 광범위하게 "짓밟힘"의 경험이 있는 남자와 여자, 다시 말해 가난하고, 소외되고, 착취당한 사람들, 바로 그런 사람들이 "일으킴"을 받는 대상이 될 수 있고 그런 사람들이 소망을 갖게 된다는 말이다. 이 사람들은 한나의 노래를 통하여 어떤 음성을 듣는다.

하나의 "견고한 기초"가 하나님의 도우시고 구원하시는 모든 활동을 떠받치며 유지하고 있는 것이다:

<blockquote>
2:8 땅의 기둥들은 여호와의 것이라

여호와께서 세계를 그 위에 세우셨도다
</blockquote>

하나님께 지음 받은 이 세상은 하나님의 구원사역이 이루어지게 될 무대가 된다. 이 기도(2:8c)에서 송축하고 노래하는 하나님의 경이로운 피조물들은 출고를 기다리며 창고에 쌓여져 있는 물건들이 아니다. 오늘은 이 자리에 있지만 내일이면 없어지는 배달 상품이 아니다. 모든 창조의 세계가 구원 사역에 참여하고 있다. 아주 거대한 이미지인 "땅의 기둥들"은 하나님께서 우리 가운데 행하신 모든 일의 후면에 감추어져 있는 그 분의 영원불멸하신 의지할만한 능력을 나타내고 있다.

한나의 노래 중 마지막 두 구절은 하나님의 섭리 가운데 있는 보호하심과 공의로운 심판에 대한 포괄적이고 폭 넓은 시각을 제공하고 있다. 그 뒤 후반부에서는 세부적인 한 사람, 즉 하나님의 말씀에 순종케 하기 위해서 하나님이 선택한 한 사람("그의 기름 부음을 받은 자")에게 모든 것이 집중되고 있다.

> 2:9 그가 그 거룩한 자들의 발을 지키실 것이요
>
> 악인으로 흑암 중에서 잠잠케 하시리니
>
> 힘으로는 이길 사람이 없음이로다
>
> 10 여호와를 대적하는 자는 산산이 깨어질 것이라
>
> 하늘 우뢰로 그들을 치시리로다
>
> 여호와께서 땅 끝까지 심판을 베푸시고
>
> 자기 왕에게 힘을 주시며
>
> 자기의 기름 부음을 받은 자의 뿔을 높이시리로다 하니라

"기름 부음을 받은 자"는 그 기도에서 가장 끝에 나오는 단어이지만 (NSRV의 본문 구조에서―역주), 그 기도의 종결어는 아니다. 그 단어는 앞으로 일어날 일을 예언하고 있기 때문이다. 앞으로 다가올 어떤 일을 위해 준비 자세를 취하고 있는 형상인 셈이다. 그 단어의 히브리어는 메시아인데, 그는 하나님이 백성들 가운데서 행하시는 주권적인 통치와 구원 역사를 사람들에게 대리로 나타내게 하기 위해서 특별히 구별된 사람으로서 왕과 비슷한 신분이라고 할 수 있겠다. 메시아의 의미는 후에 예수 그리스도 안에서 충분히 드러날 것이다. 그 분의 신분을 나타내는 헬라어 표현인 "그리스도"는, 히브리어의 메시아와 같은 의미이다.

한나가 자신이 알고 있는 것보다 더 많은 것을 기도하고 있다는 사실에서 암시하듯이 이 구절은 메시아적 왕 사울과 다윗을 예시하고 있음을

짐작할 수 있다. 더 나아가 성경 전체의 이야기를 알고 있는 사람들은 이 기도가 진정한 왕이시며 참된 메시아이신 예수를 미리 보여주는 예언이라는 사실을 쉽게 파악할 수 있을 것이다.

그러나 "자신이 알고 있는 것보다 더 많은 것"을 기도하고 한나의 기도는 그녀가 이미 잘 알고 있는 바, 자신이 주님께 구별하여 드린 아들 사무엘 안에 구체적으로 암시되어 있다. 한나의 노래 중 첫 번째 연은 "내 힘이 높아졌으며"("my strength is exalted"(NSRV) "내 뿔이 높아졌으며"(한글개역))이고 마지막 연은 "그의 기름 부음 받은 자의 권능을 높이시리라 ("exalt the power of his anointed"(NSRV) "자기의 기름 부음을 받은 자의 뿔을 높이시리로다"(한글개역))이다. "힘"(strength)과 "권능"(power)이라는 두 단어가 히브리어로는 같은 단어로 표시되었는데, 그 히브리어의 원래 의미는 "뿔"(horn)이다. 이 말은 힘, 남성적인 활기, 야성미 등을 상징하는 은유적인 표현이다. 한나의 기도는 사무엘을 그녀의 "뿔"로 노래하는 것으로 시작해서 하나님을 자신의 뿔로 차양하는 것으로 끝맺는다. 사무엘서의 마지막 부분에 나오는 다윗의 고별 기도를 통하여 이 의미는 다시 한 번 되새겨지는데, 그는 하나님을 "내 구원의 뿔"로 차양하고 있다(삼하 22:3).

천 년의 세월이 흐른 후 마리아는 자신이 경험하고 있는 기쁨 넘치는 현실을 표현하면서 바로 이 한나의 노래를 자신의 상황에 맞도록 적절하게 인용하고 있다. 자신의 태에 잉태된 이 땅에 구원을 가져오실 그 아기에 대하여 증거하는 기쁨의 노래를 불렀던 것이다(눅 1:46~55 참고). 마리아의 노래는 흔히 성모송(the Magnificat)이라 한다. 어떤 교파나 교회에서는 지금까지도 주로 저녁 기도 시간에 마리아의 노래를 낭송하면서 기도하고 있다. 그들이 마리아의 노래를 부르며 하나님이 하신 일을 송축하는 것은 새 생명을 잉태케 하신 것과 마찬가지로 하나님은 역사의 변화를 위해 새로운 사건들이 시작되게 하시는 분임을 고백하고 있는 한 나의 이야기로 되돌아가서 끊임없이 그 일을 되새겨보고자 하는 의지의 표현일 것이다.

The story of Samuel

사무엘, 심지가 견고한 사람

2부

서론

   "심지가 견고한 사람"(예이츠의 시에서 인용한 말)은 사무엘에게 아주 적절한 명칭이다. 사무엘이 살았던 시기는 이스라엘의 역사 가운데 가장 변화무쌍한 시대 가운데 하나였지만, 그는 단 한 번도 마음의 평정을 잃은 적이 없었다. 주변의 문화가 급진적인 변화를 거듭해 가는 동안에도 그는 과거, 현재, 미래 어느 하나에도 구속당하지 않았고, 시대를 초월하며 이스라엘 백성들의 삶에 있어서 하나님이 근본이 되어야 한다는 진리를 끊임없이 역설하였다.

   사무엘은 도덕적으로 그리고 정치적으로 혼돈한 시대에 살았다. 이스라엘의 신앙 전통들은 휘청거리며 중심을 잃어갔고, 그들의 영성은 철저히 파괴되어 갔다. 이스라엘의 역사에서도 알 수 있듯이 족장, 출애굽, 광야생활 등 이스라엘의 전통적인 신앙은 모두 다 유목민 문화의 토양에서 발전되어 온 것이었다. 그러나 사무엘 당시 하나님의 백성들은 농경과 도시 문화가 지배하는 환경에서 살고 있었던 것이다. 카리스마 있는 사사들이 잠깐씩 번득이는 기지와 리더십을 발휘했던 바로 전 세대마저도 점점 붕괴되면서 통치권이 부재된 그야말로 혼돈의 시기가 되고 말았다. 그런 혼돈 상황에서 왕정제도를 도입하여 질서를 정립하려 했던 시도는 곧 이어 왕가의 분규로 말미암아 국가의 분열로 이어졌다.

이스라엘은 아브라함과 요셉, 모세와 여호수아, 라합과 드보라와 같은 인물들에 의해 대표되는 자랑스러운 역사를 가지고 있었다. 그러나 사무엘이 역사에 등장할 무렵, 그 자랑스러운 세상은 역사의 무대에서 사라지고 있었다. 세상은 변질되었고, 정치적인 동맹은 정치적인 이익에 따라 입장을 번복하였고, 부자든 가난한 자든 간에 보다 유리한 지위를 차지하려고 서로를 헐뜯고 속였으며, 사회의 윤리적 성향은 강화되기도 했다가 약화되기도 하면서 갈피를 잡지 못하는 실정이었다. 그때 하나님이 말씀하셨다. 하나님의 뜻이 계시될 것임을 의미하는 대목이다. 또 하나님이 한 민족을 선택하신다는 뜻이기도 하다. 누가 듣고 있는가? 누가 주목하고 있는가? 누가 응답하고 있는가? 그 당시 이스라엘에는 그렇게 할 사람이 많지 않았다. 정치적인 혼란은 물론이거니와 윤리마저도 붕괴된 시기였던 약 2백 년 동안 하나님의 백성인 이스라엘은 그들 정체성의 위기에 직면하고 있었던 것이다. 이스라엘은 그들만의 독특한 역사의식을 잃어버리게 될 것인가? 이스라엘은 그들의 역사에 의미와 일관성을 부여해 주었던 역사의 주제인 구원에 대한 이해를 결국 상실하고 말 것인가?

역사적인 관점에서 살펴볼 때, 그 시기는 절박한 위기에 처해 있었던 것으로 판단되어진다. 그러나 성경적인 관점에서 보면 사무엘의 등장은 과거와 미래를 엄숙하게 고리 지어주는 아주 중요한 의미를 갖는 대목이다. 사무엘은 시대적인 요구에 부합하고자 급급했던 사람이 아니다. 그는 하나님의 선지자로서의 자기 사명을 충성스럽게 수행함으로써 변화의 시대를 성공적으로 살았던 인물이다. 그는 카멜레온처럼 살지 않았다. 즉 새로운 시대사조에 편승하여 사람들의 비위에 맞춰가며 적당히 자신을 보호할 수 있는 삶을 거절했다는 뜻이다. 그렇다고 해서 광야의 은신처로 도피하여 과거의 제식들을 되풀이하며 생활했던 것도 물론 아니었다. 사무엘은 사람들의 욕구를 충족시키기보다는 하나님이 주시는 구원의 말씀에 더욱 주의를 기울였다. 사무엘이 성장하는 모습을 묘사하는 어휘들이 예수님의 소년 시절을 묘사하는 복음서의 구절(눅 2:40)에도 똑같이 그대로 사용되고 있다.

사무엘은 이스라엘 역사에서 엄연히 구별되어 있는 두 시대를 공유했던 위대한 인물이다. 한 쪽은 느슨한 종족 연맹을 형성했던 기간인데 보통 사사시대라고 부른다. 다른 쪽은 왕정 시대이다. 사사시대 동안에는 중앙 집권 체제가 없었다. 모세의 리더십 아래 출애굽해서 모세의 후계자 여호수아의 지시대로 땅을 분배 받은 하나님의 백성 이스라엘 열 두 지파는 각 지파에게 분배된 땅에서 살았던 것이다. 비록 열 두 지파로 나누어져 있어도 이스라엘 백성은 공통적인 족장들(아브라함, 이삭, 야곱, 요셉) 안에서 그들의 기원에 대한 전통을 찾았고, 노예로 살던 애굽에서 구출된 출애굽의 전통을 가지고 있었다. 약속의 땅에 정착한 후부터는 지파 별로 흩어져 생활하다가 공동예배를 드릴 때는 그 당시 예배 장소의 중심이었던 실로에 모였다. 그리고 적의 침입이 있을 때에는 카리스마적인 "사사"가 군사를 모아 지휘했던 것이다. 한 사사의 역할이 필요했던 상황이 종료되면 그 사사 또한 전면에서 물러났다. 이 당시 이스라엘의 상황은 일종의 통제된 무정부 상태와 같다고 할 수 있다. 다시 말해 이스라엘은 최소한의 정치구조를 가지고 하나님의 통치하에서 생활했던 것이다. 이스라엘은 하나님이 형성하시고 그 분이 다스리시는 백성이었다. 사무엘은 여러 사사들 가운데 가장 마지막에 활동했던 사사였다.

사무엘은 당시 관례적으로 제사장 견습생 역할을 시작했고, 그의 제사장적 임무들은 자연스럽게 "사사"의 역할로 발전했다. 그러나 사무엘이 성경 안에서 특출한 인물이 되었던 까닭은 그가 "사사"로서의 역할과 "선지자"로서의 소명을 잘 조화시켰던 사람이었기 때문이라고 할 수 있다. 사사의 근본적인 역할은 리더십을 발휘하는 것이며, 선지자는 하나님의 말씀과 뜻을 전달하고, 그 말씀을 몸소 실천하는 임무를 가지고 있다. 물론 두 역할은 서로 상당 부분 중복되기도 하지만 사무엘이 우리의 시선을 사로잡는 것은 그의 선지자적인 신분 때문일 것이다.

히브리 선지자들은 그들이 처한 상황이 어떠하든지 간에 군사적 또는 정치적인 힘을 사용하지 않고, 하나님의 말씀을 선포함으로써 역사를 바꾸었던 능력의 사람들이었다. 선지자라 칭함을 받을 때 그 지위는 단순히 말만 하는 신분이 아니었다. 자기가 말한 그대로 생활하는 사람이었다. 어떤 선지자가 그들 가운데 있다는 사실을 알게 되면 사람들은 하나님께서 그들을 위하여 계획과 목적을 가지고 계심을 분명하게 인식했던 것이다. 선지자들이 선포했던 내용들은 위로와 심판과 책망과 약속 등 아주 넓은 범위에 속해 있는 여러 가지 의미들이 포함되어 있었다. 그러나 분명한 것은 그들의 선포는 언제나 사람들에게 인격적으로 말씀하시는 하나님에 대한 확신을 중심으로 하고 있다는 사실이다.

5. 사무엘의 성장기

사무엘상 2:11~4:1a

엘리 제사장의 불한당 아들들(2:11~17)

2:11 엘가나는 라마의 자기 집으로 돌아가고 그 아이는 제사장 엘리 앞에서 여호와를 섬기니라 12 엘리의 아들들은 불량자라 여호와를 알지 아니하더라 13 그 제사장들이 백성에게 행하는 습관은 이러하니 곧 아무 사람이 제사를 드리고 그 고기를 삶을 때에 제사장의 사환이 손에 세살 갈고리를 가지고 와서 14 그것으로 냄비에나 솥에나 큰 솥에나 가마에 찔러서 .길고리에 걸려 나오는 것은 제사장이 자기 것으로 취하되 실로에서 무릇 그곳에 온 이스라엘 사람에게 이같이 할 뿐 아니라 15 기름을 태우기 전에도 제사장의 사환이 와서 제사 드리는 사람에게 이르기를 제사장에게 구워 드릴 고기를 내라 그가 내게 삶은 고기를 원치 아니하고 날 것을 원하신다 하다가 16 그 사람이 이르기를 반드시 먼저 기름을 태우고 네 마음에 원하는 대로 취하라 하면 그가 말하기를 아니라 지금 내게 내라 그렇지 아니하면 내가 억지로 빼앗으리라 하였으니 17 이 소년들의 죄가 여호와 앞에 심히 큼은 그들이 여호와의 제사를 멸시함이었더라

어린 나이에 사무엘은 엘리 제사장에게 맡겨져서 성전의식과 신앙생활을 훈련 받는 견습 생활을 시작했다. 그의 부모들이 기도하며 약속한

대로 아들을 하나님께 성별하여 드림으로 이루어진 이 견습 생활은 평생 하나님을 섬기는 한 인생을 위한 아주 복된 출발이었다. 그러나 당시 사무엘이 생활하고 있었던 주변 상황은 대단히 부정적이었다. 엘리 제사장이 책임을 맡고 있는 실로의 성소는 부정부패로 들끓고 있었고, 사무엘은 자신의 의지와는 상관없이 종교적 배금주의 도가니에 방치되어지고 말았던 것이다. 한나의 생각에는 아들을 주님께 드리는 것은(1:28) 당연히 그 아들을 제사장들의 손에 맡기는 것과 같은 것이라고 판단했던 것이다. 그러나 그것은 같은 의미일 수 없으며 그러한 사실은 오늘날도 마찬가지이다. "종교는 인간의 거대한 벤처사업이며, 인간의 엄청나고 치명적인 실패이다"(Miskotte, When the Gods Are Silent, p.5).

실로에서 드려지는 제사를 집전하고 관장하는 제사장들이 욕심 많은 난폭꾼으로 묘사되어 있는 장면에서 우리는 만연되어 있는 배금주의를 읽을 수 있다. 사람들이 가지고 온 제물 중에서 일부를 구별하여 제사장들의 양식으로 주는 것은 이스라엘의 전통이었다. 그러나 실로에서는 그 풍습이 남용되고 있었다. 한 예로 솥에다가 제물로 사용된 고기를 삶고 있는 동안에 긴 포크를 가지고 무작위로 찔러서 거기에 걸리는 것은 그게 어떤 부분이든지 상관없이 제사장의 몫이 되었던 것이다. 고기의 지방 부분은 항상 별도로 구별하여 하나님 앞에서 태우는 것이 당시 제사의 관례였다. 그러나 홉니와 비느하스는 삶아 먹기에 적합한 질이 떨어지는 고기는 싫어하고, 구워 먹기에 적합한 질이 좋은 부위를 자기들 몫으로 원했다. 그러므로 그들이 가로채던 고기는 아마도 지방층이 곁들여진 부분이었을 것으로 짐작된다. 엘리의 두 아들에게 있어서 종교는 특권과 권력을 동시에 누릴 수 있게 해 주는 기회였던 것이다. 그러나 바로 그 권력과 특권 때문에 두 사람은 철저하게 부패하게 되었다.

한나의 복된 아들(2:18~21)

2:18 사무엘이 어렸을 때에 세마포 에봇을 입고 여호와 앞에 섬겼더라 19 그 어미가 매년 제를 드리러 그 남편과 함께 올라갈 때마다 작은 겉옷을 지어다가 그에게 주었더니 20 엘리가 엘가나와 그 아내에게 축복하여 가로되 여호와께서 이 여인으로 말미암아 네게 후사를 주사 이가 여호와께 간구하여 얻어 드린 아들을 대신하게 하시기를 원하노라 하였더니 그들이 그 집으로 돌아가매
21 여호와께서 한나를 권고하사 그로 잉태하여 세 아들과 두 딸을 낳게 하셨고 아이 사무엘은 여호와 앞에서 자라니라

엘리의 불한당 같은 두 아들 홉니와 비느하스는 성소에서 그들이 가지고 싶은 것은 무엇이든지 상관하지 않고 취하는 안하무인격인 행실에 관한 이야기로 소개되어 있는 반면, 복된 아들 사무엘은 해마다 어머니 한나가 손수 바느질해서 지은 새 제사장복으로 갈아입는 모습, 곧 해마다 자라는 키에 맞게끔 단정하게 차림을 했다는 이야기로 묘사되고 있다. 옷을 입는다는 것은 그 사람의 참 모습을 감출 수도 있고 완전히 드러낼 수도 있는 행위이다. 대대로 상속되어 온 제사장 가운을 입은 엘리의 아들들은 외관상으로는 제사장다워 보이지만, 실제는 양의 탈을 쓴 늑대였을 뿐이다(마 7:15). 사무엘이 입고 있었던 손으로 지은 그 가운은 사무엘의 참된 제사장적인 모습을 보여 주었다.

한나가 사무엘을 위해서 만든 에봇은 제사장들이 착용하는 독특한 의상 가운데 하나였다. 출애굽기 28장을 보면 대제사장이 입었던 에봇에 관한 자세한 설명이 기록되어 있다. 한나가 지은 가운은 분명 그보다는 단순한 모양이었을 것이다. 후에 하나님의 인도를 구하는 기도를 드릴

때도 에봇을 사용했음을 알 수 있다(23:9). 어떤 용도로 사용되었는지 분명하지는 않지만, 제비 뽑기(우림과 둠밈)를 통하여 그 기도에 대한 긍정 또는 부정의 응답을 확인했으리라 유추하고 있다. 그러한 현상은 오늘날에도 마찬가지이다. 사람들은 자신의 종교적인 권능을 다른 사람들의 의견을 지배할 수 있는 타당한 능력으로 인정 받고자 하거나 "신령한 어떤 것"으로 만들기 위해서 에봇과 같은 제의적인 고안물에 신령함을 부여하고 있다. 그러나 기도하는 방법을 개발하는 것이 모든 물질적인 기도 도구들의 사용을 완전히 차단시키는 것을 의미하는 것은 아니다. 우리는 육체적인 사람들이므로, 궁극적으로 물질성을 떠날 수 없다. 물질적인 기도 도구들을 사용하는 그 자체가 미신적인 행위라고 단정할 수는 없으나, 미신적인 행위가 될 수 있는 가능성이 있다는 말이다. 단지 에봇과 같이 기도에 사용하는 도구에 불과한 것이 신비한 능력을 지니고 있는 물건인 양 여기며 그 물건 자체 아니면 그 물건을 사용하는 행위자체에 특별한 의미를 부여하거나 신비한 능력을 기대하고 있다면 그것들에 의지하여 기도하는 것은 분명 미신적인 행위라고 할 수밖에 없다. 그런 사고방식이나 행동은 근본적으로 근거가 없는 것이다. 그렇기 때문에 사실 하나님 앞에 드리는 우리의 진심 어린 기도와 섬김의 마음을 오염시키고 방해하는 것은 신앙생활의 유익을 위해서 사용하는 물질적인 도구 그 자체 때문이라기 보다는 무엇보다도 하나님을 비인격화하는 것과 또 물질적인 도구를 수단으로 하여 하나님을 마음대로 조종하려고 시도하는 우리의 태도 때문이다. 물질적인 도구를 과도하게 의존하는 미신적인 기도나 예배는 하나님을 우리와 같은 인간으로 전락시키려는 무모한 시도와 다를 바가 없는 것이다.

엘리의 아들들의 쇠퇴(2:22~26)

2:22 엘리가 매우 늙었더니 그 아들들이 온 이스라엘에게 행한 모든 일과 회막문에서 수종드는 여인과 동침하였음을 듣고 23 그들에게 이르되 너희가 어찌하여 이런 일을 하느냐 내가 너희의 악행을 이 모든 백성에게서 듣노라…… 25 사람이 사람에게 범죄하면 하나님이 판결하시려니와 사람이 여호와께 범죄하면 누가 위하여 간구하겠느냐 하되 그들이 그 아비의 말을 듣지 아니하였으니 이는 여호와께서 그들을 죽이기로 뜻하셨음이었더라
26 아이 사무엘이 점점 자라매 여호와와 사람들에게 은총을 더욱 받더라

엘리의 아들들과 한나의 아들 사이의 대조는 더욱 심화되어 간다. 엘리는 사무엘의 부모를 축복했으나(2:20), 자기 아들들은 꾸짖을 수밖에 없었다(2:23-24). 한나의 정숙한 임신과 출산(2:21a)은 엘리의 아들들의 난잡한 성생활(2:22b)과 대조를 이룬다. 사무엘이 하나님 앞에서 자라는 바로 그 때에(2:21b), 엘리의 아들들은 죽음을 경고 받았던 것이다(2:25c).

이처럼 극단적인 대조는 경건한 집단과 세속적인 집단 사이에서 또는 사람들이 생각하기에 정숙한 마을과 악을 도모하는 빈민가 사이에서 일어난 것이 아니었다. 실로의 중심부, 즉 가장 존경 받는 종교 지도자들 사이에서 빚어진 현상이었던 것이다. 결국 환경이 거룩함을 결정하는 것이 아님을 가르쳐 주고 있다.

사무엘이 "점점 자라매 여호와와 사람들에게 은총을 받더라"는 말씀은 경이로운 사실이다(NSRV 성경에서는 "신체와 은총이 함께 자라더라"고 번역되어 있다). 건강한 신체와 고결한 인격이 함께 잘 성장해 간다는 것은 그다지 흔한 일이 아니기 때문이다. 대부분의 사람들은 인격적으로는 더 나아지는 것이 없이 신체적으로 더 커지기만 할 뿐이다. 그

러나 성장이란 신체적인 성장과 마찬가지로 영혼의 상태와도 관련이 깊은 말이다. "키"에도 성장이 있듯이 "은총"에도 성장이 있다. 만일 우리가 진실로 인격적이기 원한다면 키의 성장과 더불어 은총의 성장 또한 반드시 이루어져야만 한다. 사무엘 이후 약 천 년 후에 누가는 세례요한(눅 1:80)과 예수 그리스도(눅 2:40)를 묘사할 때도 이와 비슷한 표현을 사용하고 있다. 이 사실은 굉장히 의미심장한 부분이다. 참된 성장은 인간적인 관계와 하나님과의 관계 두 가지 모두를 포함하는 것이다. 사무엘, 요한, 예수님은 각기 다른 방법으로 바로 그 성장의 유형을 보여 주고 있다.

엘리의 죽음(2:27~36)

2:27 하나님의 사람이 엘리에게 와서 그에게 이르되 여호와의 말씀에 너희 조상의 집이 애굽에서 바로의 집에 속하였을 때에 내가 그들에게 나타나지 아니하였느냐 28 이스라엘 모든 지파 중에서 내가 그를 택하여 나의 제사장을 삼아…… 29 너희는 어찌하여 내가 나의 처소에서 명한 나의 제물과 예물을 밟으며 네 아들들을 나보다 더 중히 여겨 내 백성 이스라엘의 드리는 가장 좋은 것으로 스스로 살찌게 하느냐 30 그러므로 이스라엘의 하나님 나 여호와가 말하노라…… 31 보라 내가 네 팔과 네 조상의 집 팔을 끊어 네 집에 노인이 하나도 없게 하는 날이 이를지라…… 34 네 두 아들 홉니와 비느하스가 한날에 죽으리니 그 둘의 당할 그 일이 네게 표징이 되리라 35 내가 나를 위하여 충실한 제사장을 일으키리니 그 사람은 내 마음, 내 뜻대로 행할 것이라…… 36 네 집에 남은 사람이 각기 와서 은 한 조각과 떡 한 덩이를 위하여 그에게 엎드려 가로되 청하노니 내게 한 제사장의 직분을 맡겨 나로 떡 조각을 먹게 하소서 하리라 하셨다 하니라

백성들을 감독하는 하나님의 사람(엘리)은 자신을 감독해 줄 수 있는 하나님의 사람이 필요하다. 종교적인 지위 때문에 그 사람이 의로운 의무에서 면제될 수 있는 것은 아니다. 어떤 사람도 자기가 하고 싶은 대로

할 수 있거나 다른 사람들이 그들 하고 싶은 대로 할 수 있도록 허락해 줄 수 있는 지위나 위치에 있지 않다. 하나님이 다스리는 세상과 하나님의 성소에서도 끊임없는 경계가 필요할 뿐 아니라, 다른 사람과 환경을 제대로 살펴야 할 책임을 가지고 있는 우리 모두는 다른 사람들에 의해서 경계를 받는 것이 반드시 필요하다.

본문은 엘리가 부모로서 그리고 제사장으로서 그의 의무를 방관한 것에 대하여 책망 받고 있는 장면이다. 그는 '제사장'이라는 이스라엘 전통의 상속자로서 출애굽의 영광을 상기시키면서 그 때와 같이 거룩한 제사 의식을 감독하는 영광된 사역을 포함하는 이스라엘의 전통, 그러나 이제 사라질 위험에 처해 있는 그 전통을 회복시켜야 할 의무를 감당하고 있던 인물이었다. 그러나 엘리 시대에 그 전통과 사역은 영광스러운 것과는 더욱 거리가 멀어지게 되었다. 오히려 엄한 심판이 선고되었던 것이다. 그러나 그 선고의 다른 일면에서는 하나님께 축복 받은 한 제사장의 직분과 사역이 앞으로도 지속될 것이라는 선포가 있었다("내가 나를 위하여 충실한 제사장을 일으키리니", 35절). 하나님의 심판은 언제나 그 속에 원대한 언약을 품고 있다는 사실을 알 수 있다.

본문은 전반에 걸쳐서 한편에는 사무엘을, 다른 편에는 홉니와 비느하스를 두고 이 두 아들들을 여러 면으로 대조시키면서 이야기를 전개해 가고 있다. 사무엘은 여호와를 섬기는 반면(2:11), 홉니와 비느하스는 자신들이 갖고자 하는 것은 모두 약탈하여 손에 움켜쥐고야 만다(2:13~17). 사무엘은 성숙했으나(2:18~21), 홉니와 비느하스는 시간이 흐를수록 타락해 갔다(2:22~25). 사무엘은 키와 인격이 자라갔지만(2:26), 홉니와 비느하스는 점점 더 사망에 어울리는 행실로 빠져들어

갔다(2:27~36). 양 쪽이 대조를 이루어 가는 모습을 두 곡선으로 표시된 도표에 비유한다면, 엘리의 제사장 직분의 곡선이 사라질 무렵 사무엘의 사역의 곡선이 시작되고 있었다. 이 대조는 홉니와 비느하스의 죽음을 예언하는 동시에, 한 "신실한 제사장" 곧 사무엘의 등극을 확증하는 2:34~35에서 극명하게 나타난다.

사무엘 시대의 개막(3:1~4:1a)

3:1 아이 사무엘이 엘리 앞에서 여호와를 섬길 때에는 여호와의 말씀이 희귀하여 이상이 흔히 보이지 않았더라

2 엘리의 눈이 점점 어두워가서 잘 보지 못하는 그 때에 그가 자기 처소에 누웠고 3 하나님의 등불은 아직 꺼지지 아니하였으며 사무엘은 하나님의 궤 있는 여호와의 전 안에 누웠더니 4 여호와께서 사무엘을 부르시는지라 그가 대답하되 내가 여기 있나이다 하고 5 엘리에게로 달려가서 가로되 당신이 나를 부르셨기로 내가 여기 있나이다 가로되 나는 부르지 아니하였으니 다시 누우라 그가 가서 누웠더니 6 여호와께서 다시 사무엘을 부르시는지라 사무엘이 일어나서 엘리에게로 가서 가로되 당신이 나를 부르셨기로 내가 여기 있나이다 대답하되 내 아들아 내가 부르지 아니하였으니 다시 누우라 하니라 7 사무엘이 아직 여호와를 알지 못하고 여호와의 말씀도 아직 그에게 나타나지 아니한 때라 8 여호와께서 세 번째 사무엘을 부르시는지라 그가 일어나서 엘리에게로 가서 가로되 당신이 나를 부르셨기로 내가 여기 있나이다 엘리가 여호와께서 이 아이를 부르신 줄을 깨닫고 9 이에 사무엘에게 이르되 가서 누웠다가 그가 너를 부르시거든 네가 말하기를 여호와여 말씀하옵소서 주의 종이 듣겠나이다 하라 이에 사무엘이 가서 자기 처소에 누우니라

10 여호와께서 임하여 서서 전과 같이 사무엘아 사무엘아 부르시는지라 사무엘이 가로되 말씀하옵소서 주의 종이 듣겠나이다 11 여호와께서 사무엘에게 이르시되 보라 내가 이스라엘 중에 한 일을 행하리니 그것을 듣는 자마다 두 귀가 울리리라 12 내가 엘리의 집에 대하여 말한 것을 처음부터 끝까지 그 날에 그에게 다 이루리라……

15 사무엘이……그 이상을 엘리에게 알게 하기를 두려워하더니 16 엘리가 사무엘을 불러 가로되……. 17 가로되 네게 무엇을 말씀하셨느냐…… 18 사무엘이 세세히 말하고 조금도 숨기지 아니하니 그가 가로되 이는 여호와시니 선하신 소견대로 하실 것이니라 하니라

¹⁹ 사무엘이 자라매 여호와께서 그와 함께 계셔서 그 말로 하나도 땅에 떨어지지 않게 하시니 ²⁰ 단에서부터 브엘세바까지의 온 이스라엘이 사무엘은 여호와의 선지자로 세우심을 입은 줄을 알았더라……

사무엘의 소명에 관한 이야기는 엘리가 더 이상 제사장의 직책을 감당할 수 없을 무렵부터 시작된다. 엘리의 제사장 직분은 모든 면에서 비효율적이며 무의미했다. 실로의 영적 생활의 삭막함은 한나의 태가 자식을 생산치 못함으로 인한 삭막함(1장)에 비유될 수 있다. 그리고 그 두 삭막한 모습에 대한 하나님의 응답이 바로 사무엘이었다.

사무엘을 가리켜 "여호와("여호와 앞에")를 섬겼더라"고 묘사하고 있는 대목은 이 구절이 벌써 세 번째이다(2:11, 18, 3:1). 사무엘은 종이다. 근본적으로 그의 신분은 하나님의 종이다. 하나님과 관련하여 그가 누구이며 무엇을 하는가에 의해서 사무엘의 정체성이 규명되고 있는 것이다.

사무엘의 신분을 세 번씩이나 반복하는 것은 사무엘과 그의 주변 사람들 사이의 대조를 더욱 더 깊게 만드는 데 일조를 하고 있다. 엘리는 제사장이지만 그에 관한 첫 번째 언급(1:9~17)은 그가 성소를 지키면서 예배하러 온 자들(한나)을 줄지어 서서 기다리게 하는 것으로 소개하고 있다. 엘리는 제사장 직분을 흉내내고 있었을 뿐이다. 종교는 그의 직업이며, 제사장에 대한 그의 소명은 일종의 종교적인 기능으로 전락되고 말았던 것이다. 그러므로 그는 하나님과 교제할 필요가 전혀 없었다(1:14). 홉니와 비느하스 역시 마찬가지였다. 그러나 그들이 더욱 나빴던 이유는 그들은 사악하고 타락하기까지 했기 때문이다. 그들에게 성소는 몸가짐이 허술한 여자들과 어울리며 맛있는 음식을 차지하기 위해 권력과 특권을 남용하는 장소였을 뿐이다. 그들의 마음에는 하나님이 가장 후미에 있는 어떤 것에 지나지 않았다. 현대 사회의 대중매체들은 사람들에게 충격을 주어 관심을 끌고자 하는 요량으로 "섹스와 종교"라는 스캔들을 자주 소재로 삼곤 한다. 그러나 성경을 가까이 하는 사람들은 그런 유의 추문을 접할 때 그리 놀라거나 당황하지 않는다. 왜냐하면 그런 문제들이 얽혀있는 길고 지루한 역사는 성경을 통하여 이미 접해 왔기 때문이다. 그들은 더러운 욕망을 감출 수 있는 편리한 덮개로 성소를 이용하고 있었던 것이다.

그러나 사무엘에 대해서 거듭 (그리고 아주 전적으로) 명시하고 있는 것은 그가 하나님과 교제를 나눔에 있어 충실했다는 사실이다 ("여호와를/여호와 앞에서 섬김"). 우리는 이 사실에 주목해야 한다. 이것은 아주 생소한 일처럼 들린다. 사무엘처럼 하나님의 말씀에 귀를 기울이며 하나님을 중심으로 삼고 살아가는 삶은 오늘날도 마찬가지이지만 그 당시에도 쉽게 찾아볼 수 있는 일이 아니었기 때문이다. 본문에 의하면, 그것은 "희귀"하고 "흔히 보이지 않는" 것이라고 한다. 사회학자나 심리학자, 신문 기자들은 우리의 생활이나 우리가 활동하고 있는 것에 대한 주변 이야기들에만 관심이 있고 그것만을 집중적으로 다루고 있지만, 사무엘의 이야기를 기록하고 있는 사람은 그의 삶의 핵심에 집중하고 있다. 그리고 우리는 지금 그의 이야기를 경청하고 있다!

하나님께서 사무엘에게 말씀하시고, 사무엘이 하나님께 대답했다. 이 이야기를 통하여 우리는 성경의 계시에서 언어가 어떻게 작용하는가를 볼 수 있다.

하나님께서 사무엘에게 말씀하셨다. 하나님께서 말씀하신다는 것은 성경적인 신앙의 근본 실체이다. 우리가 가지고 있는 믿음에 대한 근본적인 확신은 하나님이 존재하신다는 것이라기보다는 오히려 하나님께서 말씀하신다는 것이다. 성경의 계시는 말씀으로 천지를 창조하시는 하나님으로부터 시작되는데, 하나님은 혼돈을 향하여 "있으라"고 말씀하신다(창 1장). 또한 성경은 하나님의 말씀인 예수 그리스도로 끝을 맺는데 "오라……"는 초청 형식으로 말씀하고 계신다(계 22:17). 성경의 모든 내용은 하나님께서 말씀하시는 내용들로 채워져 있다. 그 내용들은 하나님께서 창조하시고 초청하실 때, 심판과 구원을 행하실 때, 인도하시고 치유를 베푸실 때, 명령과 경고를 내리실 때, 책망과 위로를 주실 때 등과 같은 상황에서 하신 말씀이다. 이 모든 것 가운데 가장 돋보이는 특징은 하나님께서 인격적인 대화 형태로 말씀하고 계신다는 사실이다. 하나님은 원대한 일반적인 진리를 말씀하시는 것이 아니다. 또한 윤리적인 기준과 진실에 관하여 선언하고 계시는 것도 아니고 대형 광고판에 있는 광고 문구나 선거판의 공약과 같은 말씀을 하시는 것은 더더욱 아니다. 여호와의 말씀은 사람들에게 하신 것이며, 여호와는 아브라함, 모세, 이사야, 예레미야, 바울 등과 같은 사람들의 이름을 부르셨던 것이다. 그리고 사무엘의 이름을 부르셨다. 인격적인 대화는 하나님의 말씀의 근본적인 형태이다. 철학적인 사변이나 윤리적인 해석, 또는 신학적인 명상록의 형식이 아니다. 우리가 흔히 그렇게 하고 있듯이, 종교적인 모호한 언어나 윤리적인 원리들에 관한 표현으로 인하여 우리의 인격적인 대화가 방해받고 있다면 그것은 하나님을 배신하고 있는 행위임을 기억해야 할 것이다.

사무엘은 귀를 기울이고 있었다. 그러나 그는 자기에게 하시는 하나님의 말씀을 인간의 말로 오인하기를 세 번이나 반복했다. 엘리의 도움에 힘입어 네 번째 부르심에 드디어 그 음성이 하나님의 말씀인 것을 깨달았고 그 말씀을 경청했던 것이다. 인간의 말과 하나님의 말씀을 구별할 수 있도록 배우는 것은 선지자적인 그리고 제사장적인 그의 삶을 위해서 기본적으로 준비되어야 할 부분이었다. 사무엘은 경청했다. 경청하는 것은 개인적인 깊은 관심에서 비롯되는 행위이며, 응답 또는 반응하는 것으로 이어진다. 예수님이 비유를 말씀하신 후 "귀 있는 자는 들으라"(마 13:9, 43)라고 강조하셨는데 그 표현은 성령님께서 요한계시록의 교회들에게 긴급한 메시지들을 주실 때에도 반복되고 있다(계 2:7, 11, 17, 29, 3:6, 13, 22). 하나님의 말씀은 성경공부를 위한 교재로 전락되거나, 주일학교 교과과정의 부속품으로 조정되거나, 학문적인 글을 위한 주제로 한정되거나, 저녁에 술집에 모여서 나누는 한담의 화제 거리로 삼을 수 있는 것이 아니다. 사무엘은 대답했다. 즉 그는 기도했다.

성경에서 보게 되는 사무엘의 모습은 그의 어머니 한나의 기도의 결과이다. 하나님이 성소에서 그를 불러서 선지자적인 소명을 일러주시던 모습을 생각해 보면 사무엘에게 스스로 기도하는 방법을 가르쳐 주시는 하나님, 다시 말해 사무엘을 향한 하나님의 개인적인 말씀에 귀를 기울이고 그 말씀에 대답하는 것을 가르쳐 주시는 하나님을 만나게 된다.

우리는 그런 식으로 기도하는 것에 익숙하지 않다. 비인격적인 연설이 우리의 전문적인 기술이다. 학교는 우리에게 정보를 습득하는 법을 훈련시켜 주고 문화는 우리에게 앞서 가는 방식을 훈련시켜 준다. 가족관계나 연인관계를 통하여 개인적인 친밀한 대화와 응답의 표현들을 배워가고는 있지만 많은 경우에 우리는 비인격적인 기도 방법으로 인격적인 기도를 한쪽으로 밀쳐 버리는 경향이 있다.

나에게 인격적으로 말씀하시며 다가오시는 하나님을 알아차리고 그 분께 응답하는 일이 쉽지 않음을 본문의 반복된 사건 속에서 짐작할 수 있다. 하나님과 사무엘의 대화는 세 번이나 반복되었지만 제대로 이루어지지는 않았다. 그러나 네 번째 시도에서 사무엘은 엘리의 도움으로 그 대화를 제대로 감지하게 되었다. 제사장이 존재해야 하는 이유가 바로 여기에 있다. 우리를 향하신 하나님의 인격적인 말씀을 분별할 수 있도록 도와주는 것이 그들의 임무이다. 부적격한 제사장의 대명사처럼 여겨졌던 엘리가 그때까지 그 자리에 있었던 까닭이 이때를 위함이었던 것 같다.

하나님이 사무엘에게 말씀하신 메시지는 엘리를 위한 것이기도 했다. 그러나 엘리에게는 그 내용이 전혀 새로운 것이 아니었다. 일찍이 "어떤 하나님의 사람"(2:27)이 똑같은 메시지를 알려 주었는데, 그것은 엘리와 그의 가족에게 임할 심판에 관한 내용이었다. 그러나 두 메시지 사이에는 다음과 같은 차이가 있다. 처음 메시지는 어떤 외부 사람, 즉 이름을 밝히지 않은 "하나님의 사람"이 전해 주었다. 두 번째 것은 가족 안에서 그리고 성소 내부로부터 전해진 것이었다. 메시지에 경고된 심판은 여전히 절망스러운 최후를 의미하고 있었지만, 이제는 그 메시지가 더욱 친밀하고 신뢰할 수 있는 분위기에서 전달되고 있다.

엘리는 경외함으로, 심지어 용감하게 그 메시지에 반응을 나타낸다. 그는 엄중한 메시지 속에 담겨있는 하나님의 개인적인 사인을 알아차리고는 기꺼이 그 말씀을 인정했다. 만일 그것이 하나님으로부터 왔다면, 그건 반드시 옳은 것이다. 그 옳은 것으로 인해서 자신이 궁지에 몰렸음을 인식하는 그 순간에도 엘리는 여전히 태연한 척하며 그것을 받아들여야만 했다. 그는 제사장의 허세를 부려야 했던 것이다.

"자라다"라는 단어가 여기 다시 등장한다(2:26 참고). 이번에는 사무엘의 신체적인 성장이 언어적인 능력의 성장과 함께 연관되는데, 사무엘의 말이 하나님의 말씀과 함께 나타나 있다. 본문에서는 "말"(word)이 세 번 집약적으로 나타난다(한글 개역 성경에는 "말"로 표현된 구절이 두 번 나옴 – 역주). 첫 번째와 세 번째는 사무엘이 한 말을 가리키는데(3:19, 4:1a), 두 번째 나오는 하나님의 말씀(3:21)과 함께 그 의미가 확대되고 있다. 하나님과 사무엘 사이에서 이루어진 인격적인 대화가 이제는 성숙된 단계에 이르고 있다는 암시이다. 사무엘은 철저히 하나님의 말씀에 의지해서 말하는 "선지자"가 되었다. 선지자가 한 말은 기념품으로 제시되는 것이 아니다. 사람들을 향하여 그가 말씀을 선포할 때 그것은 회고담이나 보고문 따위와는 완전히 다른 것이다. "선지자는 전달할 뿐 아니라 드러내기도 한다. 선지자는 하나님께서 그에게 하신 것을 다른 사람들에게 행하는 일을 한다. 선지자의 사역이 갖는 경이로움은 눈으로 볼 수 없는 하나님을 그의 말을 통하여 들을 수 있게 된다는 사실에 있다"(Heschel, The Prophets, p. 22).

"단에서 브엘세바까지"라는 표현은 구약에서 흔히 볼 수 있는 관용구인데 "온 나라"를 의미하는 말이다. 단은 이스라엘의 북쪽 경계에, 브엘세바는 남쪽 경계에 위치해 있던 지명 이름이었다.

6. 언약궤

하나님의 언약궤에 관한 역사 중에서 한 토막을 소개하고 있는 본문의 내용은 사무엘의 역할이 드디어 제 모습을 드러내고 있는 대목이기도 하다. 사무엘은 하나님이 구체적으로 개입하고 계셨던 당시의 시대상황에서 그에게 부여된 중요한 역할을 철저하게 준비하고 있었던 사람이다. 그러나 그의 지위나 위치를 제대로 이해하기 위해서 우리는 그때의 시대상황에 대하여 올바르게 이해해야 할 필요가 있다. 본문은 "그 시대"(the times)라는 말과 같은 일반화된 표현을 사용하지 않는 대신에, 그 당시 사람들에게 잘 알려져 있던 "언약궤"(the ark)에 관한 이야기를 빌어 당시의 정세와 분위기를 설명해 주고 있다. 언약궤에 얽혀 있는 일화들을 살펴보면 사무엘이 사역을 시작할 무렵 이스라엘의 정치문화와 종교문화가 어떠했는지를 짐작할 수 있다.

빼앗긴 언약궤(4:1b~11)

4:1이스라엘은 나가서 블레셋 사람과 싸우려고…… 2 ……이스라엘이 블레셋 사람 앞에서 패하여…… 3 ……이스라엘 장로들이 가로되 여호와께서 어찌하여 우리로 오늘 블레셋 사람 앞에 패하게 하셨는고 여호와의 언약궤를 실로에서 우리에게로 가져다가 우리 중에 있게 하여 그것으로 우리를 우리 원수들의 손에서 구원하게 하자 하니 4 이에 백성이 실로에 보내어 그룹 사이에 계신 만군의 여호와의 언약궤를 거기서 가져왔고 엘리의 두 아들 홉니와 비느하스는 하나님의 언약궤와 함께 거기 있었더라

5 여호와의 언약궤가 진에 들어올 때에 온 이스라엘이 큰 소리로 외치매 땅이 울린지라 6 블레셋 사람이 그 외치는 소리를 듣고 가로되 히브리 진에서 큰 소리로 외침은 어찜이뇨 하다가 여호와의 궤가 진에 들어온 줄을 깨달은지라 7 블레셋 사람이 두려워하여 가로되 신이 진에 이르렀도다 하고…… 8 ……누가 우리를 이 능한 신들의 손에서 건지리요…… 9 너희 블레셋 사람들아 강하게 되며 대장부가 되어라 너희가 히브리 사람의 종이 되기를 그들이 너희의 종이 되었던 것같이 말고 대장부 같이 되어 싸우라 하고

10 블레셋 사람이 쳤더니 이스라엘이 패하여 각기 장막으로 도망하였고…… 11 하나님의 궤는 빼앗겼고 엘리의 두 아들 홉니와 비느하스는 죽임을 당하였더라

본문의 이야기는 두 개의 축을 중심으로 맴돌고 있다. 한 축은 저주 받은 블레셋이며, 다른 축은 신성한 언약궤이다.

블레셋은 지난 2백 년 이상이나 이스라엘을 대적해 왔고, 앞으로도 약 3백 년 동안 계속 이스라엘을 괴롭히게 될 원수이다. 사무엘이 활동하는 전 기간동안 블레셋의 괴롭힘은 끊이지 않았다. 블레셋과 이스라엘에 얽힌 역사는 애굽에서 노예생활을 하던 시기와 바벨론 포로생활 기간 중간 사에 끼여있다. 애굽과 블레셋과 바벨론을 이스라엘의 "삼대 적"(The Big Three Enemies)이라고 분류하고 있는 것만 보아도 바벨론이 이스라엘과 얼마나 치열한 경쟁관계에 있었는지 짐작케 한다. 블레셋의 해안 평원에 있는 다섯 도시들(가사, 아스돗, 에그론, 가드, 아스글론)은 이스

라엘을 상대했던 군사 전략 기지로 사용되었다. 블레셋 사람들은 철 생산을 독점하다시피 했는데, 그들은 자신들이 생산한 철을 가지고 주로 무기를 제조했다. 위에 언급한 다섯 도시에서 고고학자들이 발굴한 유품 가운데 가장 유명한 것은 바로 술항아리들이다. 그들은 사나운 싸움꾼들인데다가 술고래이기까지 했던 것이다. 현재 영어 단어 "Philistine"(블레셋)은 어리석고 속물 근성이 강한 사람을 지칭할 때 사용하는 말인데, 역사적인 배경을 살펴보면 그렇게 잘못된 사용법도 아님을 알 수 있다.

한편 언약궤는 길이 1.2미터, 높이와 폭은 각각 약 0.6미터 크기를 하고 있는 단순한 모양의 상자이다(출 25:10). 이스라엘이 40년 광야생활을 시작하던 초기에 만들어져서, 성소의 제식을 중심으로 하는 그들의 신앙생활에 있어서 핵심적인 요소가 되었다. 나무로 만들어 그 위에 금을 입혔는데 단단한 금 덮개를 속죄소(the mercy seat)라고 불렀다. 속죄소 양쪽 끝에는 천사 모양의 두 그룹(cherubim)이 서서, 하나님이 말씀하시는 자리로 정해진 속죄소 중앙을 감싸고 있다. 언약궤 안에는 세 가지 물건이 들어있었다. 모세가 시내 산에서 하나님으로부터 받아 백성들에게 전해 주었던 계명을 기록한 두 돌판과 광야생활을 하는 동안 주된 양식이었던 만나를 담은 항아리, 그리고 아론의 싹이 난 지팡이다. 그 내용물들은 하나님께서 이스라엘 가운데서 일하고 계심을 영속적으로 상기시켜 주는 증거물이다. 하나님은 그들에게 말씀하셨고(두 돌판), 그들에게 필요한 양식을 공급해 주셨고(만나), 그들을 구원하셨다(지팡이). 약속의 땅(지금의 팔레스타인)에 정착한 후 언약궤는 실로의 성소에 안치되었다. 언약궤는 이스라엘이 자신들이 섬기는 신 하나님께서 그들에게 계시하고 있다는 사실에 주의하라는 목적으로 하나님께서 친히 허락하신 도구이지, 그 자체가 어떤 마술의 힘을 지닌 신령한 것이 아니다. 이스라엘에서 미신은 근절 대상이었다. 그러므로 이스라엘의 지도자들은 사람들에게 언약궤가 능력의 공급원이므로 그것을 숭배하라고는 결코 가르치지 않았다.

그러나 블레셋이 갑작스럽게 침공해 오자 감정적인 두려움에 휩싸인 이스라엘의 지도자들은 조잡한 미신을 의지하는 쪽으로 역행하고 만다. 본문의 내용은 우리가 하나님을 신뢰하지 않고 미신을 의지할 때 우리에게 어떤 일이 발생하게 되는지를 여실히 보여주고 있다. 즉 생산적이거나 선하고 바람직한 일은 전혀 일어나지 않거니와 차라리 아무 일도 일어나지 않는 것이 그보다는 나을 법한 사건들이 줄지어 발생한다.

당시 홉니와 비느하스의 주관하에 있던 이스라엘의 신앙은 모세와 여호수아의 지도하에 있었던 시절에 사람들이 경험하고 누리던 자유와 구원과 경배와는 현격한 차이가 있었다. 블레셋에 대항하고자 에벤에셀과 아벡에 진영을 마련하고 일전을 준비하면서도 이스라엘 중에 기도하는 사람이 있었다는 증거는 어느 곳에도 찾아볼 수가 없다. 이스라엘의 지도자들은 미디안과 시내 산에서 인격적이며 주권적인 분으로 나타나셨던 그 하나님을 상자에 든 유령쯤으로 전락시키려 했다. 그들은 아벡에 진치고 있던 블레셋을 멸할 수 있는 신비한 힘이 그 상자를 통하여 일어나리라 기대하고 있었기 때문이다.

그러나 그 궤는 블레셋에게 탈취 당했고, 두 제사장 홉니와 비느하스는 전쟁 중에 죽임을 당하고 말았다. 이 두 사건은 미신 행위와 신비한 힘을 의지하려는 것이 얼마나 어리석고 헛된 것인가를 입증하는 증거가 되고 있다. 그 당시 이스라엘의 신앙 상태는 심히 부패해 있었으므로 완전히 회복되려면 상당한 기간이 필요했을 것이다. 부패한 종교로 인한 문제는 좀처럼 사라지지 않는다. 오히려 계속 재발되기가 쉽다. 우리는 “우리의 절대 자아(ego)가 확신할 수 있는 그 어떤 것보다는 객관적으로 설명될 수 있는 무언가에 종교적으로 중독되어 있을지도 모른다”(Karl Bart, Church Dogmatics I/1, p. 438).

이가봇 비문(4:12~22)

4:12 당일에 어떤 베냐민 사람이 진에서 달려나와……실로에 이르니라 13 ……그 사람이 성에 들어오며 고하매 온 성이 부르짖는지라…… 16 그 사람이 엘리에게 고하되 나는 진중에서 나온 자라……엘리가 가로되 내 아들아 일이 어찌 되었느냐 17 소식을 전하는 자가 대답하여 가로되…… 백성 중에는 큰 살륙이 있었고 당신의 두 아들 홉니와 비느하스도 죽임을 당하였고 하나님의 궤는 빼앗겼나이다 18 하나님의 궤를 말할 때에 엘리가 자기 의자에서 자빠져 문 곁에서 목이 부러져 죽었으니 나이 많고 비둔한 연고라 그가 이스라엘 사사가 된지 사십 년이었더라
19 그의 며느리 비느하스의 아내가 잉태하여…… 하나님의 궤 빼앗긴 것과 그 시부와 남편의 죽은 소문을 듣고……몸을 구려 해산하고…… 21 이르기를 영광이 이스라엘에서 떠났다 하고 아이 이름을 이가봇이라 하였으니 하나님의 궤가 빼앗겼고 그 시부와 남편이 죽었음을 인함이며……

남편의 사망 소식을 들은 비느하스의 아내가 “하나님의 영광이 떠났다”라고 자괴하는 것은 물론 틀린 말이다. 하나님의 영광이 이스라엘을 떠난 적은 결단코 없었다. 그렇게 혼탁한 상황 가운데서도 하나님의 영광은 다시 드러나려 하던 참이었다. 그러나 그 영광이 나타나기 전에 수치스런 일들이 먼저 제거되어야만 했다. 비느하스의 미망인은 아들의 이름을 통하여 남편의 가문이 몰락한 것을 표명했다고 할 수 있다. 문맥을 면밀히 살펴보면 그녀가 표현했던 “영광”은 특권과 권력을 의미하고 있다(비느하스는 기름진 음식과 성욕을 즐겼던 인물이다). 그러므로 그런

생활에 젖어있던 사람에게 그 권력과 특권이 없어진 것은 하나님이 떠난 것과 다름이 없었다. 남편과 더불어 그녀가 누렸던 부귀 영화를 보장해 주었던 것은 자기 남편이 하나님의 언약궤를 지키는 직책을 가지고 있었기 때문이라고 생각하고 있었을까? 분명 그녀는 그렇게 생각했을 것이다. 그러나 그것은 잘못된 생각이었다.

성경을 잘 관찰해 보면 성경이 말하고 있는 "영광"은 아주 다른 의미를 가지고 있다. 비록 눈으로 볼 수는 없을지라도 영광은 하나님의 실제적인 임재에 대한 증거이다. 그것은 우리 안에서 작용하고 느껴지는 하나님의 중후함과 찬란한 빛과 같은 것이다. 그러므로 영광은 즉흥적인 생각에 따라 우선 만족하게 보이는 어떤 것을 얻기 위해서 한꺼번에 허물어 내버릴 수 있는 싸구려 구조물의 초라하고 박약함과는 대조적인 것이다. 그것은 모래 위에 세워진 문화를 대치할 수 있는 대안으로서 하나님의 견고하심을 깨닫게 해 준다. 휴스턴(J. M. Houston)은 한 강의에서 재치 있게 신랄한 비판을 가하면서 지적하기를, 우리는 역사상 최초로 말 그대로 모래 위에 문명을 세웠는데, 우리가 사용하고 있는 컴퓨터의 핵심 부품인 실리콘 칩이 바로 모래로 만든 것이기 때문이라고 했다.

블레셋이 언약궤를 탈취한 것은 당시 실로에 만연되어 있던 종교적인 부패에 대하여 하나님이 심판을 가하셨다는 증거였고, 블레셋은 그 심판에 있어 심부름꾼 역할을 했던 셈이다. 그 심판은 우연도 아니며, 즉흥적인 것도 아니었다. 충분한 경고와 예고가 있었다(2:27~36의 "하나님의 사람"을 통한 경고와 3:11~18의 사무엘을 통한 예고). 언약궤의 역할은 그 심판을 완성시키는 핵심적인 요소이다. 만약 언약궤를 보관하고 있는 사람이 누구든지 간에 그 사람은 언약궤가 주는 혜택을 받게 되는 것으로 이스라엘 백성들이 생각하고 있었다면, 그들을 그런 미신에서 깨어나도록 하기 위해서는 어떤 방법을 사용해야 했겠는가? 그 궤가 그들의 생각과 달리 아무런 효력을 발휘하지 못함을 공개적으로 드러내는 것보다 더 좋은 방법이 있겠는가? 만일 그 언약궤가 전쟁의 승패를 가름할 수 있는 힘을 가진 것이 아니라면, 그것은 분명 신앙의 본질을 결정할 수 있는 도구도 아닌 것이다. 언약궤가 어떤 것을 위해서는 유익한 것이었다. 사무엘서의 기자를 통해 나중에 그것이 무엇인지 밝혀지게 될 것이다. 그러나 현재의 본문에서 보게 되는 문제와 의도를 위해서는 아무런 유익을 발휘할 수 없다.

이야기의 흐름이 빠른 속도로 그리고 생생하게 전개되고 있다. 전쟁터인 아벡에서 실로까지 대부분 오르막 길인 약 32킬로미터를 달려 온 전령이 전쟁에서 패했다는 절망적인 소식을 전하자, 이 이야기를 들은 실로 사람들 전체가 낙담에 빠지고, 몸이 비대했던 엘리는 그의 의자에서 뒤로 넘어지면서 목이 부러져 죽었다. 막 태어난 아기에게 지금 밀어닥친 불행을 한탄하는 이름을 지어주었고 그 어미도 죽음을 당했다. 이스라엘 중에 만연해 있던 부패한 종교적인 수치가 척결되었고, 3:20~4:1a을 통하여 예고되었던 사무엘의 리더십에 대한 기대가 더욱 구체화되어 갔다.

언약궤의 희극(5:1~12)

5:1 블레셋 사람이 하나님의 궤를 빼앗아 가지고……아스돗에 이르니라 2 ……하나님의 궤를 가지고 다곤의 당에 들어가서 다곤의 곁에 두었더니 3 아스돗 사람이 이튿날 일찍이 일어나 본 즉 다곤이 여호와의 궤 앞에서 엎드러져 그 얼굴이 땅에 닿았는지라 그들이 다곤을 일으켜 다시 그 자리에

세웠더니 4 그 이튿날 아침에 그들이 일찍이 일어나 본 즉 다곤이 여호와의 궤 앞에서 엎드러져 얼굴이 땅에 닿았고 그 머리와 두 손목은 끊어져 문지방에 있고 다곤의 몸둥이만 남았더라……

블레셋 사람들은 언약궤를 그들의 중심 도시인 아스돗으로 가져가서 그들의 최고 신인 다곤의 신전에 안치하였다. 그렇게 해 놓고서 그들은 이스라엘의 하나님을 소유하게 된 것처럼 만족하였다. 마치 이스라엘의 신을 사로잡아 포로로 삼은 것으로 여겼던 것이다(마치 이스라엘이 하나님을 잃어버린 것처럼 생각했던 것과 같다). 그 후에도 우스꽝스러운 사건이 전개되었다. 아스돗 사람들이 전리품(언약궤)을 보기 위하여 아침 일찍 일어나 신전으로 갔을 때, 그들의 신상이 발목이 부러진 채로 언약궤 앞에 엎드려 경배 드리는 자세로 쓰러져 있는 것을 발견했다. 다음 날은 더 심한 광경을 보게 되었다. 다곤 신상이 쓰러져 있을 뿐만 아니라, 재생이 불가능할 정도로 부숴져 있었던 것이다. 히브리어로 다곤이라는 말은 "곡식"을 의미하며(다곤은 "곡식의 신"이다), 따라서 이방 종교의 중심이 되는 농작물 재배의 풍년을 기원하는 의식에 있어서 다곤 신은 최고의 위치를 차지했다.

5:6 여호와의 손이 아스돗 사람에게 엄중히 더하사 독종의 재앙으로 아스돗과 그 지경을 쳐서 망하게 하니 7 아스돗 사람들이 이를 보고 가로되 이스라엘 신의 궤를 우리와 함께 있게 못할지라…… 8 이에……가로되 우리가 이스라엘 신의 궤를 어찌할꼬 그들이 대답하되 이스라엘 신의 궤를 가드로 옮겨가라…… 9 그것을 옮겨간 후에 여호와의 손이 심히 큰 환난을 그 성에 더하사 성읍 사람의 작은 자와 큰 자를 다 쳐서…… 10 이에 그들이 하나님의 궤를 에그론으로 보내니라 하나님의 궤가 에그론에 이른즉 에그론 사람이 부르짖어 가로되 그들이 이스라엘 신의 궤를 우리에게로 가져다가 우리와 우리 백성을 죽이려 한다 하고 11 이에……가로되 이스라엘 신의 궤를 보내어 본처로 돌아가게……하자 하니 이는 온 성이 사망의 환난을 당함이라 거기서 하나님의 손이 엄중하시므로 12

블레셋과 이스라엘은 서로 원수지간이었지만, 언약궤를 차지하는 것에 대해서는 공통적인 생각을 가지고 있었다. 하나님의 언약궤를 소유하게 되면 그 궤가 초자연적인 능력을 발휘해서 그들에게 커다란 이익을 가져다주리라 굳게 믿고 있었던 것이다. 그들은 언약궤가 신으로부터 유익을 끌어낼 수 있도록 기도의 능력을 발휘하게 하는 일종의 신령한 도구라고 생각했다. 이 점에 있어서는 아마도 블레셋 사람들이 이스라엘 사람들보다 죄가 조금은 더 가벼울지도 모른다. 왜냐하면 그들은 무지해서 그렇게 한 것이지만, 이스라엘의 경우는 불순종에서 비롯된 망각으로 인해 그러한 착각에 이르게 되었기 때문이다.

하나님은 이스라엘 백성들에게 분명하고 명료하게 친히 계시해 주셨다. 이것은 출애굽기의 이야기들이 생생하게 증거해 주고 있다. 하나님은 그들 기분 내키는 대로 마음대로 만들어 낼 수 있는 분이 아니시다. 하나님은 또한 어떤 사물로 간주되어서도 안된다. 하나님은 신비한 능력을 보조해 주기 위해 준비되어 있는 부속품도 아니다. 이스라엘 사람들이 주권자 하나님에 대하여 믿고 순종하는 마음으로 경배 드리는 것을 배우고 익히는데 유익한 물질적인 도구들이 있었는데, 언약궤가 바로 그 중의 하나였다. 그 궤는 이스라엘의 기원과 그들을 위한 하나님의 언약을 생생하게 기억하게 해 주는 중요한 역할을 했다. 이스라엘 백성들은 언약궤를 보면서 불가시적인 하나님께 초점을 맞출 수 있었던 것이다. 언약궤는 이스라엘 백성으로 하여금 하나님께서 그들의 역사 속으로 들어오셔서 그들 가운데 거하시며 그들과 더불어 하나님 구원의 역사를 이루고 계신다는 것을 항상 염두에 두며 살도록 도와주었다. 그러나 엘리 제사장의 가문에서 잘 드러났듯이, 쉽사리 망각해 버리는 불순종의 세대들은 그 계시를 모호하게 만들었고, 그 결과 사무엘 시대의 이스라엘 백성들은 영적인 상태로만 판단한다면 이교도인 블레셋과 별반 다를 바 없었다.

한편 블레셋 사람들이 그런 중요한 의미들을 알고 있을 리가 없었다. 그들은 단지 이스라엘의 출애굽과 관련된 기적이나 언약궤와 관련된 끔찍한 사건들에 관한 이야기들을 들은 바 있었을 것이다. 그러나 그 이야기들은 이방 종교의 사상과 표현에 맞추어서 왜곡된 것이었을 뿐이다 (4:8). 만일 이스라엘 사람들이 언약궤를 신의 능력이 발휘되는 군사적인 무기로 오해하고 있었다면 블레셋 사람들 역시 똑같은 생각을 가졌을 것이다. 그들에게 있어서 언약궤를 탈취한 사건은 그 유명한 출애굽의 하나님을 생포한 것과 진배없었다. 블레셋 사람들이 생각하는 하나님은 전 영토를 지배할 만한 힘을 그들에게 제공해 줄 수 있는 강력한 무기였다고 말해도 무방하다(마치 미국이 핵무기에 대해서 가지는 감정적인 자부심과 같은 것이다).

그러나 그들의 생각대로 일이 수월하게 풀려가지 않았다. 언약궤는 이스라엘에게 그러했던 것처럼 블레셋 사람들에게도 결코 유익을 주지 않았다. 언약궤 때문에 그들은 오히려 화를 당했다.

사무엘서 기자가 블레셋이 화를 당하는 장면을 속 시원하게 여기는 분위기로 본문을 기록했다는 견해를 부정하기는 어렵다. 다곤 신이 언약궤 앞에서 두 번씩이나 그 얼굴을 땅을 향한 채로 쓰러졌다. 게다가 두 번째 쓰러졌을 때는 머리와 두 손이 떨어져 나간 몰골이었다. 이어서 흑사병과 비슷한 종류의 전염병이 번지면서 사람들이 여기저기서 죽어가고 온 블레셋은 공포에 휩싸이게 되었다. 쓰러져 몰락해 버린 그들의 신 다곤을 보면서 언약궤가 전염병을 일으킨 원인이었다고 단정 짓는 것은 그들의 입장에서는 아주 당연한 결론인지도 모른다. 분명한 것은 그들은 전쟁에서 탈취한 그 가공할만한 무기의 사용 방법을 몰랐으며, 그 궤는 그들에게 역화(逆火)를 일으키고 있었던 것이다. 전쟁에 승리한 자부심의 상징으로 여겼던 그 궤가 하룻밤 사이에 골칫덩어리가 되어 버렸다. 그래서 그것을 보관하는 장소가 아스돗에서 갓, 갓에서 에그론으로 계속 바뀌게 되었다. 아마 처음에 그것을 안치할 때, 각 성읍의 사람들은 그 궤로부터 어떤 신령한 유익을 얻을 수 있을 것으로 기대했을 것이다. 그러나 얻은 것이라고는 단지 궤를 보관했던 지역마다 전염병이 휩쓸고 간 죽음의 흔적뿐이었다. 언약궤에 대하여 가졌던 그들의 미신적인 희망이 절망으로 막을 내리는 것을 경험하게 된 것이다. 본문에서는 그들이 언약궤 때문에 야단법석을 떠는 웃지 못 할 장면을 볼 수 있다. 전쟁에서 탈취한 강력한 무기를 가지고 있던 겁이 없는 블레셋 사람들이 이제는 조그만 상자(길이 1.2미터, 폭 0.6미터, 높이 0.6미터) 때문에 난리가 난 것이다. "하늘에 게신 지기 웃으심이어 주께서 저희를 비웃으시리로다"(시 2:4). 결국 겪을 만큼 겪고 난 후 그들은 언약궤에서 벗어날 수 있는 유일한 방법은 이스라엘로 다시 돌려보내는 방법밖에 없음을 깨달았고 그렇게 결론을 내리게 되었다.

지금까지의 내용은 미신적인 종교의 실상과 그에 대한 결과를 여실히 보여주고 있다. 이스라엘에 이어서 블레셋이 차례로 배운 내용은 다음과 같다. 살아계신 하나님은 이용당하시거나 도구로 취급당하시지 않거니와 사람의 의도대로 이리저리 다루어질 수 있는 분이 아니다. 영적인 능력은 우리 손에 "하나님"이라는 도구가 쥐어져 있느냐 하는 문제가 아니다. 인격적인 하나님이 비인격적인 능력으로 전락될 수 없다. 그럼에도 불구하고 그런 식으로 하나님을 대하려는 사람들은 바로 그 하나님, 살아계신 하나님에 의해서 심판을 당하고 만다. 하나님은 당신의 신성을 모독하는 행위를 묵과하시지 않을 것이다. 심판의 결과는 임박해 있는 죽음이다. 바로 얼마 전에 부패한 가나안 땅을 심판하기 위해 하나님께서 사용하셨던 그 백성들이 이제는 오히려 심판을 자초하고 있었던 것이다. 그러나 하나님은 결코 조롱당하지 않으신다.

골치 덩어리 언약궤를 제거함(6:1~12)

6:1 여호와의 궤가 블레셋 사람의 지방에 있은 지 일곱 달이라 2 블레셋 사람이 제사장들과 복술자들을 불러서 이르되 우리가 여호와의 궤를 어떻게 할꼬…… 3 그들이 가로되 이스라엘 신의 궤를 보내려거든 거저 보내지 말고 그에게 속건제를 드려야 할지니라 그리하면 병도 낫고……연고도 알리라 4 그들이 가로되 무엇으로 그에게 드릴 속건제를 삼을꼬 가로되 블레셋 사람의 방백의 수효대로 금독종 다섯과 금쥐 다섯이라야 하리니…… 5 그러므로 너희는 너희 독종의 형상과 땅을 해롭게 하는 쥐의 형상을 만들어…… 6 애굽인과 바로가 그 마음을 강팍케 한 것같이 어찌하여 너희가 너희 마음을 강팍케 하겠느냐 그가 그들 중에서 기이하게 행한 후에 그들이 백성을 가게 하므로 백성이 떠나지 아니하였느냐 7 그러므로 새 수레를 만들고 멍에 메어 보지 아니한 젖 나는 소 둘을 끌어다가 수레를 소에 메우고 그 송아지들은 떼어 집으로 돌려 보내고 8 여호와의 궤를 가져다가 수레에 싣고 속건제 드릴 금 보물은 상자에 담아 궤 곁에 두고 그것을 보내어 가게 하고 9 보아서 궤가 그 본 지경 길로 올라가서 벧세메스로 가면 이 큰 재앙은 그가 우리에게 내린 것이요 그렇지 아니하면 우리를 친 것이 그 손이 아니요 우연히 만난 것인 줄 알리라
10 그 사람들이 그 같이 하여…… 12 암소가 벧세메스 길로 바로 행하여 대로로 가며……블레셋 방백들은 벧세메스 경계까지 따라 가니라

그들은 언약궤를 제거하는 것이 처음에 그것을 들여왔던 것보다 훨씬

더 어려운 일이라는 사실을 알게 되었다. 블레셋의 무속인들이 회의를 열어 한 가지 안(案)을 내놓았다. 금으로 다섯 개의 들쥐 형상과 다섯 개의 독종(악성 종양 – 역주) 형상을 만들어서 그것들을 언약궤와 함께 실어 이스라엘로 돌려보내라는 것이었다. 그 안은 그들이 당하고 있는 문제, 즉 죄에 대한 그들 나름대로의 종교적인 이해를 근거로 한 것이었다. 그러나 그 무속인들이 잘 모르고 있는 것이 있었다. 그들 자신도 그 문제를 해결하기 위해서 무엇을 해야 하는지를 정확하게 알고 있는 사람들이 아니었다는 사실이다. 그렇기 때문에 그 계획안은 마술의 힘을 지닌 것으로 여겨졌던 그 궤를 잘못 다루기 십상이었다.

그런데 왜 들쥐와 독종 형상을 언약궤와 함께 실었을까? 고대 헬라어 번역본들은 이 본문을 헬라어로 번역할 때 전염병 재난이 쥐떼 때문에 발생되었다는 내용을 삽입했다. 우리가 이해하기로는 독종이 피부병의 일종인 점과 전염의 매체가 쥐(또는 들쥐)라는 이유로 인해 그 전염병이 흑사병의 주요 원인이나 증상과 일치하고 있음을 알게 된다. 따라서 현재의 본문은 쥐가 그 전염병의 원인이며, 그 결과는 악성 종양으로 죽게 되는 것이라고 단정하고 있는 것이다. 다섯 개의 금 쥐와 다섯 개의 금 독종을 만든 것은 동종요법을 사용한 치료의 일환으로 볼 수 있다(동종요법은 질병과 같은 종류의 재료로부터 치료약이나 방법을 찾을 수 있다는 원리를 믿는 치료법이다. 그러나 재료는 아주 적은 소량으로 또는 다른 형태로 사용한다. 예방주사는 이 원리를 응용한 것이다. 광견병 치료를 위해서 "그 사람을 물었던 개의 털"을 사용하는 것은 현대 민간요법에서 볼 수 있는 동종요법의 실례이다.)

블레셋 사람들은 그 계획대로 진행했다. 언약궤와 금으로 만든 쥐와 독종을 담은 상자를 새 수레 위에 놓은 후, 한 번도 멍에를 메어보지 않은 암소 두 마리에게 멍에를 씌우고 그 수레를 연결했다(수레든지 암소들이든지 죄로 더럽혀지지 않은 새 것을 사용함으로써 그들은 모든 일을 올바르게 하고자 노력했다). 그런 다음 수레를 끄는 소가 가장 가까운 이스라엘의 마을인 벧세메스로 가는 길을 따라 가게 했다.

한편 그들은 그 계획을 시행하면서 한 가지를 시험해 보고 싶어 했다. 멍에를 멘 암소들은 젖먹이 송아지가 딸린 어미 소들이었다. 먼저 송아지들을 우리에 격리시킨 후 그 수레를 보냈다. 만약 새끼에게 먹일 충분한 젖을 가지고 있는 어미 소가 배고픈 송아지를 남겨 둔 채 떠난다면, 다시 말해서 "본능을 무시한다면", 모든 일(언약궤, 다곤, 전염병)은 초자연적인 것이고 조건이나 환경에 관련된 것이 아니며 그들이 현재 하고 있는 해결 방법은 진노한 신을 진정 시킬 수 있는 올바른 방법임을 확증할 수 있는 분명한 증거가 될 것이다. 배고픈 송아지들에게 젖을 먹이지도 않고 새끼를 남겨 둔 채로 두 어미 소들은 벧세메스를 향해 곧장 전진해 갔다. 언약궤가 원래 있던 곳으로 되돌아가고 있었던 것이다.

본문의 이야기는 블레셋의 미신적인 생각과 종교의식이 확연히 드러나고 있는 장면이다. 그러나 하나님은 당신의 뜻을 완성하시기 위해서 가까이 있는 것을 사용하고 계신다. 여기서 하나님의 뜻이란 언약궤를 이스라엘로 되돌아오게 하는 것이다. 하나님은 일을 이루실 때, 그 일에 연루된 사람들이나 문화적인 특성이나 조건에 대해서 까다로운 분으로 여겨지지 않는다. 분명한 것은 블레셋(또한 이스라엘!)의 미신에서 시작된 혼란으로부터 하나님은 심판을 행함과 동시에 자비를 베풀고 계셨던 것이다. 언약궤 귀환 사건을 출애굽 사건과 연결시키고 있는 본문의 맥

락은 이미 블레셋 사람들의 입을 통해서 확인되었다(6:6). 이스라엘은 그들의 과거를 잊고 있었을지언정 블레셋은 그렇지 않았다. 최소한 과거를 증거하는 메아리는 남아있는데 만일 친구에 의해서 기억되지 않는다면 원수가 그것을 기억하고 증거하게 될 것이다.

여호수아의 밭(6:13~18)

6:13 벧세메스 사람들이 골짜기에서 밀을 베다가 눈을 들어 궤를 보고 그것의 보임을 기뻐하더니 14 수레가 벧세메스 사람 여호수아의 밭 큰 돌 있는 곳에 이르러 선지라 무리가 수레의 나무를 패고 그 소를 번제로 여호와께 드리고 15 레위인은 여호와의 궤와 그 궤와 함께 있는 금 보물 담긴 상자를 내려다가 큰 돌 위에 두매 그 날에 벧세메스 사람들이 여호와께 번제와 다른 제를 드리니라……17 블레셋 사람이 여호와께 속건제로 드린 금독종은 이러하니……18 드린 바 금쥐는 여호와의 궤를 놓은 큰 돌에 이르기까지의 모든 견고한 성읍과 시골 동리 곧 다섯 방백에게 속한 사람의 모든 성읍의 수효대로였더라 그 돌은 벧세메스 사람 여호수아의 밭에 오늘까지 있더라

실로의 성소로부터는 멀리 떨어져 있고(약 80킬로미터 정도) 이방 민족 블레셋에 인접해 있는, 당시 세상에 잘 알려지지 않은 마을 벧세메스에 수레가 당도했을 때, 언약궤가 무엇이며, 언약궤를 위하여 하나님께 제사 드려야 한다는 것을 알고 있던 이스라엘 사람들이 그곳에도 있었다. 그들 가운데는 여호수아라는 이름을 가진 사람이 있었는데 그를 특별히 기억해야 할 이유는 살아계신 하나님을 믿는 신앙은 어느 지역, 어느 환경에서도 지켜갈 수 있다는 것을 보여주었던 사람이기 때문이다. 벧세메스 마을은 한편으로는 그들 동족인 이스라엘 사람들의 미신적으로 변질된 종교에 접해 있고, 다른 편으로는 이방신을 섬기는 무지한 블레셋에 인접해 있음에도 불구하고, 여호수아와 그의 친구들은 언제나 하

나님의 말씀에 깨어 있었다. 언약궤를 실은 소달구지가 도착했을 때 그들은 환호와 기쁨으로 맞이하였고, 하나님께 경배 드릴 제사를 준비함에 있어 지체함이 없었다. 그때서야 비로소 이스라엘과 블레셋이 각각 자기들의 방법대로 다루어 왔던 언약궤가 본질 그대로 대우 받게 되는데 그것이야말로 자발적인 경외심에서 우러나오는 존중이었던 것이다. 이 본문의 내용에서 볼 수 있는 한 가지 기이한 일은, 이교도 블레셋이 참 하나님께 드릴 번제에 필요한 연료(달구지의 목재)와 짐승들을 제공한 결과가 되었다는 사실이다. 번제를 드렸던 장소인 여호수아의 밭에 있는 둥근 돌은 벧세베스 사람들이 드린 현명하고 순종적인 경배를 이스라엘의 후손에게 증거하는 이정표가 되었다.

기럇 여아림(6:19~7:2)

6:19 벧세메스 사람들이 여호와의 궤를 들여다 본 고로 그들을 치사 (오만)칠십 인을 죽이신지라 여호와께서 백성을 쳐서 크게 살육하셨으므로 백성이 애곡하였더라 20 벧세메스 사람들이 가로되 이 거룩하신 하나님 여호와 앞에 누가 능히 서리요 그를 우리에게서 뉘게로 가시게 할꼬 하고 21 사자들을 기럇 여아림 거민에게 보내어 가로되 블레셋 사람이 여호와의 궤를 도로 가져왔으니 너희는 내려와서 그것을 너희에게로 옮겨가라 7:1 기럇 여아림 사람들이 와서 여호와의 궤를 옮겨 산에 사는 아비나답의 집에 들여 놓고 그 아들 엘리아살을 거룩히 구별하여 여호와의 궤를 지키게 하였더니……

이 본문은 지금까지의 이야기와 연결하여 이해하기에는 조금 난해한 부분이다. 히브리어로 기록된 내용과 헬라어로 번역된 내용이 서로 맞지 않기 때문에 이 문제를 풀기 위해서 많은 학자들이 심혈을 기울여 왔다. 명백한 사실은 신앙의 마을 벧세메스에서조차도 언약궤에 대해 비

신앙적인 불손함이 저질러졌고, 그것으로 인해서 재앙이 발생했다는 것이다. 이스라엘 사람들은 전쟁에서 승리하기 위하여 하나님을(언약궤를 통하여) 이용하려고 했고, 이어서 블레셋 사람들은 전쟁에 승리한 사람의 면류관으로 과시하기 위하여 하나님을 그들의 신전에 진열해 두려고 했다. 그러나 벧세메스에 임한 재앙은 하나님을 오락거리로 이용하려는 신성모독에 대한 징벌이었다. 물론 이것은 추측에 근거한 것이지만, 문맥의 앞뒤 정황이 이런 추측을 뒷받침해 주고 있다. 그 마을 주민들 가운데 어떤 사람들은 언약궤가 전시할 만한 신기한 물건이며, 종교적인 여흥거리가 될 수 있는 신제품 쯤으로 생각했을 것이다. 이런 생각의 뿌리는 하나님을 호기심의 대상으로 삼고, 그 호기심이 충족되는 것을 즐기려는 태도였다. "이 거룩하신 하나님"(20절)은 경배를 받아야 할 하나님이지, 이용당하시는 분이 아니다. 그 분은 섬김을 받아야 할 하나님이지, 조종당하시는 분이 아니다. 존경을 받아야 할 하나님이지, 명령을 대기하고 있는 분이 아니다. 갑자기 눈앞에서 일어난 재앙을 보면서, 언약궤를 맞아들이는 기쁨이나 영광과 더불어 상당한 위험이 따르는 책임이 그들에게 부과되었다는 사실을 깨달았다. 그들은 그 책임을 제대로 감당하기 위해 어떤 대책을 세우기보다는 그것을 회피하고 싶어했다. 벧세메스 주민들은 15킬로미터 위쪽 지역에 위치한 기럇 여아림 사람들에게 언약궤를 맡아 달라고 요청했고, 언약궤는 기럇 여아림에 머무르게 됐다. 이때부터 20년 동안 언약궤에 대한 이야기는 잠잠해졌다가 다윗이 언약궤를 옮기기 위해서 기럇 여아림에 오면서부터 이야기는 다시 시작된다(삼하 6장).

비록 본문에 소개된 사건에 대해서 많은 의문이 제기되고는 있지만 언

약궤 이야기는 몇 가지 근본적인 주제를 분명하게 강조하고 있다. 언약
궤는 결코 소홀히 다룰 수 있는 대상이 아니라는 사실이다. 하나님은 주
권적이시며, 스스로를 직접 돌보시는 분이시다. 물질적인 도구는 하나님
의 계시의 일부가 아니라 계시의 한 수단이므로, 그런 도구를 다루는 방
법 또한 하나님을 대하는 방법의 일부로 이해되어야 한다. 미신적으로
변질된 우리의 신앙을 바로 잡고자 할 때, 여전히 어떤 거룩함이 존재하
는 그 물질을 없애버린다거나, 그것으로부터 달아나려고 한다거나 아니
면 그것을 소홀히 다루는 것은 옳지 않은 방법임을 교훈해 주고 있다.

7. 이스라엘의 지도자 사무엘

사무엘상 7:3~8:22

선지자적인 리더십을 시작하는 사무엘(7:3~6)

사람들이 언약궤에 대해서 보여준 "종교적인" 행위는 언약궤를 마음대로 가지고 다닐 수 있는 신으로 취급했던 것이다. 사무엘은 그들에게 살아계신 하나님께 인격적으로 반응할 것을 강조하며 회개를 족구했다.

7:3 사무엘이 이스라엘 온 족속에게 일러 가로되 너희가 전심으로 여호와께 돌아오려거든 이방 신들과 아스다롯을 너희 중에서 제하고 너희 마음을 여호와께로 향하여 그만 섬기라 너희를 블레셋 사람의 손에서 건져내시리라 4 이에 이스라엘 자손이 바알들과 아스다롯을 제하고 여호와만 섬기니라

5 사무엘이 가로되 온 이스라엘은 미스바로 모이라 내가 너희를 위하여 여호와께 기도하리라 하매 6 그들이 미스바에 모여 물을 길어 여호와 앞에 붓고 그 날에 금식하고 거기서 가로되 우리가 여호와께 범죄하였나이다 하니라 사무엘이 미스바에서 이스라엘 자손을 다스리니라

이야기의 흐름이 설교하는 사무엘을 소개하다가(4:1) 갑자기 언약궤에 관한 내용으로 바뀌었다. 이것은 그가 설교하던 그 시대 상황이 그만큼 부패하고, 미신적이며, 위험한 상태임을 생생하게 드러내 보여주려는 것이었다. 사무엘은 소신대로 자신의 임무를 수행했다! 그의 설교는 사람들 사이에서 효력이 나타나기 시작했다. 그러나 불행하게도 그 효력이 구체적으로 어떤 결과를 가져다 주었는지 내용을 정확하게 알 수는 없다. 왜냐하면, "이스라엘이 여호와를 찾으며 통탄했다"("Israel lamented after the Lord" 이스라엘 온 족속이 여호와를 사모하니라 (7:2), 한글개역)에서 '통탄했다' 라는 동사가 보여주려는 내용이 애매하고 분명치 않기 때문이다. 하지만 백성들의 마음에 분명 무언가가 일어나고 있었고, 사무엘은 그게 무엇이든지 간에 그것을 온전한 회개로 이어지도록 하기 위하여 그 순간을 붙잡았던 것이다. 그와 같은 종교적인 감정은 결코 그 자체로 지탱될 수 있는 것도 아니며, 문제가 되는 신앙 생활을 치유할 수 있는 것도 아니다. 종교적인 감정은 하나님을 향한 헌신된 삶에 단단하게 고정시켜 놓아야 할 필요가 있는 것이다. 회개는 그것을 고정시키는데 필요한 망치와 못의 역할을 하고 있다.

"회개하라!"(repent)고 하는 사무엘의 외침은 그의 다른 표현들, "제하라"(put away, 소극적인 행동)와 "섬기라"(serve, 적극적인 행동)를 합쳐놓은 의미라고 할 수 있다. 소극적인 실천과 적극적인 실천 두 가지 모두 강력하고 성경적인 "회개"의 요소이다. 회개를 촉구하는 것은 사무엘의 선지자적 사역의 첫 번째 활동인데, 이것은 천 년 후 세례요한과 예수님이 각각 사역을 시작하시면서 행한 첫 설교의 첫 마디 말씀이 되었다. 현대 문화는 총체적으로 잘못된 방향으로 곤두박질해 온 것이 사실이다. 그것을 멈추게 하거나 방향 전환을 시킴으로써 잘못된 문화의 영향으로 엄청난 변질을 경험하고 있는 예배와 신앙생활의 자세에도 개혁이 일어날 수 있도록 해야 한다.

이방 잡신들을(바알과 아세라) "제하라"는 사무엘의 외침은 당시 주변의 부패한 문화에서 벗어나 순결을 지키라는 당부와도 같다. 그 문화는 바알(남성)과 아세라(여성)를 숭배하는 것을 중심으로 형성된 것이었다. 가나안 토속 종교는 두 신들이 다산과 풍년을 지휘한다고 믿고 있었다. 그래서 바알과 아세라를 숭배하는 사람들은 신전에 기거하는 남창 또는 창녀와의 정사를 제식의 일부로 행하고 있었다. 그러나 이런 행위가 종교적인 목적으로만 절제되어 행해졌다고 생각한다면 그것은 큰 오산이다. 바알과 아세라를 숭배하는 행위는 가나안 사람들의 의식과 생활양식을 결정하는 가장 중요한 요소였다. 그들은 인간의 행위로 바알과 아세라를 매수해서, 인간이 원하는 대로 세도를 부리게 하여, 인간의 생활을 원하는 대로 만들 수 있다고 믿고 있었던 것이다. 이와 같은 생활양식과 사고방식은 현재 전 세계의 기독교 문화에서도 쉽게 발견되는데, 현대 기독교의 상당 부분이 하나님으로부터 무언가를 얻어내기 위해 고안된 고도의 기술로 치부되는 경우가 많다. 바알과 아세라 신전에서 저질러지던 간음은 농사가 풍작이 되도록 물을 구하는 일종의 "펌프질"을 의미하는 행위였는데, 후에는 생활 전반에 걸쳐 번성을 기원하는 것으로 그 의미가 확대되었다.

그러므로 사무엘의 설교는 단지 윤리적인 품위에 대한 단순한 구호가 아니었다. 그의 설교는 타락한 문화에 지배당하는 삶을 끊어버리고 회개할 것을 촉구하는, 신학적으로도 영적으로도 대단히 심오한 의미를 갖고 있었다. 자신의 삶과 행동에 대하여 자기 자신이 주도권을 가지고 있다고 생각하는 것이 아니라, 하나님의 주도권과 하나님의 영향 아래 자신의 전부를 하나님께 맡겨 드리는 것에 주저하지 않는("온 마음을 다하여" 3절) 삶으로 전환하라고 외쳤던 것이다. 그의 설교는 사람들을 타락하고 부패한 문화로부터 구하여 냈다. 이스라엘은 듣고 그대로 행했다: "이스라엘 자손이…… 여호와만 섬기니라"(4절)

거국적인 회개를 위한 경배와 제사를 드리기 위해 장소를 미스바로 지명했다. 상징적으로 또한 전략적으로 미스바는 그 목적을 위해서는 아주 이상적인 장소였다. 미스바라는 이름은 "망대"를 의미한다(야곱과 라반이 계약을 맺은 장소인 미스바(창 31:43~50)와 현재 언급되는 미스바는 다른 지명이다. 전자는 북동쪽으로 80킬로미터 더 떨어져 있다). 본문의 미스바는 예루살렘으로부터 북쪽 약 12킬로미터 떨어진 지점, 이스라엘 중앙 고원지대에 위치해 있는데, 사무엘이 그의 생애를 보낸 곳이다(그 후 사울이 그곳에서 지냈다). 이스라엘 자손들이 모여서 회개하고, 금식하며, 자신들의 죄악을 고백하는 의식에 정성을 다했다. 그들은 "여호와만"(4절) 섬기는 자신들의 마음을 하나님 앞에 진지하게 표현하고 싶었던 것이다.

물을 붓는 것은(6절) 본문 외에 성경 다른 곳에서는 언급되어 있지 않지만, 그것은 분명히 죄를 고백하는 것과 관련된 의미를 지니고 있는 의식이라고 추측할 수 있다. 이와 비슷한 표현으로 예레미야 애가 2:19에는 "네 마음을 주의 얼굴 앞에 물 쏟듯 할찌어다"라는 구절이 있는데 이 또한 죄를 고백하고 회개를 촉구하는 장면으로 사무엘상 7:6의 물 붓는 의식을 극적으로 표현한 것으로 보인다.

미스바 승리(7:7~14)

7:7 이스라엘 자손이 미스바에 모였다 함을 블레셋 사람이 듣고 그 방백들이 이스라엘을 치러 올라온지라 이스라엘 자손이 듣고 블레셋 사람을 두려워하여 8 사무엘에게 이르되 당신은 우리를 위하여 우리 하나님 여호와께 쉬지 말고 부르짖어 우리를 블레셋 사람의 손에서 구원하시게 하소서 9 사무엘이 젖 먹는 어린 양을 취하여 온전한 번제를 여호와께 드리고 이스라엘을 위하여 여호와께 부르짖으매 여호와께서 응답하셨더라 10 사무엘이 번제를 드릴 때에 블레셋 사람이 이스라엘과 싸우려고 가까이 오매 그 날에 여호와께서 블레셋 사람에게 큰 우뢰를 발하여 그들을 어지럽게 하시니 그들이 이스라엘 앞에 패한지라······

사무엘의 설교와 백성들의 회개로 대표되는 이스라엘의 삶의 내면에는 회복의 징후가 나타나고 있다. 홉니와 비느하스 시대에 축적된 부패하고 타락한 모습은 깨끗하게 소재되었다. 그러나 외부의 문제들은 여전히 불안한 상태였다. 블레셋은 이전과 다름없이 침략을 일삼고 있었으며 여전히 난폭하고 호전적이었다. 온 이스라엘이 미스바에 모였다는 소식을 들었을 때, 블레셋의 즉각적인 반응은 "전쟁"이었다! 그리고 그들이 가장 잘 할 수 있는 그 "싸움"을 하기 위해 미스바로 향했던 것이다.

이스라엘은 불안했다. 최근에 두 번이나 블레셋에게 패배한 전적 때문에 온 나라가 심리적으로 침울해 있는 상태였다. 이스라엘이 불안해 하는 것은 당연했다. 블레셋의 이번 침략은 이스라엘의 영적인 회심의 시금석이 될 것이다. 그들의 회심이 단지 화장품으로 겉을 꾸민 것 같은 표면적인 경건이라면 블레셋의 공포에 직면하게 되는 순간 그 경건의 모습은 사라져 버리고 오랫동안 거래해 왔던 잡신들에게 빌기 위해서 또다시 난리법석을 떨 것이었기 때문이다. 그러나 그들의 회심은 그런 종류가 아니었다. 이스라엘 백성들은 사무엘에게 자신들을 위해서 기도해 줄 것을 부탁했다. 사무엘은 제사를 집전하면서 그들을 위해서 부르짖으며 기도하였다. 그 결과 하나님은 그 기도에 응답하셨고, 블레셋은 패배했다.

본문의 이야기가 계속 진전되는 가운데 한 가지 분명하게 정리되는 것은, 비록 이스라엘 백성이 블레셋 사람들을 진멸하는 역할을 했지만("이스라엘 사람들이 미스바에서 나가서 블레셋 사람을 따라 벧갈 아래에 이르기까지 쳤더라" 11절), 하나님께서는 친히 당신의 수단을 사용하시어(10절) 승리를 완성하셨다는 것이다. 본문의 내용은 삶에 대한 올바른 이해의 근거를 다음의 세 가지로 정리해 준다. 첫째, 우리는 하나님과 더불어 시작하며, 그 뒤를 이어서 모든 일이 따라 온다. 둘째, 눈에 보이지 않는 것이 눈에 보이는 것보다 더욱 실제적이다. 셋째, 우리는 불신앙의 (또는 미신적인) 외부인이 우리의 행동 조건을 간섭하고 명령하도록 허용해서는 안 된다.

사악하고 쉽게 망각하는 세대들을 거쳐오는 동안에 서서히 침식되어 가던 약속의 땅이, 사무엘이 하나님의 말씀을 전파하고 하나님의 율법을 집행하면서부터 회복되기 시작했다. 이스라엘의 대적들인 동쪽의 아모리 족속과 서쪽의 블레셋 족속들은 더 이상 침략해 오지 않았다. 신앙의 삶은 단순히 영혼의 문제만은 결코 아니다. 또한 단순히 주변 조건적인 것에 관한 것만도 결코 아니다. 내적인 것과 외적인 것은 서로 부딪치기도 하고, 서로 영향을 미치기도 한다. 때때로 두 요소가 아주 놀랍게 일치를 이루게 되는데, 이것을 보며 하나님에 대한 고백을 할 수 있어야 한다. "에벤에셀"은 바로 그런 고백의 순간들 중의 하나인 것이다.

"에벤에셀"은 도움의 돌이라는 의미이다. 그것은 사무엘이 이스라엘을 지도하고 이끌어 갔던 장소와 시간을 표시하는데, 이스라엘의 "내부"와 "외부"가 조화를 이루었던 장소와 시간이었다. 이런 순간들이 하나님의 백성들의 삶에서 끝까지 지속적이지는 않았다. 그러나 그런 순간이 왔을 때, 그것은 기억되고 기념할 만한 가치가 있음이 분명하다. 왜냐하면, "에벤에셀"을 고백하던 순간과 같은 경험들은 우리가 기도하는 "하나님의 나라가 임하옵시며"가 그 말씀대로 성취될 수 있고, 또 반드시 성취되어야 함은 증거하고 있기 때문이다.

1758년 로버트 로빈슨(Robert Robinson)이 쓴 찬송가 28장 "복의 근원 강림하사"(Come, thou fount of Every Blessing)를 부르면서 오늘날의 기독교인들이 로빈슨의 고백에 담긴 신앙체험을 똑같이 경험하고 있는 현실을 보면서 에벤에셀의 역사 또한 하나님의 백성들에 의해서 끊임없이 찬미되어져야 하다는 생각을 했다(찬송기 28장의 2절 가사는 아래의 내용을 번역한 것인데, 여기서는 영문을 직역하였으므로 찬송가 가사와 표현상 차이가 있다 – 역주).

여기에 나의 에벤에셀을 세웁니다.

당신의 도움으로 여기까지 왔습니다.

바라기는 당신의 기뻐하심을 따라

안전하게 본향에 이르는 것입니다.

하나님의 품을 떠나 방황하는 나그네였을 때,

예수님이 나를 구해 주셨습니다.

그 위험에서 나를 구원하시기 위하여,

그 분은 보혈을 흘리셨습니다.

정의로운 지도자 사무엘(7:15~17)

7:15 사무엘이 사는 날 동안에 이스라엘을 다스렸으되 16 해마다 벧엘과 길갈과 미스바로 순회하여 그 모든 곳에서 이스라엘을 다스렸고 17 라마로 돌아왔으니 이는 거기 자기 집이 있음이라 거기서 도 이스라엘을 다스렸으며 또 거기 여호와를 위하여 단을 쌓았더라

사무엘은 이스라엘을 다스렸다. 이 "다스렸다"(judged)라는 동사는 세 번 사용되는데, 세 번 모두 지배적이고 능력이 넘친다는 의미가 함유 되어 있다. 그 단어는 단지 사법적인 결정권이 있다는 의미보다 훨씬 더 많은 뜻을 담고 있는 말이다. 그것은 기도와 예배, 정의와 자비, 인도와 지혜로운 계획 등을 함께 묶어주는 포괄적인 지도력을 포함한다. 사무엘 은 하나님의 방법으로 이스라엘을 지도했다. 그는 연례적으로 순방하는 것을 게을리 하지 않음으로써 성실하고 사려 깊은 지도력을 보여 주었 다. 사무엘의 순방은 반드시 지키도록 부과된 의무적인 책임에 의한 것 도 아니었고, 독재자의 행보도 아니었으며, 군사적인 권력을 자랑하고자 함도 아니었다. 그의 방식으로 지도력을 발휘하는 것은 흔치 않은 일이 었다. 그러나 불가능한 것 또한 아니었다. 때때로 어떤 지도자들은 현장 을 시찰하여 직접 듣고 봄으로써 자신의 지도력을 발휘하기도 하는데 사 무엘이 바로 그런 지도자에 해당한다.

사무엘상 7장에 나오는 세 개의 지명은 부패를 척결하는 개혁의 움직임을 세 단계로 차례차례 요약해 준다. 기럇 여아림(1절)에서는 백성들의 경배의 중심에 언약궤가 자리할 수 있도록 했다. 미스바(5절)에서는 사무엘이 기도했고, 백성들은 회개했다. 에벤에셀(12절)에서는 여호와께서 새롭게 변화된 백성들 가운데서 구원하시는 힘을 나타내셨다.

왕을 구하는 백성들(8:1~22)

당시 이스라엘은 독특한 정치 형태를 가진 민족이었다. 당시의 관습에 따라 판단하자면 이스라엘에는 통치 기구가 없었다. 하나님이 그들의 왕이셨기 때문이다. 간헐적으로 하나님께서 선지자와 사사를 세우셔서 그들을 통치하는 리더십의 특별한 임무들을 수행케 하셨다. 그러나 그들의 역할 또한 정치적인 직위에 초점을 맞추고 있었던 것이 아니라 통치자와 구원자이신 하나님께 예배드리는 종교적인 생활에 중심을 삼고 있었다. 하나님께서 예배를 받으시는 성소는 ─ 왕이 세도를 부리는 자리인 궁전이 아니라 ─ 이스라엘 가운데 시행되고 있는 통치의 실체를 알게 해 주는 가시적인 상징이었다.

그런데 거기에 갑작스런 변화가 생겨났다. 매사가 그러했듯이 이스라엘은 하룻밤 사이에 정치적인 체제를 갖추게 되었는데, 그것은 고대 근동의 주변 민족들 사이에 보편화되어 있던 형태라고 할 수 있다.

8:1 사무엘이 늙으매 그 아들들로 이스라엘 사사를 삼으니⋯⋯ 3 그 아들들이 그 아비의 행위를 따르지 아니하고 이를 따라서 뇌물을 취하고 판결을 굽게 하니라

사무엘은 기드온과 엘리의 뒤를 이어 이스라엘의 지도자가 되어 이스라엘을 다스렸으나, 그의 아들들은 아버지의 의로운 행적을 따르지 않았다.

여기에 한 가지 흥미로운 일이 있다. 우리의 본성은 어려울 때보다는 풍족하고 평안할 때 더 쉽게 하나님의 도를 떠난다는 사실이다. 풍족과 번성은 불만과 죄악을 양산함에 있어서 가난함보다는 훨씬 더 기름지고 채산성이 높은 토양이다. 하나님의 선지자로서 이스라엘 가운데 행한 사무엘의 특출한 지도력은 백성들 사이에서 높은 수준의 정의를 구현했고 역사적으로 오랫동안 원수였던 주변 국가들과의 평화를 지속적으로 유지할 수 있게 했다. 그러나 그가 노년에 이르렀을 때, 백성들은 불안해 하고 불만을 토로하기 시작했다. 이스라엘의 장로들이 사무엘에게 와서 "우리에게 왕을 세워 우리를 다스리게" 할 것을 요청하며, 통치 체제의 변화를 요구했던 것이다.

그러나 그들에게는 이미 왕이 있었다. 하나님께서 친히 이스라엘을 다스리고 계셨기 때문이다. 그들이 왕을 요구하는 것은, 깊이 생각해 보면 하나님의 통치에서 벗어나려는 시도였다고 해석된다. 예수님을 비유하고 있는 신약의 한 구절에서, 왕을 요구하는 이스라엘 백성들의 숨은 의도를 읽을 수 있다. "우리는 이 사람이 우리의 왕 됨을 원치 아니하노이다 하였더라"(눅 19:14)

이스라엘의 장로들이 그렇게 요구했던 이유를 말하자면 사무엘은 노쇠했고(아마 세상을 곧 떠나게 될 것으로 여겼을 것이다), 사무엘의 역할을 이어가도록 준비되었어야 할 그의 아들들은 지도자가 되기에는 적합하지 않았다는 것이다. 사무엘은 그들의 제안을 쉽사리 수용하지 않았다. 본문의 "기뻐하지 아니하여"라는 표현은 사무엘의 심기를 부드럽게 묘사한 대목이다. 그 제안은 하나님께서 이스라엘을 향하여 계시해 주셨던 삶의 방식을 모욕하는 무서운 구상이라고 사무엘은 생각했던 것이다. 그는 늙었고, 그의 아들들은 뇌물을 취하면서 정의를 굽게 한다는 평판과 함께, 아버지의 대업을 이어받기에 부적절한 사람들이었음은 분명했다(자녀 양육에 있어서는 사무엘이 엘리보다 더 잘한 것이 없는 것으로 보인다). 그런데 왜 사무엘은 그렇게 강하게 거부했을까?

사무엘은 기도를 통하여 그의 불쾌함을 하나님께 나타냈다. 그리고 그 기도를 통해서 마음 깊은 곳에 웅크리고 있던 백성들에 대한 반감이 깨끗하게 해소되었다. 실제로 장로들의 요구가 의미하는 것은 사무엘의 선지자적인 지도력, 즉 하나님 지향적인 지도력을 거절하는 것이었다. 그는 오랜 기간동안(몇 년인지는 정확히 알 수 없지만) 지도자로서 성실하게 이스라엘을 잘 이끌어 왔다. 그런데 지금, 백성들은 사무엘이 해 왔던 대로 하나님의 지속적인 섭리에 그들의 삶을 전적으로 의탁하려 하기보다는 모든 문제를 자신들의 손으로 해결하겠다며 나서고 있었다. 믿음으로 사는 것이 아니라 자기들의 앞날을 위하여 방어적으로, 불안한 마음으로 계획을 세우며 살겠다는 것이었다. 그들에게 있어서 "왕"은 자기들이 필요한 대로 조종할 수 있는 안전장치를 의미하는데, 그들은 주변의 이방 나라들의 방식대로 사는 것이 안전하다고 믿고 있었다.

이스라엘이 왕을 요구할 때, 그들이 진심으로 원했던 것은 이스라엘이 주변의 민족들 못지않게 막강한 민족임을 과시하고, 사무엘의 아들들 가운데 아주 만연해 있던 부정부패를 신속하고도 효과적으로 척결할 수 있는, 장엄하고 위세 있는 강력한 중앙 집권 권력을 세우는 것이었다. 백성들은 품위와 모양새를 갖춘 어떤 지배 권력을 원했던 것이다. 그러나 왕을 요구하면서 그들이 결코 염두에 두지 않은 것이 있는데, 모든 품위와 모양새는 왕의 유익을 위한 것이지, 백성들을 위한 것이 아니라는 사실이었다.

기도하는 중에 이 모든 것이 사무엘에게 분명해졌다. 사람들이 거절하는 것은 하나님의 통치이지 사무엘의 지도력이 아니라는 것을 하나님께서 그에게 재확인 시켜주셨다. 주권적이시고 전능하신 하나님이 이미 그들의 왕이시다. 그러나 지금 백성들은 그들이 가진 희망과 두려움에 어울릴 수 있는 왕을 원하고 있었던 것이다. 그러나 그 희망과 두려움은 바로 자신들의 죄성에서 근거하고 있었다. 믿음으로 말미암는 자유를 대치하고자 시도했던 대안들은 이스라엘이 애굽에서 구출된 이래 지금까지 끊임없이 추구해 왔던 것이기도 하다. 그들은 자비로우시고 구원을 베푸시는 하나님을 믿는 믿음 안에서 생활할 수 있도록 해방된 자유인들이었다. 그러나 하나님의 광대하시고 은혜로우신 신비함 가운데서 이루어지는 믿음으로 말미암는 자유는 너무 커서 마음대로 다룰 수 있는 것이 아니다. 꼭두각시 같은 귀신들과 난폭한 왕들의 가시적이고 감각적인 요구들에 맞추는 것이 전부인 삶은 아주 작고 쉬운 것이다. 모세로부터 사무엘에 이르는 이스라엘의 지도자들은 백성들이 큰 인생을 살 수 있게 하기 위해 힘써왔다. 그러나 이스라엘은 작은 삶을 좋아했다.

"왕의 제도"라는 표현은 왕이 하나님의 윤리에 맞추어서 행하는 것을 의미하는 히브리어 단어를 번역한 것이다. 이 단어는 8장 전체에 걸쳐 반복해서 나타나면서 본문의 기본 주제를 구성하고 있다. 그 단어의 기본형은 여덟 번 확인된다(8:1, 2, 4, 5, 6, 9, 11, 20).

그들의 의와 구원을 위해서 하나님이 아닌 정치권력을 의지하게 되었을 때 그들이 결국 실망하고 좌절히게 될 깃은 자명한 이치였다. 정치권력이 유익을 줄 수 있는 부분도 많이 있기는 하겠지만 그것이 해결해 줄 수 없는 부분도 너무나 많기 때문이다. 그런 일들 가운데 한 가지가 하나님을 대신하여 하나님의 역할을 하는 것이다. 이스라엘의 장로들이 라마에서 사무엘을 맞서던 그날의 문제의 본질은 정치적인 이슈에 관한 것이 아니라, 신령한 믿음에 관한 것이었다.

8:19 백성이 사무엘의 말 듣기를 거절하여 가로되 아니로소이다 우리도 우리 왕이 있어야 하리니

20 우리도 열방과 같이 되어 우리 왕이 우리를 다스리며 우리 앞에 나가서 우리의 싸움을 싸워야 할 것이니이다

사무엘의 경고를 백성들이 거부하는 것은 어떤 면에서는 이해하기 힘든 행동이다. 그들이 조만간에 직면하게 될 운명에 대하여 사무엘이 정리해서 알려줄 때, 왜 그들은 스스로를 그 불행한 운명으로 몰고 가려고 했을까? 그러나 그와 유사한 거절은 개인적인 삶에서뿐만 아니라 역사 속에서도 발생했다. 하와가 에덴동산에서 뱀의 유혹에 넘어간 이래로 죄악에 대한 필연성이 항상 존재해 왔다. 다시 말해 만일 죄악을 저지를 가능성이 있기만 하다면 그 죄를 저지를 수 있는 사람은 항상 그 주변에 존재한다는 것이다.

하와는 "하나님과 같이 될 것이다"(창 3:5)는 희망을 가지고 뱀의 유혹에 응했다. 마찬가지로 본문의 이스라엘 사람들이 가진 희망은 단지 "열방과 같이" 되는 것이었다. 그것은 높은 목표가 아니었다. 특히 이스라엘이 그런 나라들의 케케묵은 죄악의 역사를 답습하려 했다는 것을 생각해 보면, 그 목표는 정말 보잘 것 없는 것임을 알 수 있다. 그 야심은 사라지지 않는다. 오늘날 그것은 "동료 집단" 압력("peer group" pressure)이라는 이름으로 우리 가운데 존재하고 있다. "너희는 이 세대를 본 받지 말고 너희 마음을 새롭게 하므로 변화를 받아 하나님의 선하시고 온전하신 뜻이 무엇인지 분별하라"(롬 12:2)는 바울의 권면은, 현재 우리가 보고 있는 사무엘상 8:19의 요지와 일맥상통한다. 로마서 12:2 말씀을 "너를 두르고 있는 세상이 너를 그 자체의 형태 속으로 밀어 넣지 못하게 하라"고 번역한 필립스의 표현은 우리의 이해를 더욱 명료

하게 해 준다.

그런데 다음 순간에 사무엘에게 임한 하나님의 말씀이 우리를 놀라게 한다. "가서 그들이 자기들의 왕을 세우게 하라. 그들이 추구하고 있는 것이 무엇을 의미하는가에 대해서 그들에게 경고하라. 그러나 그들이 고집하는 방식대로 자기들의 왕을 세우게 하라."

우리는 이 본문을 읽으면서 의아해서 눈을 비비고 다시 확인하게 된다. 실지로 하나님께서 이스라엘 백성들의 소심함과 불신과 세상을 본받는 삶의 방식에 양보하고 계시는 것일까? 만약 왕을 구하는 것이 아주 잘못된 것이라면, 왜 하나님은 그들에게 왕을 허락하셨던 것일까? 만약 왕을 구하는 것의 실제 의미가 하나님의 왕 되심을 거절하는 것이라면, 왜 하나님은 스스로 거절당하시는 것에 동조하고 계셨을까?

그러나 하나님은 지금도 그렇게 반응하고 계신다. 하나님께서 우리의 간구에 귀를 기울이시고 우리를 변함없이 보호해 주시도록 하기 위해서 우리가 하나님의 기준에까지 미칠 필요는 없다. 하나님께서 우리의 상황 가운데로 내려오셔서, 우리의 무뎌진 상상력과 부족한 믿음을 사용하시고, 우리가 처해 있는 상황 가운데서 역사하심으로 말미암아 우리의 내면에서부터 우리를 변화시켜 주신다. 거절의 장소에서 태어나시고 거절의 행동에 의해서 죽임 당하신 예수님 안에서, 우리에게로 오셔서 우리 가운데서 일하시는 하나님을 보여주는 최상의 실례를 본다. 하지만 이 땅에 오신 예수님은 하나님이 우리와 함께 거하시는 하나님의 방법의 본질이기도 하다.

하나님께서는 그들의 요구에 승낙하고 계시지만 그것이 굴복을 의미하는 것은 결코 아니다. 사람들이 세운 왕들은 이미 그들 가운데 계시는 진정한 왕, 하나님을 나타내는 하나의 도구로 사용될 뿐이다. 먼저 사울(부정적인 교훈), 그 다음에는 다윗(긍정적인 교훈), 그리고 이어지는 왕들이 제각기 다른 방식으로 성경에 소개되는데, 성경 기자는 그들이 하나님의 왕권을 얼마나 잘(또는 잘못) 대표하는가 하는 관점에서 그들을 묘사해 가고 있다. 그래서 이스라엘은그들의 진정한 왕이 누구인지를 결국에는 깨닫게 될 것이다. 왜냐하면 약 5백 년 후 바벨론 포로생활이 시작되었을 때, 바벨론에 끌려간 이스라엘 백성들은 포로 기간동안 탁월한 시들을 사용하여 기도하고 노래했는데, 그 시편들은 하나님의 왕 되심을 선포하고 찬미하는 내용이었다. “열방”과 같이 될 것으로 기대했던 것과는 아주 달리, “왕”에 대한 아주 부정적인 경험을 주었던 5백 년 채 안되는 그 기간은, 예수님의 왕 되심에 대한 계시와 그 분을 왕으로 영접함을 위해서 나름대로의 역할을 하게 될 것이다. 후에 기독교에서 “왕”은 “열방”과 관계없이 그 자체만으로 어떤 특징을 갖게 되었다. 이것은 조지 허버트(George Herbert)의 다음의 찬송시에서 전형적으로 나타난다.

온 세상이여 곳곳에서 노래하라
나의 하나님과 나의 왕께!

하늘이 너무 높지 않네,

하나님을 향한 찬미가 거기에서 울려 나오므로.

땅이 너무 낮지 않네,

하나님을 향한 찬미가 위로 드려지므로.

온 세상이여 곳곳에서 노래하라

나의 하나님과 나의 왕께!

　물론 사무엘은 이 모든 것을 알지 못했다. 그렇게 하는 것이 당장 이해가 되지 않고, 심지어 어떤 암시 조차도 깨달을 수 없었을지라도, 사무엘은 단순히 하나님의 말씀에 순종하여 백성들에게 그들이 구하는 왕을 세우기로 했다. 그러나 그들이 한 일에 대한 대가를 반드시 치르게 될 것이라고 경고했다. 높은 세금, 병역의무를 위한 징집, 강제 부역, 그리고 독재자의 착취 등 그들이 직면하게 될 것은 생활 전 영역에서 자유를 상실하게 되는 혹독한 결과였다. 그리고 그들이 내린 결정 때문에 겪게 될 결과들로부터 하나님께서 그들을 구해 주실 것이라고는 결코 기대치 말라고 강조했다. 그러나 사무엘의 경고를 잘 알아들으면서도, 백성들은 자기들이 원하는 것을 여전히 추구했다. 사무엘이 다시 기도할 때, 하나님은 처음의 말씀을 재확인해 주셨고 그는 백성들의 요구대로 진행했다.

　여기서 우리는 상실한 기회에 대한 아쉬움과 함께 이 본문을 떠나게 된다. 만약 이스라엘 백성들이 사무엘의 지도에 순종하여 좁은 문으로 들어가서 어려운 길을 가고(마 7:13~14), “열방과 같이” 되는 것을 거부하고, 흔들림 없이 믿음을 따라 그들의 왕이신 여호와와 함께 살았더라면, 이스라엘의 역사는 어떻게 발전해 갔을까? 그러나 우리가 확인할 수 있는 것은 약 5백 년의 왕조 역사인데, 그 역사는 이스라엘이 그들의 요구에 대한 대가를 치르게 되리라 예언했던 사무엘의 경고가 분명하게 또 세밀하게 성취되었음을 증거해 주는 시간이었다.

8. 사울을 왕으로 세우는 사무엘

사울은 이스라엘의 초대 왕이었다. 밀턴(Milton)은 사울을 가리켜서 "나귀들을 찾다가 왕국을 찾은 사람"으로 묘사하기도 했다.

사울(9:1~2)

9:1 베냐민 지파에 기스라 이름하는 유력한 사람이 있으니…… 2 기스가 아들이 있으니 그 이름은 사울이요 준수한 소년이라 이스라엘 자손 중에 그보다 더 준수한 자가 없고 키는 모든 백성보다 어깨 위는 더 하더라

사무엘의 등장과 비교해 보면 사울의 등장은 아주 경사스러운 분위기이다. 제대로 "사람대접"을 받지 못했던 어머니 — 자식을 낳지 못하던 한나가 브닌나에게 무시를 당했고 제사장 엘리에게 오해를 받기도 했던 — 로부터 시작된 사무엘의 인생은 전적으로 하나님을 의지하는 삶 그

자체였다. 한나가 잉태한 아들 사무엘은 순수한 하나님의 선물이었고, 그래서 한나는 약속대로 아들을 하나님께 드렸다. 반대로 사울은 모든 것을 완벽하게 갖추고 있는 사람처럼 보인다. 그는 유능한 아버지의 준수한 아들이었다. 사무엘은 보잘 것 없고 연약한 여인에게서 태어난 반면, 사울은 어려서부터 출중한 외모와 남자다운 기개를 소유하고 있어서 그보다 더 준수한 사람이 없어보일 정도였다. 사무엘서 기자는 외적으로 드러나는 모습과 실체 사이의 극명한 대조를 위해 면밀히 관찰하여 기록하고 있는지도 모른다.

본문의 족보는 사울이 존경 받고 영향력 있는 가문 출신임을 보여준다. 그가 열두 지파 중에서 가장 작은 베냐민 지파 출신이라는 사실은 아마도 전략적으로 중요한 부분이었을지도 모른다. 베냐민 지파에서 선택된 지도자는 가장 강대한 두 지파, 유다(남쪽)와 에브라임(북쪽)의 명성에 위협이 되지 않았을 것이다. 두 지파 중에 어느 한쪽에서 왕이 세워졌다면, 그는 다른 한 지파의 동맹을 얻어내는 것이 쉽지 않았을 것이다.

왕을 찾다(9:3~26)

9:3 사울의 아비 기스가 암나귀들을 잃고 그 아들 사울에게 이르되 너는 한 사환을 데리고 일어나 가서 암나귀들을 찾으라 하매 4 그가 에브라임 산지와 살리사 땅으로…… 사알림 땅으로…… 베냐민 사람의 땅으로 두루 다니되 찾지 못하니라

사울이 권위에 복종하는 법을 아는 사람으로 소개되고 있는 이 장면은 굉장히 의미심장한 부분이다. 왕에게 필요한 중요한 자격 중의 하나는 절대 권력자가 되려 하지 않고, 하나님의 절대 권위 아래 거하고자 하는

태도이다.

　두 지명, 살리사(Shalishah)와 사알림(Shaalim)의 위치를 지형학자들이 정확하게 지적하지는 못하지만, 대략적으로 이스라엘의 중부 어디쯤으로 추측하고 있다.

　본문은 하나의 그림을 보여주고 있다. 언덕에 성이 있고, 언덕 정상에는 제사 드리는 신당이 있으며, 언덕 기슭에는 샘이 있는데 산당이나 샘은 모두 성 외곽에 있다. 시무엘상 7:15~17에서 우리는 사무엘이 사사로서 이스라엘 땅을 정기적으로 순회하는 모습을 살펴본 적이 있다. 본문의 분위기는 사무엘이 그의 연례적인 순방을 마치고 그의 고향인 라마에 막 도착한 듯하다.

여기서 돋보이는 것은 "왕"이라는 말이 언급되지 않고 있다는 사실이다. 대신에 "지도자"(nagid)라는 말이 "왕자"(prince) 또는 "대장"(captain)의 의미로 사용되고 있다. 히브리어 성경에서는 이 단어 '나기드'(nagid)를 사용할 때, 그것의 동사형 '나가드'(nagad)를 그 앞뒤 구절에서 조심스럽게 사용하고 있다(9:6, 8, 18, 19, 그리고 10:15). 이것은 우연이 아니다. 사울이 하나님의 방법으로 지도자의 위치에 이르게 되었음을 강조하기 위한 것이다. "왕"이라는 용어는 뒷부분에서 사용될 것인데, 본문(9:3~26)의 강조점을 배후 행동(하나님께서 적절한 지도자를 선택하시고 그 지도자의 등장을 위한 길을 준비하시는)에 둠으로써, 그 강조점을 약화시킬 수 있는 왕이라는 표현을 여기서는 삼가기 때문이다.

9:17 사무엘이 사울을 볼 때에 여호와께서 그에게 이르시되 보라 이는 내가 네게 말한 사람이니 이가 내 백성을 통할하리라 하시니라 18 사울이 성문 가운데 사무엘에게 나아가 가로되 선견자의 집이 어디인지 청컨대 내게 가르치소서 19 사무엘이 사울에게 대답하여 가로되 내가 선견자니라…… 20 사흘 전에 잃은 네 암나귀들을 염려하지 말라 찾았느니라…… 21 사울이 대답하여 가로되 나는 이스라엘 지파의 가장 작은 지파 베냐민 사람이 아니오며 나의 가족은 베냐민 지파 모든 가족 중에 가장 미약하지 아니하니이까 당신이 어찌하여 내게 이같이 말씀하시나이까

사무엘의 말을 듣고 있던 사울은 놀라면서 스스로를 비하하며 겸허한 모습을 보여주고 있다. 그가 이렇게 반응하는 것은 이스라엘을 다스리는 왕이 되는 것은 자기 마음과는 너무 거리가 먼 일이라는 것을 드러내기 위함이었을 것이다. 다른 무엇보다도 사울이 왕이 되기에 부적합한 사람이었음 보여주는 가장 주목할만한 단서는 그가 왕에 대한 불타는 욕망을 가지고 있던 사람이었다는 사실이다.

사무엘을 통하여 하나님은 사울을 찾고 계셨는데, 그때 사울은 단지

잃어버린 몇 마리 나귀를 찾고 있었을 뿐이다. 그러나 하나님의 "찾고 계심"과 사울의 "찾고 있음"이 만나게 되었고, 하나님의 뜻이 이루어졌던 것이다.

8장에서 이스라엘이 왕을 요구하는 장면에서는 거절과 망설임이 지배적이었는데 9장에서는 동일한 주제를 이야기하면서도 될 수 있는 대로 담담하고자 하는 듯하다. 사울이 역사적으로 새로운 위치에 오르게 되었던 것은 사울 자신의 의지가 아니었다. 사울이 아버지의 잃어버린 나귀들을 찾고 있었을 때, 누군가가 사울을 찾고 있었다. 목적지도 없고 계획도 없이 그저 헤매기만 했을 뿐 나귀를 찾는 데는 아무런 성과를 올리지 못한 채 3일이 지났을 때, 사울은 어떤 사람을 만났다. 그 사람은 사울을 찾고 있었으나 그를 찾기 위해 헤매 다니지는 않았다. 단지 그가 나타나기만을 기다리고 있었다. 말 못하는 짐승을 찾아다니던 중에 실의에 잠긴 사울은 영적인 인도함을 간구했다. 사울이 영적인 인도함을 받았을 때, 그는 바로 자기 자신이 길 잃고 헤매던 자였으며(에브라임, 살리사, 사알림, 벤자민 온 땅을 두루 다녔던), 이제는 누군가가 자신을 찾아 주었다는 사실을 깨닫게 되었다.

사울이 맹목적으로 온 땅을 두루 헤매면서 찾고, 찾고, 또 찾는 것과는 대조적으로 사무엘은 그저 기다리기만 했다. 그리고 준비하고 있었다. 사울이 사무엘이 있는 성에 도착했을 때 그는 잃어버린 나귀보다는 자기 자신의 배고픔과 고단함으로 인해 누군가에게 도움을 청하고 싶었다. 또한 바로 그때는 하나님께 제사를 드린 후 제식의 식사가 준비되어 사무엘이 초청 받은 30명의 인사들과 함께 음식을 나누고 있을 무렵이었다. 사무엘은 그 귀한 자리에 예고도 없이 그리고 초청도 받지 않은 채 불쑥 나타난 사울에게 음식을 나누어 주며 식사를 할 수 있도록 허락해 주었다. 식사를 마친 후에 사울은 손님을 위해 준비되어 있던 숙소로 안내 받아 그날 밤을 편안하게 보낼 수 있었다. 다음날 아침 사무엘은 직접 그를 깨워 집으로 돌려보내면서 잃었던 아버지의 나귀들을 찾았노라고 알려 주었다.

이 이야기에서 분명하게 전달하고 있는 메시지는 비록 "왕"은 하나님께서(그리고 사무엘이) 이스라엘을 위하여 결단코 원치 않으셨던 일이었지만, 이스라엘이 더 이상 나빠질 것이 없을 만큼 열악한 상황일 때 그분은 그들의 선택 과정에 아주 면밀히 관여하고 계신다는 사실이다. 사무엘이 하나님의 인도하심을 따라 사울을 찾는 그 과정에는 위험하거나 길을 잃고 헤매게 될 가능성이 전혀 없었다.

또한 중요한 의미를 시사해 주는 하나의 힌트가 본문의 전체 윤곽에서 비쳐지고 있다. 엉뚱한 곳에서 잃어버린 나귀들을 찾고 있던 사울처럼 이스라엘이 스스로 왕을 세우기 위해서 애를 쓰고 있는 동안에, 하나님께서는 그 배후에서 실질적인 일을 이루시기 위해 사무엘을 사용하고 계셨던 것이다.

사울에게 기름 붓다(9:27~10:16)

9:27 성읍 끝에 이르매 사무엘이 사울에게 이르되 사환으로 우리를 앞서게 하라……내가 하나님의 말씀을 네게 들리리라 10:1 이에 사무엘이 기름병을 취하여 사울의 머리에 붓고 입맞추어 가로되 여호와께서 네게 기름을 부으사 그 기업의 지도자를 삼지 아니하셨느냐 2 네가 오늘 나를 떠나가다가……라헬의 묘실 곁에서 두 사람을 만나리니 그들이 네게 이르기를 네가 찾으러 갔던 암나귀들을 찾은지라 네 아비가 암나귀들의 염려는 놓았으나 너희를 인하여 걱정하여……. 3 네가 거기서 더 나아가서 다볼 상수리나무에 이르면 거기서 하나님께 뵈려고 벧엘로 올라가는 세 사람이 너와 만나리니 하나는 염소 새끼 셋을 이끌었고 하나는 떡 세 덩이를 가졌고 하나는 포도주 한 가죽부대를 가진 자라 4 그들이 네게 문안하고 떡 두 덩이를 주겠고 너는 그 손에서 받으리라 5 그 후에 네가 하나님의 산에 이르리니……선지자의 무리가 산당에서부터 비파와 소고와 저와 수금을 앞세우고 예언하며 내려오는 것을 만날 것이요 6 네게는 여호와의 신이 크게 임하리니 너도 그들과 함께 예언을 하고 변하여 새 사람이 되리라 7 이 징조가 네게 임하거든 너는 기회를 따라 행하라 하나님이 너와 함께 하시느니라……

9 그가 사무엘에게서 떠나려고 몸을 돌이킬 때에 하나님이 새 마음을 주셨고 그 날 그 징조도 다 응하니라 10 그들이 산에 이를 때에 선지자의 무리가 그를 영접하고 하나님의 신이 사울에게 크게 임하므로 그가 그들 중에서 예언을 하니 11 전에 사울을 알던 모든 사람이 사울의 선지자들과 함께 예언함을 보고 서로 이르되 기스의 아들의 당한 일이 무엇이뇨 사울도 선지자들 중에 있느냐 하고 12 ……속담이 되어 가로되 사울도 선지자들 중에 있느냐 하더라 13 사울이 예언하기를 마치고 산당으로 가니라

14 사울의 숙부가 사울과 그 사환에게 이르되 너희가 어디로 갔더냐 사울이 가로되 암나귀들을 찾다가 얻지 못하므로 사무엘에게 갔었나이다 15 사울의 숙부가 가로되 청하노니 사무엘이 너희에게 이른 말을 내게 고하라 16 사울이 그 숙부에게 말하되 그가 암나귀들을 찾았다고 우리에게 분명히 말하더이다 하고 사무엘의 말하던 나라의 일은 고하지 아니하니라

사무엘이 주재하고 사울이 본의 아니게 초청 인사 가운데 섞여 있던 그 성소의 만찬은 대중 행사였다. 어느 면에서도 사울은 특별히 주목을 받을 만한 사람이 아니었다. 그런데 사무엘은 그를 위해 초청 인사 30명이 앉아있는 만찬의 상석에 자리를 마련해 주었다. 이 순간 사울은 사람

들의 주목을 한몸에 받게 된다. 그 식사는 사실 취임식 전 만찬이나 다름 없었다. 그러나 그 일의 진정한 의미를 아는 사람은 아무도 없었다. 오직 사무엘만이 그것을 알고 있었을 뿐이다. 이와 같은 만찬에 대한 묘사를 읽으면서 어떤 사람들은 초청 인사들 가운데 사무엘을 왕으로 세우려던 장로들이 있었을 것이라고 추측하기도 한다. 어찌되었든 본문 기자는 독 자들이 그 날 있었던 실제적인 행동을 볼 수 있게 하기 위해서 효과적으 로 그 상황을 전달하고 있었다. 그 날, 하나님은 이미 일하고 계셨지만 사 람들은 이것을 미처 알지 못했다. 하나님이 통치하시는 하나님의 나라를 거부하고 가시적이고 물질적인 것을 추구하는 백성들의 갈망을 하나님 은 오히려 사용하고 계셨던 것이다.

왕을 세우는 실질적인 의식은 다음날 사무엘과 사울 두 사람 사이에서 은밀히 행해졌다. 하나님의 성령을 상징하는 기름을 사울의 머리에 붓 고, 하나님의 축복의 표시인 선지자의 입맞춤을 행했다. 이제 사울은 왕 이 되었던 것이다.

성경에는 특별한 지도자의 위치로 구별하여 세우기 위해서 한 사람을 지정할 때 그 사람에게 기름을 붓는 의식을 행한다. 제사장들(출 29:7) 과 선지자들(왕상 19:16)이 기름 부음을 받았다. 그러나 기름 부음의 의 식은 특히 왕과 깊은 관련이 있는데, 왕의 직분은 종종 "주의 기름 부음 을 받은 자"(the Lord's anointed)라는 칭함을 받았다. 이사야 61:1에 서는 그 표현이 장차 오실 메시아(문자적으로 "기름 부음을 받은 자")를 지칭하기 위하여 사용되었다. 히브리어 표현인 "메시아"를 헬라어로 번 역한 말이 바로 "그리스도"이다.

본문의 상황은 이스라엘 역사에 있어서 급진적인 변화의 순간이었다.

이스라엘이 자신들의 초대 왕을 세웠던 것이다! 그러나 그 땅에서 이 사실을 아는 사람은 사무엘뿐이었다. 어떻게 보면 하나님의 역사는 분명치 않은 모호함 속에서 이루어지고 있다. 이때의 모호함이란 호기심 어린 구경꾼들과 같은 사람들이 도무지 이해할 수 없을 뿐만 아니라, 눈치 채는 것조차도 불가능하도록 하기 위한 것이다.

한편 사울이 백성들 앞에 그들의 왕으로 등극하기 전에, 그는 하나님께서 그 심령을 통치하시는 사람으로 먼저 준비되어져야만 했다. 옷만 갖추어 입고 있는 것이 왕의 역할이 아니기 때문에 사울에 대한 사무엘의 생각이나 행동을 통하여 얻을 수 있는 믿음보다 더 강한 확신이 필요했다. 만일 사울이 실지로 하나님이 세우시는 왕이라면, 사람들 앞에 왕으로 공표되기 전에 그를 왕으로 인정한 사무엘의 선언보다 더 분명한 확인이 필요했던 것이다. 그것으로 인하여 그는 사람들을 통한 표적과 내면의 변화라는 두 가지 확신을 얻게 된다. 상황을 통한 표적은 그를 왕으로 선언한 사무엘의 말을 확인시켜 주었고 또한 내면의 변화를 통하여 그는 자신의 말이 아닌 하나님의 언어를 통하여 스스로를 이해할 수 있게 되었다.

사무엘은 그에게 세 가지 표적을 만나게 되리라고 이야기해 주었다. 그 중 두 가지 표적은 라헬의 무덤에서 두 남자를 만나게 되는 것과 다볼의 상수리 나무 아래서 세 남자를 만나게 되는 것이다. 이 두 가지는 표면상으로는 우연히 일어난 일처럼 보이며, 심지어 일방적이기까지 하다. 그러나 그 두 가지 사건을 통하여 사울은 사무엘의 기름 부음과 축복이 큰 의미를 갖고 있었던 행동이었음을 알게 될 것이다. 즉 인간 사울에게 집중된 사건보다 더 많은 일들이 동시에 곳곳에서 진행되고 있었던 것이다. 하나님은 포괄적으로 서로서로를 연관을 시키면서 일하시는 분이다.

또 세 번째 표적은 기브아에서 일어나는데 그 표적 또한 사람들을 통하여 보여지는 표적이었다. 함께 모인 선지자들이 길을 따라 내려오면서 노래하고 춤추고 그리고 환상을 보듯이 예언을 할 것이다. 또한 사울은 그 선지자들과 합류하여 "변하여 새 사람이 되었다"(6절, be changed into a different person(NIV)).

사울이 사무엘과 헤어져 돌아올 때 사무엘이 지금까지 외면적으로 사울을 다듬어 갔다면 하나님은 내면적으로 사울을 다듬어 주셨다. "하나님께서 새 마음을 주셨다"(9절). 그 후 사무엘이 말한 그대로 무덤과 나무, 성읍 등과 같이 사울에게 친숙한 곳에서 사람들을 통해 보여지는 표적들이 모두 이루어졌다. 사울은 지금 바벨론이나 애굽과 같은 대국으로 보내져서 왕권을 수행하는 훈련을 받는 것이 아니라 오히려 그가 나고 자란 고향 땅에 머무르면서 하나님께서 주시는 징후들이 그대로 이루어지고 있는 현장을 직접 체험하고 있는 셈이었다. 사울에게 왕의 자리가 어떤 의미가 있든지 간에 그날의 사건들이 의미하는 것은 왕권은 지금 이 시간, 이 장소에서 근본적으로 하나님과 함께 수행되어야 함을 가르쳐 주고 있다. 다시 말해 사울의 주변환경과 그의 내면을 통하여 일하시기를 기뻐하시는 하나님의 방법들로 모든 일이 수행되어야 함을 강조하고 있는 것이다.

이스라엘의 장로들은 "열방과 같이"(8:5) 왕을 세우기를 원한다고 말했다. 그러나 지금 그들 앞에 세워진 왕은(아직 그들이 모르는 상태지만) "열방과 같이" 세워진 왕이 아니다. 사울이라는 존재는 하나님의 임재를 알게 해 주는 사건들 가운데 포함되어 있는 하나의 세부 내용과도 같다. 예를 들면, 라헬의 무덤에서, 다볼의 상수리 나무에서, 또 기브아에서 있었던 사건을 통하여 하나님의 임재가 구체화되었고 그 모든 사건에는 사울이 개입되어 있었다. 또한 사울의 권세는 외부에서 주어진 것이 아니라, 내부에서 발생한 것이었고, 선지자들이 예배 드릴 때의 찬양이나 춤과 관련된 것이었다. 사울이 주목의 대상이 되면서 백성들에게 공개되는 그의 최초의 공식적인 등장을 하나님께 경배하고 찬미하는 선지자들과 연결시켜 설명하는 본문의 의도는 깊은 의미를 지니고 있다. 선지자들과 함께 한 사울의 그 모습은 속담이 되었다: "사울도 선지자들 중의 한 사람이냐"(10:11, 19:24 참고). 이 모든 상황은 이스라엘 백성들이 "열방"의 유형을 따르는 왕보다는 그들의 선지자들과 흡사한 왕을 얻게 되리라는 것을 짐작하게 한다. 하나님의 말씀대로라면, 이스라엘의 "왕"은 "열방과 같이" 되기 위해서가 아니라, 하나님을 가까이 하며 그 분과 사귀는 일을 수행하도록 하기 위해서 세워지는 것이다. 하나님께서 우리의 기도에 응답하실 때, 우리가 요구한 만큼만 정확하게 주시는 경우는 거의 없다. 그 방법과 기준은 우리가 원하고 우리가 좋아하는 것과는 차이가 있을 수 있지만, 분명 우리가 기대했던 것보다 더 많이 그리고 더 좋은 것으로 허락하신다.

왕으로 공표된 사울(10:17~27a)

10:17 사무엘이 백성을 미스바로 불러 여호와 앞에 모으고 18 이스라엘 자손에게 이르되 이스라엘 하나님 여호와께서 이같이 말씀하시기를 내가 이스라엘을 애굽에서 인도하여 내고 너희를 애굽 인의 손과 너희를 압제하는 모든 나라의 손에서 건져내었느니라 하셨거늘 19 너희가 너희를 모든 재난과 고통 중에서 친히 구원하여 내신 너희 하나님을 오늘날 버리고 이르기를 우리 위에 왕을 세우라 하도다 그런즉 이제 너희 지파대로 천명씩 여호와 앞에 나아오라 하고

사무엘은 오래 전 자신이 백성들의 회개를 촉구했던 바로 그 장소 미스바에서 다시 설교하였다(7:5~6). 이스라엘의 역사를 아주 간결하게 두 가지의 핵심적인 내용으로 정리하는데, 그것은 하나님께서 그들을 구원하시는데 필요한 모든 일을 행하셨다는 것과 이스라엘은 완고하게 하나님의 인도를 거부해 왔다는 것이었다.

> 10:20 사무엘이 이에 이스라엘 모든 지파를 가까이 오게 하였더니 베냐민 지파가 뽑혔고 21 ……기스의 아들 사울이 뽑혔으나 그를 찾아도 만나지 못한지라 22 그러므로 그들이 또 여호와께 묻되 그 사람이 여기 왔나이까 여호와께서 대답하시되 그가 행구 사이에 숨었느니라 23 그들이 달려가서 거기서 데려오매 그가 백성 중에 서니 다른 사람보다 어깨 위나 더 크더라 24 사무엘이 모든 백성에게 이르되 너희는 여호와의 택하신 자를 보느냐 모든 백성 중에 짝할 이가 없느니라 하니 모든 백성이 왕의 만세를 외쳐 부르니라……
> 27 어떤 비류는 가로되 이 사람이 어떻게 우리를 구원하겠느냐 하고 멸시하며 예물을 드리지 아니하니라 그러나 그는 잠잠하였더라

사울은 은밀하게 선택되어 이스라엘 최초의 왕으로 기름 부음을 받았다. 왕을 구하는 것은 이스라엘이 하나님을 거절하는 불신의 행위라는 사실을 주지시키는 동시에 본문이 우리에게 전하려는 근본적인 사실은, 실제로 왕을 얻게 되는 것이 처음부터 끝까지 하나님께서 하시는 일이라는 것이었다.

사울이 공개적으로 백성들 앞에서 왕으로 공포되려던 바로 그 순간에도 모든 일을 주관하시는 하나님의 섭리는 여전히 감추어져 있었다. 이번에는 그 섭리가 선거를 통해서 나타났다. (“제비 뽑기”는 현재의 “투표”에 해당된다. 그것이 어떤 방식으로 이루어졌는지 정확하게 알 수는 없다. 두 가지의 가능성 중에 한 가지를 선택하여 결정하기 위해서 아마

도 공기 돌 같은 차돌을 아니면 주사위 또는 화살과 같은 것을 사용했을 것이다. 좀더 자세한 내용은 14:40~42에 나오는데, 지금의 상황은 후자의 경우이다) 정해진 순서대로 모든 절차가 진행되었고, 사울이 뽑혔다.

그러나 이런 마무리 공식 절차가 이루어지기 전에 사무엘은 짧지만 날카롭고 따끔한 지적이 담겨있는 설교("그러므로 여호와께서 일러 가라사대")를 통해서 이전에 경고했던 문제(8:4~22)를 다시 한 번 강조하고 있다. "너희가 왕을 구하므로 너희를 구원하시고 인도하신 하나님을 거절하고 있다! 그러나 만일 너희의 생각을 계속 고집한다면 하나님께서 친히 너희의 원하는 바를 이룰 것이다."

여기서 우리는 놀라운 복음을 접하게 된다. 비록 사람들은 하나님을 부인할지라도 하나님은 우리를 부인하지 않으신다는 것이다. 그 분은 사건의 전 과정에서 사람들과 함께 하시는데 사무엘을 사용하셔서 사건을 주도하시는 하나님의 행동을 해석하게 하시고, 때로는 하나님이 하시는 일을 대행하게 하신다. 사람들은 자기들의 계획에서 하나님을 쉽게 배제시켜 버리곤 한다. 그러나 하나님은 조용히 그리고 드러나지 않게 거기에 계시면서 그들의 계획 안에서 주권을 행사하신다. 하나님을 제외시키는 것은 생각처럼 쉬운 일이 아니다.

그런데 모든 일이 결정되었을 때 사울이 보이지 않는 것이었다! 그가 숨어버렸던 것이다. 사무엘의 마지막 설교를 듣고 사울이 하나님에 대한 두려움을 갖게 되었던 것일까? 사울을 왕으로 결정하는 과정에서 성령께서 나타내신 표적들이 있었음에도 불구하고 왕을 세우는 것은 처음부터 하나님을 거절하는 인간적인 마음에서 비롯된 것이기 때문에 분명 잘못된 것이며, 왕정제도의 앞날은 험난할 수밖에 없음을 그가 벌써 예견했던 것일까? 본문은 사울이 숨은 이유에 대해서 설명하지 않는다. 그러나 분명한 것은 왕권 수행에 관한 모든 일은 하나님의 자비와 하나님의 심판, 두 가지 모두를 담고 있는 가방이 될 것이다.

그들은 하나님의 도움을 힘입어 – 그러나 그들은 하나님의 뜻을 저버렸다(22절) – 그들이 뽑은 왕을 찾을 수 있도록 하나님께 도움을 구하는 기도를 하지 않을 수 없었다. 하나님께서는 은혜롭게 자비를 베푸셔서 백성들이 자기 힘으로 할 수 없는 것을 그들을 위해서 해 주셨다.

그러나 사무엘이 사울을 하나님이 선택한 초대 왕으로 백성들 앞에 소개하는 순간, 하나님의 은혜와 자비의 그림자는 즉시 뒤로 사라져 버렸다. 결국 백성들이 원하고 고집하던 바가 이루어졌고 그들은 왕의 만세를 외쳐 불렀다(24절). 그 날 왕에 대해서 불만을 토로하는 소수의 사람들이 있었는데(27절), 그들의 불만은 하나님을 경외하는 것과는 상관이 없는 것이었다. 왕당파의 대승이었다. 이때부터 이스라엘은 약 5백 년 동안 왕의 통치 아래에 있게 된다. 그렇게 긴 세월 동안 지속된 이스라엘의 왕정제도는, 이스라엘 백성이 바벨론에서 적국 왕의 통치를 받게 되는 치욕의 역사를 남긴 채 막을 내리게 된다.

암몬 족속을 물리친 사울(10:27b~11:14)

표면적으로는 사울의 인생에 관한 이야기들이 적들과 대항하여 싸우는 전쟁으로 일관되어진다. 그러나 그것은 단지 발판일 뿐이었다. 실제 이야기는 내면에 있다. 즉 사울이 이스라엘의 하나님과 더불어 나눈 교제 속에서 사울의 인생에 관한 이야기의 진면목을 볼 수 있다. 이 이야기가 전개될 때, 그 안에는 아주 날카로운 반어법이 사용되고 있음을 알 수 있다. 왜냐하면 사울이 적들을 무찌르는 전쟁에서는 아주 성공적이지만, 하나님과의 관계에 있어서는 엄청난 약점을 드러내고 있기 때문이다. 사울에 관한 이야기는 이 두 가지 사실을 교묘하게 대비시키면서 전개되고 있다. 사울은 거듭되는 전쟁에서 모두 승리를 거둘 정도로 백성들을 잘 인도했다. 그러나 신앙의 문제에 있어서는 머뭇거리기를 거듭했다. 결과적으로 그것은 영적 균형의 상실이며 성숙한 신앙 개발에 실패한 것이다. 오선지에 표시된 음자리표처럼 *그가 통치했던 기간을 특징 짓는 표시는 바로 이런 상실과 실패이다.* 하나님 앞에서는 암몬 족속, 블레셋 족속, 아멜렉 족속 등과의 전쟁에서 거둔 승리가 아무 의미 없는 것들이었다.

10:27 그때에 암몬 족속의 왕 나하스가 갓 지파 사람들과 르우벤 지파 사람들을 심하게 괴롭혔다. 나하스가 그들의 오른 눈을 빼고 어떤 사람도 이스라엘을 구원하지 못하게 하려고 했다. 요단강 동편에 있는 이스라엘 사람들 가운데 어느 누구도 오른 눈을 뽑으려는 암몬 족속의 왕 나하스로부터 무사할 수 없었다. 그런데 암몬 족속들에게서 칠천 명이 탈출하여 길르앗 야베스에 올라 왔다(이 내용은 저자가 사해사본에 있는 내용을 소개한 것이며, 구절 구분 표시는 저자가 임의로 사용한 것이다—역주)

　　위의 내용은 본문에 소개된 사울 이야기의 첫 단락인데, 본문 전승 과정의 초기에 실수로 누락된 부분이다. 그런데 1947년 사해 근처 쿰란에서 히브리어로 기록된 두루마리를 발견한 이 후 몇 년 간 세상을 놀라게 한 발견은 계속되었다. 그 두루마리들(사해사본—역주)은 현재의 구약 성경을 번역할 때 참고했던 사본들보다 훨씬 더 고대의 것들이다. 그 중에 사무엘서 내용을 담고 있는 두루마리에 위의 내용(10:27b)이 포함되어 있다(현재의 사무엘상 10:27과 11:1 사이에 위치함. 그래서 저자는 이 부분을 10:27b로 구분하였다—역주). 오늘날 대부분의 학자들은 그 두루마리에 기록된 내용이 원본을 필사한 것이며, 내용 전개상 이 부분에 위치하는 것이 합당하다고 주장하는 의견에 동의하고 있다.

11:1 암몬 사람 나하스가 올라와서 길르앗 야베스를 대하여 진 치매 야베스 모든 사람이 나하스에게 이르되 우리와 언약하자 그리하면 우리가 너를 섬기리라 2 암몬 사람 나하스가 그들에게 이르되 내가 너희 오른눈을 다 빼어야 너희와 언약하리라 내가 온 이스라엘을 이같이 모욕하리라 3 야베스 장로들이 이르되 우리에게 이레 유예를 주어…… 4 이에 사자가 사울의 기브아에 이르러 이 말을 백성에게 고하매 모든 백성이 소리를 높여 울더니
5 마침 사울이 밭에서 소를 몰고 오다가 가로되 백성이 무슨 일로 우느냐 그들이……고하니라 6 사울이 이 말을 들을 때에 하나님의 신에게 크게 감동되매 그 노가 크게 일어나서 7 ……여호와의 두려움이 백성에게 임하매 그들이 한 사람 같이 나온지라 8 ……이스라엘 자손이 삼십만이요 유다 사람이 삼만이더라 9 무리가……이르되 너희는 길르앗 야베스 사람에게 이같이 이르기를 내일……너희가 구원을 얻으리라 하라 사자들이 돌아가서 야베스 사람들에게 고하매 그들이 기뻐하니라……
11 이튿날에 사울이……암몬 사람을 치매 남은 자가 다 흩어져서 둘도 함께 한 자가 없었더라
12 백성이 사무엘에게 이르되 사울이 어찌 우리를 다스리겠느냐 한 자가 누구니이까 그들을 끌어내소서 우리가 죽이겠나이다 13 사울이 가로되 이 날에는 사람을 죽이지 못하리니 여호와께서 오늘날 이스라엘 중에 구원을 베푸셨음이니라
14 사무엘이 백성에게 이르되 오라 우리가 길갈로 가서 나라를 새롭게 하자 15 모든 백성이 길갈로 가서 거기서 여호와 앞에 사울로 왕을 삼고 거기서 여호와 앞에 화목제를 드리고 사울과 이스라엘 모든 사람이 거기서 크게 기뻐하니라

사울은 이제 이스라엘을 다스리는 왕이다. 그렇다면 이스라엘의 왕이 해야 할 일은 과연 무엇인가? 이스라엘에는 왕과 관련된 선례나 전통이 전무했다. 모세의 영도하에 애굽에서 해방된 후 이스라엘은 분명히 하나의 왕국이었고(출 19:6), 그들을 통치하는 왕은 바로 하나님이셨다. 그러나 이제는 백성들이 사울을 왕으로 세웠다. 이스라엘이 최초로 인간 왕을 경험해 보는 시점이다. 사울은 법정, 왕궁, 보좌 등과 같은 것이 전혀 없

었다. 직업은 있지만 해야 할 임무는 명시되어 있지 않았다. 그가 해야 할 일이 무엇인가? 백성들이 왕에게 환호를 보냈던 상황(10:24) 직후, 사울에 대한 이야기는 그가 밭으로 돌아가서 땅을 경작하고 있는 모습에 대한 언급으로 바뀌었다(11:5). 자기가 해야 할 일을 찾지 못해서 방금 임명 받은 새 왕이 흙을 일구는 그의 옛 직업으로 되돌아가 있었던 것이다.

낙향하여 농사를 짓고 있다가 사울은 아주 난폭한 독재 군주로부터 억압당하는 소수의 백성들을 구해 내야 하는 임무를 맡게 되었다. 왕으로서의 첫 번째 임무였다. 농사일을 하고 있은 지 한 달 정도가 지났을 무렵, 백성들이 침략자들에 의해서 유린당하고 있다는 소식을 듣고 즉각적인 행동을 취하여 그들을 구출해 냈던 것이다.

상상하기 어려울 정도의 극단적인 도발이 발생했다. 요단강 동편에 있는 암몬 족속의 왕 나하스(히브리어 의미는 "뱀"이다)가 이스라엘의 땅을 정복한 후 그 땅에 살고 있던 이스라엘 사람들의 오른쪽 눈을 뽑는 만행을 저질렀던 것이다. 요단강 동편(길르앗)에 정착한 르우벤 지파와 갓 지파의 사람들이 일차적인 희생자들이었다. 그 잔혹한 맹인 만들기는 고문이나 수치심과 결부된 것이었다. 전 주민이 외눈박이가 되어 거리를 배회하고 있는 것을 상상해 보라. 그 사람들을 볼 때마다 가학에 미쳐있는 괴물 나하스를 상기하게 될 것이다. 그러나 두 지파에 속해 있던 7천 명 정도의 사람들이 가까스로 탈출해서 성벽으로 둘러진 길르앗 야베스 성읍에 피신했다. 그러자 나하스가 그들을 쫓아와서 그 성읍을 포위했다. 성읍에 있던 사람들이 평화를 조건으로 나하스의 노예가 될 것을 제안하자, 나하스는 당치도 않은 조건을 내세웠다. "내가 모든 사람들의 오른쪽 눈을 뽑는 조건에 응한다면" 그들의 평화 제의를 받아들이겠다는 것이었다. 이 사건으로 인하여 나하스는 세상에서 가장 잔인한 폭군들 중에 서도 가장 으뜸인 자로 간주되었다. 그는 헤롯이나 네로, 타머린과 징기스칸, 히틀러와 스탈린, 그리고 폴폿 등과 어깨를 나란히 할 만한 잔인무도한 인간이었다. 나약하고 불쌍한 사람들에게 부당한 고통과 수치를 가하는 것이 이 타락한 세상에서는 결코 드문 일이 아니지만 그런 이야기를 접할 때마다 충격을 받지 않을 수 없게 된다.

그 소식을 접한 사울은 경악을 금치 못했다. 뿐만 아니라 왕으로서 어떤 조치를 취해야만 하겠다는 강한 분노가 생겼을 것이다. 왜냐하면 그가 기름 부음을 받을 때 거룩한 사명을 위해서 그를 구별해 주셨던 (10:10) 바로 그 하나님의 성령께서, 사울이 억압당하는 사람들을 구원하는 거룩한 일에 뛰어 들도록 또다시 분명하게 역사하셨기 때문이다 (11:6). 사울은 군대를 소집했다. 그리고 야음을 틈타 요단강을 건너서 야베스까지 강행군을 했다(거리는 비록 약 15킬로미터밖에 안되지만, 굴곡이 심한 언덕 지역이고, 더욱이 야간 행군을 하기에는 아주 어려운 길이었다). 이 진군으로 말미암아 가학적인 미치광이 나하스의 포악함은 종국을 맞이하였다. 야베스에서 나하스는 사울이 왕으로서의 첫 번째 임무를 시작할 수 있도록 발판을 마련해 준 셈이 되었다. 나하스와의 전쟁이 있기까지 사울은 멍에를 멘 수소를 데리고 밭을 일구고 있던 왕이었지만 나하스의 등장으로 말미암아 하나님의 영에 의해서 기운을 얻은 사울은 대군을 지휘하고 가장 참담한 지경에 놓인 희생자들 가운데 정의를 세우는 왕이 되었던 것이다.

그러나 비록 사울이 역사의 중심 무대로 전진하고는 있었지만 사울과 백성들의 삶에 있어서 여전히 주요한 역할을 하고 있었던 사람은 사무엘이었다. 전쟁을 준비하기 위해서 나하스와 대항하여 싸울 군사를 소집하고 있었을 때도 사울은 "사울과 사무엘"의 이름으로 백성들에게 호소했다(11:7). 그리고 전쟁이 끝난 후에도 사무엘의 영향력은 돋보였다. 그것을 증명할 만한 두 가지 사건이 있었다. 첫 번째, 전쟁이 승리로 끝나자 백성들이 사무엘에게 찾아와 사울이 왕이 되는 것을 반대했던 "비류"들(10:27, worthless fellows)을 숙청하라고 요구했다. 다른 말로 하자면, 사무엘이 여전히 이스라엘 제일의 권력가로 인정 받고 있었다는 증거였다. 그러나 사울이 개입하여 더 이상의 살인은 있어서는 안됨을 선언했다. 사울은 그 날이 사울의 복수의 날이 아니라, 하나님의 구원의 날로 기억되어지기를 원하고 있었기 때문이다(11:13). 사무엘이 있는 그 자리에서, 사무엘의 권위 하에서, 사울은 사무엘의 정신으로 행동했던 것이다. 즉 사울은 자신의 왕의 임무를 하나님의 구원의 역사로 경험했고, 또 그렇게 이해했다. 자신의 임무인 왕으로서의 통솔력은 애굽과 가나안의 억압에서 이스라엘을 구원하시는 하나님의 사역의 긴 역사 가운데 일부인 것으로 믿었기 때문이다.

두 번째 사건은 사무엘 자신이 주도한 것이다. 그는 왕권을 회복시켜 주시 위해서 백성들을 길갈에 모이게 했던 것이다.

사무엘의 고별사(12:1~25)

사무엘이 역사의 무대에서 이제 하단하려 한다. 이 후에 몇 번 중요한 조연 역할을 하며 등장하기는 하지만, 본격적으로 "왕들"이 역사의 전면과 중심을 차지하게 되었다. 사울 한 사람에게 리더십을 집중시켜 주고

자 백성들에게 고해야 할 시점이 된 것이다.

12:1 사무엘이 온 이스라엘에게 이르되 보라 너희가 내게 한 말을 내가 다 듣고 너희 위에 왕을 세웠더니 2 이제 왕이 너희 앞에 출입하느니라 보라 나는 늙어 머리가 희었고⋯⋯ 3 내가 여기 있나니 여호와 앞과 그 기름 부음을 받은 자 앞에서 내게 대하여 증거하라 내가 뉘 소를 취하였느냐 뉘 나귀를 취하였느냐 누구를 속였느냐 누구를 압제하였느냐 내 눈을 흐리게 하는 뇌물을⋯⋯내가 그것을 너희에게 갚으리라 4 그들이 가로되 당신이 우리를 속이지 아니하였고 압제하지 아니하였고 뉘 손에서 아무 것도 취한 것이 없나이다 5 사무엘이 백성에게 이르되 너희가 내 손에서 아무 것도 찾아낸 것이 없음을 여호와께서 너희에게 대하여⋯⋯증거하느니라 그들이 가로되 그가 증거하시나이다

6 사무엘이 백성에게 이르되⋯⋯ 7 그런즉 가만히 섰으라 여호와께서 너희와 너희 열조에게 행하신 모든 의로운 일에 대하여⋯⋯너희와 담론하리라 8 ⋯⋯여호와께서 모세와 아론을 보내사 그 두 사람으로 너희 열조를 애굽에서 인도하여⋯⋯ 11 여호와께서 여룹바알과 베단과 입다와 나 사무엘을 보내사 너희를 너희 사방 원수의 손에서 건져내사 너희로 안전히 거하게 하셨거늘 12 너희가 암몬 자손의 왕 나하스의 너희를 치러 옴을 보고 너희 하나님 여호와께서는 너희의 왕이 되실지라도 너희가 내게 이르기를 아니라 우리를 다스릴 왕이 있어야 하겠다 하였도다 13 이제⋯⋯너희의 택한 왕을 보라⋯⋯ 14 너희가 만일 여호와를 경외하여⋯⋯또 너희와 너희를 다스리는 왕이 너희 하나님 여호와를 좇으면 좋으니라마는 15 너희가 만일 여호와의 목소리를 듣지 아니하고⋯⋯여호와의 손이 너희의 열조를 치신 것같이 너희를 치실 것이라 16 너희는 이제 가만히 서서 여호와께서 너희 목전에 행하시는 이 큰 일을 보라 17 ⋯⋯내가 여호와께 아뢰리니 여호와께서 우뢰와 비를 보내사 너희가 왕을 구한 일 곧 여호와의 목전에 범한 죄악이 큼을 너희로 밝히 알게 하시리라 18 이에 사무엘이 여호와께 아뢰매 여호와께서 그 날에 우뢰와 비를 보내시니 모든 백성이 여호와와 사무엘을 크게 두려워하니라

19 모든 백성이 사무엘에게 이르되 당신의 종들을 위하여 당신의 하나님 여호와께 기도하여 우리로 죽지 않게 하소서⋯⋯ 20 사무엘이 백성에게 이르되 두려워 말라 너희가 과연 이 모든 악을 행하였으나 여호와를 좇는데서 돌이키지 말고 오직 너희 마음을 다하여 여호와를 섬기라⋯⋯ 22 여호와께서는⋯⋯자기 백성을 버리지 아니하실 것이요 23 나는 너희를 위하여 기도하기를 쉬는 죄를 여호와 앞에 결단코 범치 아니하고⋯⋯ 24 너희는⋯⋯오직 그를 경외하며 너희의 마음을 다하여 진실히 섬기라 25 만일 너희가 여전히 악을 행하면 너희와 너희 왕이 다 멸망하리라

백성들에게 행한 사무엘의 연설은 이스라엘의 역사 속에 일어난 주요하고 급진적인 변화, 즉 하나님께 모든 초점을 맞추고 있던 사람들에 의해서 수행되던 리더십이, 이제 일차적인 관심이 사람들에게 매여있는 왕에 의해서 이루어지고 있음을 주지시켰다. 하나님은 사사들을 세웠으나 백성들은 왕을 요구했다. 선지자적인 사사들은 하나님이 세우신 사람들이었지만, 정치적인 왕은 사람들의 환호와 갈채로 세워졌다. 절대적인 대조라고만은 할 수 없다. 왜냐하면 하나님은 왕이 세워지는 일에 끊임없이 관여하고 계시기 때문이다. 그러나 사무엘이 물러나고 사울이 전면에 나서는 것처럼, 쇠퇴하여 사라지는 시대에 대한 독특한 인식이 있었다. 사무엘은 "차선"의 시대에 관해서 이야기했다. 다시 말해서 그때까지 오랜 기간동안 리더십은 구원을 이루시는 하나님의 주도권으로부터 온 것이었다. 그러나 이제부터 리더십은 백성들이 가지는 두려움과 그들의 요구로부터 형성될 것이다.

모세와 함께 장엄하게 시작된 바로 그 리더십이 사무엘과 함께 겸손하게 마감되었다. 하나님께서 세우신 선지자적인 지도자들의 계승을 통해서 하나님의 일 하심(구원과 신판)은 역시의 한가운데 있었나. 이 지도자들 가운데 여섯 명의 이름은 모세, 아론, 여룹바알(기드온), 바락, 입다, 그리고 삼손이다. 그들은 애굽, 가나안 사람들, 블레셋, 그리고 모압을 대항해서 이스라엘을 잘 이끌어 왔다. 그리고 사무엘은 결점이 없고 아주 정직한 지도자였다! 무엇을 더 바랄 수 있겠는가?

그렇다면 백성들은 무엇을 불평하고 있었던 것일까? 사무엘은 자신의 리더십을 다시 한 번 점검했다. 그는 백성들에게 다섯 가지 질문을 했는데(12:3), 그것은 이전에 그가 왕의 통치로부터 짐작할 수 있는 앞날에 대하여 사람들에게 경고했던 것(8:11−17)과는 대조를 이루고 있었다. 백성들은 사울의 통치 하에서 아주 좋은 리더십을 얻었다고 인정했다 (12:4).

그러나 그 백성들이 추구하는 것은 더 나은 공의 또는 번성이 아니라, 자신들이 직접 통치하거나 아니면 자기들과 같은 '사람' 의 통치를 받게 되는 것이었다. 그들이 거부한 것은 하나님의 주도권이었다. 왕을 요구하는 저변에는 정치적인 열정이 아니라, 일종의 영적인 회피가 숨어있었던 것이다. 하나님을 자기들의 왕이 되지 못하도록 배제함으로써 자신들의 삶에 관한 "결정권"을 그들 자신이 가질 수 있으리라 생각했다. 유사 이래 모든 정치제도는 왕정이나 민주주의, 사회주의 또는 공산주의, 어떤 것이든 예외없이 그와 같은 생각을 부추겨 왔다.

사무엘의 설교에는 정치제도의 변화가 삶의 수준이나 군사력 또는 문화 등 모든 영역에서 이스라엘을 쇠퇴로 몰아넣게 될 것이라는 주장이 없다. 차이점은 "유익함"에 있는 것이 아니다. 사무엘서의 문명적인 배경은 철기시대이다. 사무엘이 백성들에게 강조한 것은 그들의 영적인 무지막지함이 빚어낸 엄청난 변화를 직면하라는 것이었다. 이스라엘은 기존의 정치제도를 버리고 다른 정치제도를 취했다. 그런데 정치제도들 그 자체는 거의 다를 바가 없다. 그들은 하나님 주권 하에서의 삶이 아닌 인간 지배 아래서의 삶을 선택했다. 그것이 결정되기 바로 전까지도 이스라엘 백성들의 정치 참여는 하나님의 말씀을 듣고, 하나님께 부르짖고, 하나님께 순종하는 삶을 사는 것으로 이루어졌다. 그러나 그것은 더 이상 정치 참여가 될 수 없는 상황이 되었다.

이스라엘이 왕을 구하므로 사무엘은 그들이 큰 실수(12:17)를 저지르고 있음을 드러내놓고 노골적으로 책망했다. 그러자 그들은 사무엘의 선지자적인 설교를 통해서 "우리가 우리의 모든 죄에 왕을 구하는 악을 더하였음"(12:19)을 시인했다. 그러나 이미 늦었다. 그들은 그들의 왕을 세웠고 사울이 그들의 왕이 되었다.

그런데 여기 이 본문에 놀라운 "복음"이 있다. 사무엘 뿐만 아니라 하나님께서도 이스라엘 백성들을 버리거나 떠나지 않으셨다는 사실이다. 인간들의 잘못된 결정으로 인한 결과를 그들 홀로 당하도록 내버려두지 않으시고 그들 곁에 계셨다. 하나님께서는 그들과 함께 하실 것을 약속하셨다. 그들의 불신앙적인 요구가 있은 이후지만, 이스라엘 백성과 그들의 왕이 하나님을 경외하고 순종한다면, "좋을 것이다"라고 하셨다(12:14). 하나님은 여전히 그들의 하나님이 되실 것이다. 그러나 그 약속은 백지 위임장과 같은 축복의 약속이 아니다. 그들의 불순종은 분명히 대가를 치르게 될 것이기 때문이다. 그러나 그들이 구원 가운데 있든지 아니면 심판 아래 있든지, 하나님은 틀림없이 그들과 함께 계실 것이다.

사무엘은 성경 메시지의 근본적인 특징들 가운데 한 가지를 여기서 분명히 밝히고 있다. 그것은 어떤 악이나, 죄 그 자체도 우리를 향하신 하나님의 은혜로우신 자비로부터 우리를 분리시키지 못한다는 사실이다. 우리의 어떤 행위도 우리를 용서하시고 영접해 주시는 하나님 은혜의 권능 밖으로 우리를 밀어내지 못한다. 사무엘 이후 약 천 년의 세월이 지난 뒤에 예수님께서 사무엘이 설교한 다음의 내용을 구체적으로 성취하셨다. "두려워하지 말아라. 그래, 너는 죄를 범하였다. 그러나 너의 죄가 죄의식을 가지고 너를 사로잡지 못하도록 하여라. 너의 죄에 기만 당하여 네 자신은 구원 받을 수 없는 것으로 생각하지 말아라. 하나님께서 너의 죄와 더불어 너를 포기하셨다고는 추호도 생각하지 말아라. 너를 구원하는 것은 하나님이 하실 일이며, 하나님께서는 결단코 포기하지 않으셨다"(12:20~22).

더욱이 사무엘은 자신이 설교한 내용을 믿고 그대로 살기 위해 힘썼다. 비록 지도자의 위치에서 물러나게 되었을지라도 그는 은퇴하여 은막 뒤로 사라질 생각은 없었다. 그는 백성들을 위해서 기도하고, 그들에게 하나님 앞에서 의롭게 사는 것을 가르치면서(12:23) 계속해서 그들과 함께 하고자 했다. 앞으로 선지자로서 백성들과 함께 거하는 사무엘의 존재가 왕정시대 초기에 중요한 역할을 하게 됨을 볼 것이다.

그러나 여기서 우리가 오해해서 안될 것은, 이것은 자기 중심적인 완고함과 방관하며 거룩함으로 포장하고 있는 무사 태평주의의 종교를 의미하는 것이 아니다. 본문에서 보다시피 사무엘은 그의 설교에서 "그러므로 이제 너희는 가만히 서 있으라……"(12:7, 16)라고 두 번이나 말했다. "서라"(stand)는 표현은 게으름이나 축 늘어져 있는 나태함과는 정반대의 모습이다. 인정하든 인정하지 않든 간에, 지금 그들은 하나님의 법정에 있다. 그곳에서 지금 "전능하신 자 하나님 여호와께서 말씀하사…… 세상을 부르고 계신다"(시 50:1). 그것은 마치 사무엘이 다음과 같이 말한 것과 같다: "주목하라! 내 눈을 보라! 너희는 지금 위기에 처했고, 이 민족 또한 위기에 놓여있다. 너희가 즉석에서 너희의 죄에 대한 형벌로 저주를 받지 않았기 때문에 너희가 곤경에서 벗어났다고 생각하지 말아라. 당연히 심판이 있을 것이다. 그러나 구원 역시 있을 것이다. 그리고 이 두 가지는 함께 너희 마음에 가지고 있는 모든 것(너희의 마음을 다하여 섬길 것)을 요구하고 있다."(12:24). 하나님의 은혜는 되는 대로 적당히 얼버무리고 넘어가는 나태함이 아니라, 오히려 하나님의 방법으로 우리를 엄중하게 징집하시는 것과 같다.

사무엘의 설교의 중요성은 여호수아의 설교(수 23~24장)나 솔로몬의 설교(왕상 8:12~61)와 비교해 볼 수 있다. 세 사람의 설교는 모두 변화의 정점에 직면해 있는 역사적 상황에서 하나님의 불변하시는 언약과 그 분의 신실하심을 강조하고, 하나님의 구원 역사를 그대로 그리고 분명하게 유지하면 과거와 미래를 동시에 조망하고 있다는 유사점이 있다.

The story of Saul as king

사울, 하나님의 마음에 반(反)한 사람

3부

서론

지금까지의 행적에 이어 앞으로 전개될 이야기에서 사울은 비극적인 인물로 그려지고 있는데, 어둡고, 소름 끼치고, 무시무시한 이미지를 풍기는 표현들을 통해서 어렴풋하게 드러나기 시작한다. 이것은 자신들의 삶 가운데 거하시는 하나님의 말씀을 진지하게 듣고 새기려는 사람들을 위하여 성경이 제시하고 있는 최후 심판에 대한 경고이다. "아, 비참하게 침몰 당한 거대한 배들이여! 해저의 진흙 위에 널려 있는 몇 개의 널빤지들을 보노라. 그러나 그게 전부인걸!"(Alexander Whyte, Bible Characters, vol. I, p. 234). 사울과 가룟 유다 사이에는 약 천 년이라는 세월의 차이가 있다. 그러나 두 사람 모두는 자신의 소명을 버리고 자살로 인생을 마감하는 일그러진 리더십을 보여준 사람들이다.

역사에서 사울의 위치는 철과 정치, 이 두 요소에 의해서 결정되어졌다고 해도 과언이 아니다. 철의 발견은 고고학자들이 철기시대라고 일컫는 문명의 새 시대를 열었다. 가나안 땅에서 철을 사용할 줄 알게 된 최초의 민족은 블레셋 사람들이었다. 그들은 철을 군사적인 목적을 위해서 사용했다. 덕분에 블레셋은 전쟁에서 이스라엘을 압도할 수 있었다. 블레셋이 철기 도구와 무기 제조를 독점했다는 사실을 뒷받침해 주는 고고학적인 증거들은 많이 있다. 철기 문화와 블레셋이 철 생산과 제조를 독점했다는 사실은 사울의 인생을 그렇게 몰아붙인 당시 사울 주변의 절박했던 상황들을 짐작하게 한다. 사울이 역사의 무대에서 왕으로 자리 매김을 할 때는 위기의 시대였다. 그의 행보는 매사에 의미심장했다. 이스라엘이 구별된 백성으로 온전히 존속하는 것을 위협 받고 있는 위태로운 상황이었다. 그러므로 사울이 어떤 공을 세우고 어떤 과실을 범하든지 그의 행적은 어느 면으로나 평가를 받을 수밖에 없었던 것이다.

사울의 인생에 결정적으로 작용한 또 다른 요소는 바로 정치이다. 인간 사울을 통해서 이스라엘에 왕정이 도입되었다. 그렇다면 이스라엘에서 "왕"은 정확하게 어떤 모습으로 비쳐졌을까? 사울의 인격과 인생을 통해서 "왕"이라는 말의 정의가 만들어지기 시작했는데, 이스라엘 주변의 민족들이 왕을 이해하는 방식과는 사뭇 달랐다. 결과적으로 사울은 왕의 부정적인 실례를 남긴 사람이었다. 위대한 구약학자 중의 한 사람인 마틴 노트(Martin Noth)는 사울이 왕으로 통치했던 기간은 "소망이 없었다"라고 평가했다(The History of Israel, 178). 성공보다는 실패를 통하여 더 많은 것을 배우는 것이 사실이라면, 우리는 사울의 인생을 통하여 더 많은 것을 배우게 되리라 기대할 수 있다. 이와 같은 급진적인 정치 변화의 성격을 반영하는 근본적인 통치 요소가 사울의 인격 안에서 나타났다. 캠브리지 대학에서 현대 역사를 가르쳤던 허버트 버터필드

(Herbert Butterfield) 교수는 정치와 인격은 불가분의 관계임을 다음과 같이 강조했다. "내 입장에서 분명하게 말할 수 있는 것은 왜 정치에서는 내가 기독교적인 것이라고 간주하는 그런 덕목들조차도 일시적으로 격리되어야 하는지 그 이유를 모르겠다는 것이다. 내가 말하는 덕목은 겸손, 사랑, 자아비판, 그리고 당면한 문제가 섭리의 과정 중에 자신 앞에 놓여진 것으로 받아들이고 해결하려는 자세 등과 같은 것이다. 또한 마치 자신이 세상에서 절대 주권을 소유한 사람인 양 현안의 문제들을 좌지우지 하는 것을 삼가려고 노력하는 성품, 다시 말해서 자신의 행동이 섭리와 협력하는 형태를 취하고 있는지를 살필 수 있는 성품을 의미한다"(Herbert Butterfield, International Conflict in the Twentieth Century, 16). 사울의 인생은 그의 삶 전체를 통하여 우리에게 한 가지 사실을 명확하게 가르쳐 주고 있다. 신앙을 순수하게 개인적이고 내면적인 어떤 것으로 받아들이기를 거부한 채 우리 시대의 정치적인 환경에 편승하여서 잘 살고자 하는 욕망만을 추구한다면 우리가 직면하게 하게 될 삶의 모습은 사울의 인생과 같아질 것이라는 사실이다.

사울은 이스라엘의 스물세 명의 왕들 가운데 초대 왕이다. 5백 년 채 안되는 왕조의 역사는 마지막 왕, 여호야긴(여고냐)과 함께 마감되었다(왕하 25). 몇몇 좋은 왕들이 있기도 했으나 나쁜 왕들도 있었다. 그러나 좋은 왕이든 나쁜 왕이든, 국제적으로 유명세를 얻을 만큼 대단한 왕은 없었다. 우리는 사울에서부터 여호야긴에 이르는 세월을 보면서, 당시 열강들과 군주들의 영향력의 한가운데서 실제적으로 생존하는 것이 무엇인가에 대한, 당시 국제적으로 확산되어 있던 의식에 배치되는 문화와 정치 속으로 깊이 빨려 들게 된다. 왕조 역사에 대해서 기록한 광범위한 성경 본문은 "하나님의 나라가 임하옵소서"라고 기도하는 것이 지혜롭고 신실한 것임을 깨닫게 해 주는데, 사울은 그 성경 본문의 첫 장에 해당되는 셈이다. 그리고 그렇게 기도하는 것을 아는 사람들은 반드시 그 기도의 영향력을 나타내게 된다. 로마 식민지였던 데살로니가 사람들은 그들을 다스리는 관료들과 권력자들에 대하여 상당한 불만을 품고 있었다. 그래서 바울에 의해 개종하여 하나님 나라를 위하여 살고 그 나라를 위해 기도하는 것을 알게 된 데살로니가의 그리스도인들이 "다른 임금 곧 예수라 하는 이가 있다"고 함으로써 천하를 어지럽게 하기도 했다(행 17:6~7).

9. 블레셋과 싸우는 사울 왕

사무엘상 13~14

분개한 블레셋 군대(13:1~7)

13:1 사울이 왕이 될 때에 사십 세라 그가 이스라엘을 다스린 지 이 년에

본문에 있어야 할 정확한 햇수기 두 번이나 빠졌다. 사울이 기름 부음을 받은 때와 지금 그가 치르고 있는 첫 번째 전쟁 사이에는 상당 기간의 시간이 함축된 것으로 여겨진다. 사무엘이 사울에게 기름 붓는 의식을 행할 때 사울의 나이가 몇 살이었는지는 알 수 없지만, 그가 아주 젊은 나이였다는 것은 분명하다. 그런데 다음 본문에서는 사울의 장성한 아들 요나단이 언급되고 있다. 이 아들에 관해서도 알 수 없는 것이 너무나 많다.

13:2 이스라엘 사람 삼천을 택하여 그 중에서 이천은 자기와 함께 믹마스에……일천은 요나단과 함께……기브아에 있게 하고…… 3 요나단이 게바에 있는 블레셋 사람의 수비대를 치매 블레셋 사람이

이를 들은지라……⁴ ……이스라엘이……길갈로 모여 사울을 좇으니라

⁵ 블레셋 사람이 이스라엘과 싸우려……벧아웬 동편 믹마스에 진 치매 ⁶ 이스라엘 사람들이 위급함을 보고 절박하여 굴과 수풀과 바위틈과 은밀한 곳과 웅덩이에 숨으며 ⁷ 어떤 히브리 사람들은 요단을 건너 갓과 길르앗 땅으로 가되 사울은 아직 길갈에 있고 그를 좇은 모든 백성은 떨더라

사울이 이스라엘에서 취했던 첫 번째 리더십은 동쪽에 거하는 이스라엘의 대적 암몬 족속과 그들의 왕 나하스(11장)를 무찌르고 군사적인 승리를 거두는 것이었다. 이 승리를 통하여 길갈에 있었던 대관식에서 비쳐졌던 사울의 왕 됨에 대한 부정적인 분위기는 완전히 반전되었다. 두 번째는 서쪽에 위치한 이스라엘의 대적 블레셋을 무찌른 군사적인 승리였다. 사울의 아들 요나단의 주도하에 게바에 진치고 있던 블레셋 군인들과의 작은 충돌이 발단이 되어서 이스라엘과 블레셋 사이에 전면전이 일어나게 된 것이다.

사무엘이 지도자로 있는 동안 이스라엘의 숙적 블레셋은 진압되었고 (7:13), 그 땅은 서쪽 경계 지역으로 침략이 없는 안정기를 누려왔다. 그러나 요나단의 게바 공격 사건은 블레셋의 묵은 적개심을 자극했다. 마치 벌집에 돌 공격을 받은 벌들이 떼지어 나와서 공격 직전 벌집 주위를 왱왱거리는 것과 같은 형상이었다.

사울은 일전을 준비하기 위하여 최근에 그의 대관식을 행했던 곳인 (11:14-15) 길갈에 군대를 소집했다. 한편 블레셋 사람들은 게바에서 불과 5킬로미터 정도 떨어진 믹마스에 진을 쳤다. 이스라엘이 블레셋 군대를 보니, 적에 비해 수적으로 아주 열세인 것이 분명하므로 전의를 상실한 채 겁에 질려서 숨을 곳을 찾아 달아나기에 바빴다. 요단강을 건너 동쪽 지역으로 도망하는 사람들도 많았다.

암몬 족속을 무찌를 때 그가 보여주었던 전투 기술과 용맹함은 백성들을 흥분시키고 자신감을 갖게 하기에 충분한 것이었다. 그래서 이스라엘 백성들은 열광적으로 그를 왕으로 칭송했던 것이다. 이제 사울의 리더십은 전적으로 군사적으로 발휘되어야 할 상황에 놓였다. 갑자기 일어난 블레셋 군대가 위협하고, 이스라엘은 패전이 거의 확실시되는 전쟁 앞에서 전의를 상실한 상태였다. 사울은 아주 절박했다.

이어지는 본문의 내용에는 사울과 사무엘 사이에 어떤 합의 또는 이해가 유지되어 왔다는 암시가 있다. 사울은 전쟁을 지휘하고, 사무엘은 하나님과의 친밀한 교제를 위해 제사장과 선지자의 임무를 수행했다. 사울은 전쟁을 전담했고, 사무엘은 기도에 전념했던 것이다.

사울을 꾸짖는 사무엘(13:8~15)

13:8 사울이……이레를 기다리되 사무엘이 길갈로 오지 아니하매 백성이 사울에게서 흩어지는지라 9 사울이 가로되 번제와 화목제물을 이리로 가져오라 하여 번제를 드렸더니 10 번제 드리기를 필하자 사무엘이 온지라 사울이 나가 맞으며 문안하매 11 사무엘이 가로되 왕의 행한 것이 무엇이뇨 사울이 가로되 백성은 나에게서 흩어지고 당신은 정한 날 안에 오지 아니하고 블레셋 사람은 믹마스에 모였음을 내가 보았으므로 12 이에 내가 이르기를 블레셋 사람은 나를 치러 길갈로 내려오겠거늘 내가 여호와께 은혜를 간구치 못하였다 하고 부득이하여 번제를 드렸나이다 13 사무엘이 사울에게 이르되 왕이 망령되이 행하였도다 왕이 왕의 하나님 여호와께서 왕에게 명하신 명령을 지키지 아니하였도다 그리하였더면 여호와께서 이스라엘 위에 왕의 나라를 영영히 세우셨을 것이어늘 14 지금은 왕의 나라가 길지 못할 것이라 여호와께서 왕에게 명하신 바를 왕이 지키지 아니하였으므로 여호와께서 그 마음에 맞는 사람을 구하여 그 백성의 지도자를 삼으셨느니라 하고……

역할 분담에서 사울은 자신의 위치를 지키지 않았다. 사무엘이 정한 시간에 나타났을 때, 사울은 월권행위를 하고 있었다. 자기와 상관이 없는 문제에 개입하고 있었던 것이다. 그러나 그가 집전한 제사는 역할 분담에 관한 합의를 위배한 것으로만 그치는 것이 아니었다. 그것은 자신의 지위와 권력을 잃게 될 것에 대한 두려움 때문에 하나님을 불신한 것으로 해석된다. 사울에게 있어서 왕권은 군사적인 조건에 근거하여 형성되어 왔다. 그래서 사울은 자신이 전쟁에서 승리를 거두어야만 왕권을 유지할 수 있다고 믿었던 것이다. 분명한 것은, 어떤 군사적인 업적이 이루어지기 전에 이미 하나님께서 그를 왕으로 선택하셨기 때문에 그는 왕이 될 수 있었던 것이다. 따라서 왕으로서의 사울의 존재는 근본적으로 하나님과 관련된 것이지, 이스라엘이나 블레셋과 관련된 것이 아니었다.

우리는 특히 하나님을 위해서 특별한 일을 하고 있다고 여길 때, 그것에 대한 보상으로 하나님께서 특별한 은혜를 내려주시리라고 기대하기도 하고 때로는 신학적인 공갈 협박과 같은 방법을 사용하여 그런 일 하는 것을 미화하거나 정당화하려는 유혹에서 벗어나기가 어렵다. 사울의 시대나 그의 이야기를 읽고 있는 우리 시대나, 그런 유혹에 이끌리는 행동들은 도덕성이 모호했다. 그래서 도덕성의 문제를 해결하기 위해서 그들은 일종의 신을 제시하는데, 그 신은 압력 집단에 의해서 강요당할 수 있는 존재이다. 그런 식으로 억압 받을 수 있는 신은 절대 주권자 하나님이 아니라, 변덕스럽고 불안한 지배자로서 자기 자신의 생각에 대해서 확신이 없고 아첨꾼에게 편애를 베푸는 것을 일삼는다.

비록 본문에 지형과 군대의 움직임에 관해서 아주 재미있는 설명이 가득할지라도, 성경기자의 관심은 군사 작전들에 있지 않다. 그런 식의 설명은 핵심을 전달하는 방법일 뿐인데 신앙의 행동은 "삶의 현장"에서 실천되어야 함을 깨닫게 하려는 것이다. 따라서 본문은 이름이 알려져 있는 마을과 군대가 전술에 따라 전열을 갖추는 것과 군사적인 통계, 그리고 명령에 복종하는 모습 등, 일사분란한 삶의 현장을 생생하게 묘사하고 있다. 군사 작전을 총 지휘하는 사람으로서 사울은 그의 매일의 삶 가운데서 하나님을 믿든지 또는 믿지 않든지, 순종하든지 또는 불순종하든지, 신뢰하든지 아니면 불신하든지, 어느 한 쪽이 될 수밖에 없다. 이것은 피할 수 없는 삶의 현장이다. 그러나 사울이 선택한 것은 불신과 불순종이었다.

사울과 약속한 대로 사무엘이 도착했을 때, 그는 직설적으로 호되게 사울을 꾸짖었다. 실제적인 의미로는 사울이 왕권을 박탈당한 것이다. 겉으로 보기에는 그다지 해가 되지 않는(예배 행위로 위장했으므로) 형식이었지만, 사울은 불순종을 행함으로 말미암아 자기 왕국을 몰수당하고 말았다. 사울은 하나님에 대한 경외심 안에서 살기보다는 사울은 블레셋에 대한 두려움에 매여 살았던 사람이다. 그 삶의 대가는 더 이상 왕좌에 머무르지 못할 사실이라는 것이다. 다른 사람이 선택되어 지명을 받았다(13:14). 이것에 관해서는 뒤에 이어지는 세 장에서 구체적으로 보게 될 것이다. 그의 마음이 블레셋에 집착해 있었기 때문에 사울은 하나님을 잊어버렸고, 기름 부음을 받게 된 신분과 임무를 망각했던 것이다. 바로 그때 사무엘은 사울의 몰락을 공표했다. 그 몰락이 구체화되기까지는 어느 정도의 시간이 소요되겠지만 이 장면 후에 전개되는 이야기에서 사울이 왕권에서 점점 사라지는 모습을 보게 될 것이다. 그의 몰락은 블레셋과는 아무 상관이 없었고 이스라엘 내부로부터 기인된 것이었는데 이것은 그가 하나님을 떠났기 때문에 야기된 것임이 갈수록 분명하게 드러나게 될 것이다. 하나님을 순종하는 삶의 내면은 전쟁으로 분주

한 삶의 외면보다 훨씬 더 "실제적이고 현실적"임을 알 수 있다.

일상으로 돌아감(13:15~18)

사무엘의 예언적인 책망을 망각한 채 사울은 자기의 위치로 돌아와서 원래 하던 대로 일상적인 업무를 계속했다. 지금 우리가 읽고 있는 사무엘의 말 중에 단 한마디라도 사울이 귀 기울여 들었던 것일까? 사울은 경청하는 것에 익숙한 사람은 아니었던 것 같다.

사담: 철기 산업을 독점한 블레셋(13:19~22)

13:19 때에 이스라엘 온 땅에 철공이 없어졌으니 이는 블레셋 사람이 말하기를 히브리 사람이 칼이나 창을 만들까 두렵다 하였음이라 20 온 이스라엘 사람이 각기 보습이나 삽이나 도끼나 괭이를 벼리려면 블레셋 사람에게로 내려갔었는데…… 22 싸우는 날에……칼이나 창이 없고 오직 사울과 그 아들 요나단에게만 있으니라

본문의 이야기는 사무엘이 왕에 대하여 엄중하게 예언적으로 책망했던 장면에서 갑작스럽게 전쟁 전략과 문화적인 상황에 대한 일반적인 문제들로 되돌아가 있다. 그러나 이것이 돌발적인 것이라고 놀랄 필요는 없다. 왜냐하면 여전히 하나의 삶의 현장을 다루고 있기 때문이다. 블레셋의 철 산업 독점에 관한 서술은 사울의 이야기를 생활 도구와 경제로 대표되는 일상적인 삶의 현장과 긴밀하게 연계시켜 주고 있는 대목이다.

믹마스 어귀에서 벌인 전쟁(13:23~14:23)

13:23 블레셋 사람의 부대가 나와서 믹마스 어귀에 이르렀더라……

14:6 요나단이 자기 병기 든 소년에게 이르되 우리가 이 할례 없는 자들의 부대에게로 건너가자 여호와께서 우리를 위하여 일하실까 하노라……7 병기 든 자가……내가 당신과 마음을 같이하여 따르리이다8 요나단이 가로되 보라 우리가 그 사람들에게로 건너가서 그들에게 보이리니 9 그들이 만일 이같이 우리에게 이르기를 우리가 너희에게로 가기를 기다리라 하면 우리는 우리 곳에 가만히 서서……10 그들이 만일 이같이 말하기를 우리에게로 올라오라 하면 우리가 올라갈 것은 여호와께서 그들을 우리 손에 붙이셨음이니 이것이 우리에게 표징이 되리라 하고 11 둘이 다 블레셋 사람의 부대에게 보이매 블레셋 사람이 가로되 보라 히브리 사람이 그 숨었던 구멍에서 나온다 하고 12 그 부대 사람들이 요나단과 그 병기 든 자를 대하여 가로되 우리에게로 올라오라 너희에게 한 일을 보이리라 한지라 요나단이 자기 병기 든 자에게 이르되 나를 따라 올라오라 여호와께서 그들을 이스라엘의 손에 붙이셨느니라 하고 13 요나단이 손발로 붙잡고 올라갔고 그 병기 든 자도 따랐더라 블레셋 사람들이 요나단 앞에서 엎드러지매 병기 든 자가 따라가며 죽였으니 14 요나단과 그 병기 든 자가 반일경 지단 안에서 처음으로 도륙한 자가 이십인 가량이라 15 들에 있는 진과 모든 백성 중에 떨림이 일어났고……

16 베냐민 기브아에 있는 사울의 파수꾼이 바라본 즉 허다한 블레셋 사람이 무너져 이리저리 흩어지더라17 사울이……우리에게서 누가 나갔는지 점고하여 보라 하고 점고한 즉 요나단과 그의 병기 든 자가 없어졌더라18 사울이 아히야에게 이르되 하나님의 궤를 이리로 가져 오라…… 20 사울과 그와 함께 한 모든 백성이 모여 전장에 가서 본즉 블레셋 사람이 각각 길로 그 동무들 지브로 크게 혼란하였더라 23 여호와께서 그 날에 이스라엘을 구원하시므로……

이 전쟁은 요나단에 의해서 시작되었다. 요나단이 블레셋의 요새를 공격한 것을(13:3) 복수하기 위해서 블레셋 군대가 전열을 정비하고, 이스라엘의 최후를 선고하듯 대 이동을 시작했다. 그런데 이 전쟁을 종결한 사람 역시 요나단이었다. 그는 자기의 병기를 든 부관만 대동하고, 단독으로 블레셋 군들을 공격했는데, 이 공격과 함께 대치 국면은 급속하게 전면전으로 전환되었고, 온 이스라엘 군대가 진격하여 블레셋 군대를 크게 진압했다.

믹마스 어귀에서 치른 전쟁 기사는 아주 생생하고 자세하게 묘사되어 있는데, 이야기의 구성이 원기 왕성한 대화와 더불어 진전된다. 본문의 이야기는 보충 설명이나 해석이 거의 필요 없을 정도로 그 자체로서 충분하다. 그러나 다음의 간단한 설명들은 본문의 특정한 몇몇 단어를 명확하게 이해하는데 도움이 될 것이다.

1. 헬라어 번역(칠십인역-역주)에는 18절의 궤(Ark)가 에봇으로 되어 있다. 에봇은 제사장이 입는 의복으로서 다른 여러 용도들보다 특히 하나님의 뜻을 알기 위해 점술 같은 의식을 행할 때 사용되었다. 그러므로 에봇은 이 문맥에 잘 어울리는 단어이다. 한편, 사울이 죽은 후 다윗이 언약궤를 찾을 때(삼하 6장)까지 언약궤는 기럇 여아림에 안치되어 있었음(7:1-2)을 알 수 있다.

2. 본문에 "히브리인들"(13:3, 7, 19, 14:11, 21)이라 지칭된 사람들은 아마도 이스라엘 사람들 가운데서 블레셋에 동조하다가 전세가 기울자 다시 이스라엘 편으로 돌아선, 변덕스럽고 기회주의적인 특정 부류를 뜻하는 말인 듯하다. 모든 히브리인은 이스라엘 사람들이다. 그러나 모든 이스라엘 사람들이 히브리 사람은 아니다.

3. 히브리어 표현으로 된 "보세스"와 "세나"(14:4)는 "가시"와 "치아"(두드러지게 튀어나온 뼈드렁니)를 의미한다.

4. 게바(14:5)와 기브아(14:2)는 같은 장소를 다르게 표시한 것이 거의 확실하다. 이 촌락은 예루살렘 북쪽 약 5킬로미터 떨어진 언덕 위에 있었다. 기브아는 사울의 본거지인데, 고고학자들은 현재 이스라

엘 땅에서 가장 오래된 철기시대의 군사 요새를 바로 이 기브아 지역에서 발굴했다. 단순하고 투박한 구조물인 그 군사 요새는 사울의 성채였던 것으로 단정할 수 있다.

요나단에 대한 저주(14:24~46)

14:24 이 날에……사울이 백성에게 맹세시켜 경계하여 이르기를 저녁 곧 내가 내 원수에게 보수하는 때까지 아무 식물이든지 먹는 사람은 저주를 받을지어다 하였음이라 그러므로 백성이 식물을 맛보지 못하고 25 그들이 다 수풀에 들어간 즉 땅에 꿀이 있더라 26 ……그들이 맹세를 두려워하여 손을 그 입에 대는 자가 없으나 27 요나단은 그 아비가 맹세로 백성에게 명할 때에 듣지 못하였으므로 손에 가진 지팡이 끝을 내밀어 꿀을 찍고 그 손을 돌이켜 입에 대매 눈이 밝아졌더라 28 때에 백성 중 하나가 고하여 가로되 당신의 부친이 맹세로 백성에게 엄히 명하여……오늘날 식물을 먹는 사람은 저주를 받을지어다…… 29 요나단이 가로되 내 부친이 이 땅으로 곤란케 하셨도다…… 30 하물며 백성이……먹었더면 블레셋 사람을 살육함이 더욱 많지 아니하였겠느냐……

36 사울이 가로되 우리가 밤에 블레셋 사람을 쫓아 내려가서 동틀 때까지 그들 중에서 탈취하고 한 사람도 남기지 말자 무리가 가로되 왕의 소견에 좋은 대로 하소서 할 때에 제사장이 가로되 이리로 와서 하나님께로 나아가사이다 하매 37 사울이 하나님께 묻자오되 내가 블레셋 사람을 쫓아 내려가리이까……하되 그 날에 대답지 아니하시는지라…… 41 이에 사울이 이스라엘의 하나님 여호와께 이뢰되 원컨대 실상을 보이소서 하였더니 요나단과 사울이 뽑히고 백성은 면한지라 42 사울이 가로되 나와 내 아들 요나단 사이에 뽑으라 하였더니 요나단이 뽑히니라

43 사울이 요나단에게 가로되 너의 행한 것을 내게 고하라 요나단이 고하여 가로되 내가 다만 내 손에 가진 지팡이 끝으로 꿀을 조금 맛보았을 뿐이오나 내가 죽을 수밖에 없나이다 44 사울이 가로되 요나단아 네가 반드시 죽으리라 그렇지 않으면 하나님이 내게 벌을 내리시고 또 내리시기를 원하노라 45 백성이 사울에게 말하되 이스라엘에 이 큰 구원을 이룬 요나단이 죽겠나이까 결단코 그렇지 아니하니이다 여호와의 사심으로 맹세하옵나니 그의 머리털 하나도 땅에 떨어지지 아니할 것은 그가 오늘 하나님과 동사하였음이니이다 하여 요나단을 구원하여 죽지 않게 하니라 46 사울이 블레셋 사람 따르기를 그치고 올라가매 블레셋 사람이 자기 곳으로 돌아가니라

사울의 이야기 가운데 이 본문에 나오는 요나단의 이야기는 몰락해 가

는 사울 왕권을 드러내기 위한 일종의 장식으로 사용되고 있다. 블레셋이 엄청나게 월등한 군대를 집결시키는 것을 보고 사울은 겁에 질렸다. 그래서 하나님을 신뢰하지 못하고 자신이 직접 제사를 집전함으로써 사무엘의 지위와 임무를 가로챘다. 한편 "여호와의 구원은 사람의 많고 적음에 달리지 아니하였느니라"(14:6)고 단언할 수 있을 정도로 대담한 믿음을 가졌던 요나단은 용감무쌍하게 블레셋을 공격했다. 그러나 무지하게도(아마 미신을 의지하여) 사울은 군사적인 유익을 얻을 목적으로 군인들에게 금식을 명령했다. 요나단은 이 사실을 몰랐으므로 본의 아니게 금식 명령을 어기게 되었다. 금식 명령을 어긴 자에 대한 자기 아버지의 맹세를 알게 되었을 때, 그것은 자신의 상식으로 이해할 수 없는 부분이었을 것이다. 사울은 요나단을 사형시키라고 왕의 권위로 명령했다. 그때 백성들이 충성스럽게 왕에게 진언하여 왕의 마음을 돌이켰고 요나단은 가까스로 생명을 구할 수 있었다.

사건이 진전될수록 사울의 왕권이 무력해지는 것을 볼 수 있다. 표면적으로는 사울이 왕이지만, 모든 일은 요나단에 의해서 이루어지고 있다.

이 모든 과정 속에서 사울이 아주 종교적인 왕으로 행동하고 있는 것을 볼 수 있다. 그는 제사장 아히야에게 자문을 구하고(14:18), 부하들에게 종교적인 금식을 명령하고 (14:24), 먹을 고기를 준비하는 종교적인 율법(kosher)을 제정하고(14:34), 하나님을 위한 제단을 만들고 (14:35), 하나님께 기도할 때 신성한 에봇에 있는 우림과 둠밈을 사용했다(14:36~42). 그러나 그의 이러한 "종교적" 행동은 위기 모면을 위한 교묘한 수법이든지 아니면 사람들의 호감을 얻기 위한 쇼에 불과한 것이었다. 하나님의 성령이 사울을 떠나자 그는 점점 더 종교적인 사람이 되어갔다. 그러나 그의 모든 종교적인 행위는 하나님에 대한 무지와 불신을 드러내는 것에 지나지 않았다.

용장 사울(14:47 ~52)

14:47 사울이 이스라엘 왕위에 나아간 후에 사방에 있는 모든 대적 곧 모압과 암몬 자손과 에돔과 소바의 왕들과 블레셋 사람을 쳤는데 향하는 곳마다 이기었고 48 용맹 있게 아말렉 사람을 치고 이스라엘을 그 약탈하는 자의 손에서 건졌더라……

본문의 내용은 사건의 진상을 요약 정리하면서 긴박하게 전개되는 이야기의 흐름 가운데 숨쉴 여유를 제공해 주고 있다. 이 본문에는 또한 어떤 통찰력이 작용하고 있다. 즉 하나님께서 주인공이 될 때와 마찬가지로 하나님의 이름이 언급조차 되지 않을 그때에도 하나님의 말씀과 명령은 유효하게 작용한다는 사실이다. 그러나 본문에 소개된 이름에서 주목해야 할 것은 그들 중에 많은 사람들이 이야기가 진전되어감에 따라 중요한 역할들을 수행할 것이기 때문이다.

놀랍게도 본문에서는 무사로서 사울의 실력을 여전히 인정해 주고 있다. 외관상으로 사울 왕은 여러 적들을 대항하여 용맹스럽게 싸웠고, 가는 곳마다 승리를 거뒀다. 그의 가족이나 측근 사람들의 명단과 함께 그가 거둔 승리를 나열한 목록은 모든 일이 온전히 이루어지고 있다는 느낌을 주고 있는 듯하다. 그러나 실상은 그것과 전혀 다르다는 것을 우리는 알고 있다. 세상은 이런 종류의 껍데기들로 가득 채워져 있기 때문이다.

10. 아말렉과 싸우는 사울 왕

사무엘상 15장

사울은 드러내놓고 하나님을 대항하는 사람이 아니었다. 그는 언제나 하나님이 명하신 것을 거의 다 준수했다. 단지 사소하게 보이는 몇 가지 일에 있어서 사울은 하나님 뜻보다는 자신의 의지대로 행했다. 그런데 그럴 때조차도 그는 자신이 그렇게 결정하고 행동해야 하는 그럴 듯한, 심지어 신앙적으로 보여질 수 있는 이유들을 가지고 있었다. 이와 같이 대개의 불순종은 극단적인 저항으로 저질러지는 것이 아니라, 하나님 권위의 가장자리를 조금씩 갉아먹듯 흠을 내는 식으로 행해지고 있는 것이다.

성전(Holy War, 15:1~9)

15:1 사무엘이 사울에게 이르되…… 2 만군의 여호와께서 이같이 말씀하시기를 아말렉이 이스라엘에게 행한 일 곧 애굽에서 나올 때에 길에서 대적한 일을 내가 추억하노니 3 지금 가서 아말렉을 쳐서 그들의 모든 소유를 남기지 말고 진멸하되 남녀와 소아와 젖먹는 아이와 우양과 약대와 나

아말렉 족속은 남쪽 내륙의 초원지대에서 형성된 유목민들이다. 모세의 영도하에 이스라엘이 광야생활을 하는 동안 아말렉은 이스라엘의 주적이었다. 따라서 "여호와께서 대대로 아말렉과 싸우리라"고 하신 것이다(출 17:16). 아말렉은 처음부터 이스라엘이 약속의 땅으로 들어가지 못하도록 방해한 원수였다. 그들은 이스라엘의 대열에서 뒤처진 약한 사람들을 공격했고(신 25:17~19), 하나님의 인도와 섭리를 저항하는 사람들로 여겨지도록 행동했다. 그러므로 이스라엘의 기억 속에서 아말렉은 단순히 군사적인 의미의 적이 아니라, 여호와의 길을 방해하는 원흉이었다.

사울의 왕권이 운명을 다해가고 있을 무렵에도 사무엘은 자신의 선지자적인 위치를 고수하고 있었다. 그가 이전에 하나님의 지시대로 사울에게 기름 부은 사실에 근거하여 하나님이 명하시는 말씀을 사울에게 전하는 임무 또한 멈추지 않았다. 그러나 사울은 단순하고 헌신적인 순종을 계속 회피하기만 했다.

"진멸하라"(15:3)는 명령은 우리가 듣기에는 좋은 어감이 아니다. 그러나 역사적으로 볼 때 그것은 생소한 명령이 아니다. "성전"(holy war)의 특징은 적을 완전히 진멸한다는 의미를 내포하고 있는 말인데 이것은 그 시대의 전쟁 문화를 빌어 그 특징을 나타낸 것이다. 다시 말해서 그 당시 전쟁의 승자는 패자 쪽을 완전히 진멸시키는 것이 관행이었다. "성전"은 이스라엘만의 고유 문화가 아니었다. 고대 근동 나라들 모두에서 공통적으로 나타나는 전쟁문화 역시 "성전"이었다. 그러므로 "진멸하라"는 명령은 본문의 인물 중 어느 누구의 윤리적인 감정을 혼동시키라는 의미가 아니다. 그러나 우리는 이 명령을 접하면서 충격을 받게 된다. 우리가 성경 이야기들을 이해할 때 도덕적인 난관에 봉착하게 되는 경우는 이것이 처음도 아니고 마지막도 아니다. 이 문제를 설명할 수 있는 한 가지 방법은 하나님은 우리의 윤리적 조건들과 멀리 떨어져 계시는 분이 아니라 그 조건들 가운데로 들어오셔서 우리가 처한 형편에서 우리와 더불어 일하시는데, 우리 가까이 있는 문화적 자료들을 사용해서 우리 가운데서 구원을 이루신다는 것이다. 구원 사역을 위해서는 어떤 윤리적 또는 문화적인 선결 조건도 필요치 않다. 하나님께서는 심히 타락하고 잔인한 조건들 속으로 직접 개입하심으로써 주권적인 목적들을 이루어 가신다. 하나님은 위에서 내려다보시면서 그런 조건들을 비난만 하고 계시는 분이 아니다.

에스더 3:1에서는 하만을 아각 사람으로 소개하고 있다. 이것은 이스라엘의 기억 속에서 아각은 하나님과 하나님의 백성에 대하여 적개심을 품고 있는 대표적인 인물 중의 한 사람이라는 사실을 암시해 주는 부분이다.

불경스러운 왕(15:10~35)

15:10 여호와의 말씀이 사무엘에게 임하니라 가라사대 11 내가 사울을 세워 왕 삼은 것을 후회하노니 그가 돌이켜서 나를 좇지 아니하며 내 명령을 이루지 아니하였음이니라……12 사무엘이 사울을 만나려고 아침에 일찍이 일어났더니…… 13 사무엘이 사울에게 이른 즉 사울이 그에게 이르되……내

가 여호와의 명령을 행하였나이다 ¹⁴ 사무엘이 가로되 그러면 내 귀에 들어오는 이 양의 소리와 내게 들리는 소의 소리는 어찜이니이까 ¹⁵ 사울이 가로되 그것은 무리가 아말렉 사람에게서 끌어 온 것인데 백성이 당신의 하나님 여호와께 제사하려 하여 양과 소의 가장 좋은 것을 남김이요 그 외의 것은 우리가 진멸하였나이다 ¹⁶ 사무엘이 사울에게 이르되······

¹⁸ ······가서 죄인 아말렉 사람을 진멸하되 다 없어지기까지 치라 하셨거늘 ¹⁹ 어찌하여 왕이 여호와 의 목소리를 청종치 아니하고······ ²⁰ 사울이 사무엘에게 이르되 나는 실로 여호와의 목소리를 청종 하여······ ²¹ 다만 백성이······길갈에서 당신의 하나님 여호와께 제사하려고 양과 소를 취하였나이다 ²² 사무엘이 가로되

"여호와께서 번제와 다른 제사를

그 목소리 순종하는 것을 좋아하심 같이 좋아하시겠나이까

순종이 제사보다 낫고 듣는 것이 수양의 기름보다 나으니"

²³ ······왕이 여호와의 말씀을 버렸으므로 여호와께서도 왕을 버려 왕이 되지 못하게 하셨나이다······

³⁰ 사울이 가로되 내가 범죄하였을지라도 청하옵나니 내 백성의 장로들의 앞과 이스라엘의 앞에 서 나를 높이사 나와 함께 돌아가서 나로 당신의 하나님 여호와께 경배하게 하소서 ³¹ 이에 사무 엘이 돌이켜 사울을 따라가매 사울이 여호와께 경배하니라

³² 사무엘이 가로되 너희는 아말렉 사람의 왕 아각을 내게로 이끌어 오라 하였더니 아각이 즐거이 오며······ ³³ 사무엘이······길갈에서 여호와 앞에서 아각을 찍어 쪼개니라······

³⁵ 사무엘이······사울을 위하여 슬퍼함이었고 여호와께서는 사울로 이스라엘 왕 삼으신 것을 후회 하셨더라

본문의 앞부분(15:1~9)에서 우리가 도덕적인 난관에 부딪치게 된다 면, 뒷부분에서는 신학적인 장애물 앞에 서게 된다. 즉 "그 마음에 있는 것을 취소하거나 번복하지 않으시는"(29절) 하나님이 "번복"하신 이 부 분을 어떻게 설명해야 할까? 하나님께서는 분명히 사울을 왕으로 기름 부어 세우셨는데(10:1), 지금은 사울을 선택하신 것을 후회하시고 그의 왕됨을 부인하고 계신 것이 분명하다(15:11, 23, 26, 35).

그러나 어떤 신학적인 난제를 풀기 위해서 애를 쓰는 것보다는 본문의 내용 그 자체를 이해하는데 관심과 노력을 집중하는 것이 바람직하다.

본문은 어떤 종류의 이야기이며, 저자가 전달하고자 하는 것은 무엇인가? 이런 식으로 접근할 때, 우리 앞에 놓여 있는 본문은 사울의 강퍅한 마음과 여러 번 반복되어 왔듯이 왕으로서의 사울을 부인하신(사울은 그 암시에 귀를 기울이려 하지 않았다) 하나님의 뜻에 대한 이야기로써 사울로 인한 하나님의 가슴 무너지는 듯한 실망이 함께 실려 있음을 알게 된다. 본문에 의하면, 하나님께서 약속과 명령으로 사울에게 말씀하셨으나(15:1), 그는 자신의 편리에 따라 하나님의 말씀을 일부 변경하였는데, 결과적으로 하나님은 거절하시는 분 또는 회피하시는 분(15:23, 26)으로 간주되었던 것이다. 이 모든 과정에서 하나님의 말씀을 전달하는 역할을 한 사무엘은 밤 새워 사울을 위해서 기도한 후(15:35), 그를 두고 애통해 했다(15:35). 그리고 하나님께서는 사울을 왕 삼으신 것을 "후회"하셨다(15:35). 본문의 전체적인 이해는 다음과 같이 정리될 수 있다. 사울은 자신의 관심을 채울 수 있는 조건에 따라서 이기적이고도 왜곡되게 하나님의 말씀에 대한 순종을 나름대로 정했다(그는 결코 하나님을 노골적으로 거절하지 않았다. 오히려 그는 여전히 지극히 종교적이었다). 한편 하나님(그리고 사무엘)은 사울의 죄악에 대한 결과를 슬퍼하셨고 또 후회하셨다. 사울이 속셈을 부리고 있는 동안에도 하나님은 염려하고 계셨다. 이것은 하나님에 대한 추상적인 "신학"이 아니라 인간의 죄에 대한 하나님의 감정에 관한 이야기이다. 사울이 비인간적인 사람이 되어갈수록 하나님은 더욱 인격적인 분이 되시는데, 이것은 하나님이 인간이 되어 이 땅에 오신 예수님의 성육신을 예시하는 것이다: "우리에게 있는 대제사장은 우리 연약함을 체휼하지 아니하는 자가 아니요 모든 일에 우리와 한결 같이 시험을 받은 자로되 죄는 없으시니라"(히

4:15)

　보통 사울을 비극적인 인물로 다루어 심리학적인, 정치적인 그리고 감상적인 모습으로 그려가고자 하는 유혹이 많다. 그러나 본문 기자는 그렇게 하지 않았다. 상당한 존경과 심지어 품위를 사울에게 부여하는 반면, 스스로가 주인공이 되기 위해 하나님을 조연으로 밀어낼 속셈을 가지고 의도적인 선택들을 해 나가는 한 인간으로서의 사울에 초점을 맞추고 있다. 사울은 세례요한의 유명한 금언(요 3:30)을 거꾸로 뒤집어 놓은 셈이다: "나는 흥하여야겠고 그는 쇠하여야 하리라"

　비록 객관적으로 확인되기까지 몇 년이 더 걸리겠지만, 실제적으로 이스라엘 초대 왕의 통치는 종결되었다. 정치적으로 사울은 높은 점수를 얻었다. 그러나 그것은 하나님 나라의 정치가 아니었다.

The story of Saul and David's rivalry

다윗, 하나님의 마음에 합한 사람

4부

서론

사울의 후계자가 구체적으로 거명된 것은 아니었지만 "하나님의 마음
에 합한 사람"(13:14), "왕의 이웃"(15:28)이라는 표현으로 두 번 암시
되었다. 그 후계자의 이름은 다윗이다.

왕위 계승이 곧바로 이루어지지는 않았다. 사울이 물러나고 다윗이 등
극하기까지 10년 이상의 세월이 소요되었다(본문은 정확한 연대를 밝
히지 않는다). 한편 두 사람의 인생은 흥미롭게 그리고 복잡하게 서로 뒤
엉키게 되고, 비슷한 품위와 명예로 함께 다루어지게 진다. 체스터톤(G.
K. Chesterton)은 "현대의 경멸스러운 두 가지 신조"를 웃음거리로 만
들었다. 그가 말하기를, "한 가지는 수재들은 우상처럼 신봉되어야 한다
는 것이며, 다른 한 가지는 범죄자들은 병균처럼 처리해야 한다는 것이
다. 현명한 사람들과 악한 사람들 모두 똑같이 인간으로 취급되어야 한
다는 것은 그런 신조를 말하는 사람들에게는 전혀 해당사항이 없는 것처

럼 여겨진다"(Chesterton, George Bernard Shaw, 164). 이제 다루게 될 본문은 사울과 다윗 두 사람을 무엇보다도 인간으로 그려가고 있다.

그러나 본문에는 이 두 사람의 인생보다 훨씬 더 많은 것이 내포되어 있다. 거기에서 하나님의 인생을 볼 수 있는데, 하나님의 약속과 심판, 하나님의 말씀과 뜻, 하나님의 주권이 두 사람의 인생을 통해서 역사하고 있다. 다시 말해 철기시대 문화 속에서 가나안 땅 전역에 걸쳐 하나님의 주권을 대신 나타내고 사람들이 그 주권을 목격할 수 있도록 하기 위해서 하나님께서는 사울과 다윗을 사용하신 것이다. 그러므로 본문의 이야기는 신학적인 관점에서 기록된 역사이다. 본문 기자의 관심은 단지 어떤 사건이 있었는지를 알려 주고자 하는 것이 아니라 우리가 그 사건 속에 계시는 하나님을 깨닫고 인정할 수 있도록 돕는 것에 있다.

그런 깨달음과 인정은 쉽게 이루어지지 않는다. 왜냐하면 대개의 경우 하나님께서는 배후에서 일하시기 때문이다. 그렇기 때문에 본문 기자와 같은 노련한 성경 기자들은 사람들이 법석을 떨며 소란을 일으킬 때, 조용하지만 단호하신 하나님의 임재를 자각할 수 있도록 우리를 훈련시켜 준다.

본문의 이야기에 주의를 기울여 가는 과정에서, 선과 악을 구별하는 것이 우리가 평소에 생각해 왔던 만큼 쉬운 게 아니라는 것을 우리가 알게 될 것이다. "악한" 왕 사울은 항상 악한 것이 아니며, "선한" 왕 다윗이 항상 선한 것 또한 아니다. 긴장과 애매모호함, 시험과 유혹 등이 본문의 이야기 전반에 걸쳐서 나타나고 있다. 구원의 이야기는 결코 상투적이고 흑백 논리에 사로잡혀 있는 식상한 논리가 아니라 다양한 사건들이 복잡하게 얽히고 설켜있는 역사 속에서 이루어진 것이다. 흑과 백, 세상에 그 두

색만이 존재하는 것은 아니다. 본문은 하나님의 주권을 사울과 다윗의 왕으로서의 주권에만 대입해 놓았을 뿐만 아니라 그들의 아주 인간적인 삶의 내면으로부터 하나님의 주권을 보여주기 위해서 정성을 다하고 있다.

본문을 읽어가는 동안, 하나님의 정하신 목적이 분명하게 역사하고 있다 할지라도 그것이 단시간에 완성되는 것이 아님을 깨닫게 될 것이다. 하나님께서 사울을 버리시기로 하셨던 그 결단은 단호하고 또 분명했다. 그리고 하나님께서 사울을 대신해서 다윗을 왕으로 선택하신 것은 확실한 결정이었다. 그러나 왕의 교체가 완전하게 이루어지기까지는 수년의 세월이 걸렸다. 그 기간 동안 그 역사에 관련되어 있던 사람들은 일이 어떻게 되어질 것인지 알지 못했다. 하나님께서는 일을 서둘러 진행시키기 위해서 우리의 인생과 상관없이 마구 질주하시는 분이 아니다. 본문에 기록되어 있는 사울과 다윗의 이야기는 성경 전반에 걸쳐서 나타나는 인내와 참을성이라는 주제에 대하여 좋은 본을 제공해 주고 있다.

구약 학자들은 본문과 사무엘하 25장에서 계속 이어지고 있는 강한 정치적인 주제를 지적하고 있는데 다윗의 등극에 대한 이야기는 다윗이 사울을 계승하여 왕이 된 것을 적법화 시키고자 하는 목적에 맞추어 효율적인 방식으로 진술된 것이라고 주장한다. 즉 다윗이 왕권을 찬탈한 것이 아니라 하나님이 뜻하신 대로 이루어진 것임을 천명하는 것이라는 주장이다. 본문에는 정치적인 요소가 포함되어 있다: 하나님와 함께 하시는 하나님의 방법은 단지 개인적이고 사적인 문제에만 국한된 것이 아니다. 인생의 사회적, 문화적, 정치적인 갖가지 측면을 모두 포함하고 있는 것이다. 본문의 이야기를 읽으면서 우리는 왕국, 즉 예수께서 전파하시고 가르치셨던 하나님의 나라를 보고 만지고 느낄 수 있게 될 것이다.

11. 왕으로 기름 부음 받은 다윗

베들레헴으로 가는 사무엘(16:1~5)

16:1 여호와께서 사무엘에게 이르시되 내가 이미 사울을 버려 이스라엘 왕이 되지 못하게 하였거늘 네가 그를 위하여 언제까지 슬퍼하겠느냐 너는 기름을 뿔에 채워가지고 가라 내가 너를 베들레헴 사람 이새에게로 보내리니 이는 내가 그 아들 중에서 한 왕을 예선하였음이니라 2 사무엘이 가로되 내가 어찌 갈 수 있으리이까 사울이 들으면 나를 죽이리이다 여호와께서 가라사대 너는 암송아지를 끌고 가서 말하기를 내가 여호와께 제사를 드리러 왔다 하고 3 이새를 제사에 청하라 내가 너의 행할 일을 가르치리니 내가 네게 알게 하는 자에게 나를 위하여 기름을 부을지니라 4 사무엘이 여호와의 말씀대로 행하여……

초대 왕을 기름 부어 세운 사무엘이 이제 두 번째 왕에게 기름 붓는 의식을 행하려 한다. 선지자적인 권위를 그대로 유지하고 있던 사무엘이 "왕"은 하나님께서 지명하여 세우시는 지위라고 정의하고 있다. 이스라엘에서는 정치가 단순히 정치만을 의미하지 않는다.

왕을 바꾸시는 일은 하나님께서 주도하고 계시지만 인간적인 감정 "두려움"으로 지배 받고 있다. 본문에는 사무엘이 사울을 두려워하였고, 베들레헴은 사무엘로 인해 떨고 있다고 기록되어 있다(16:4). 그 계획은 사실 위험천만한 일이었다! 사무엘이 사울로 인해서 위험에 처할 것은 불을 보듯 뻔한 일이었기 때문이다. 왜냐하면 사울의 관점에서 보면 사무엘은 역적 행위를 하고 있는 것이었다. 그렇다면 사무엘이 베들레헴에 초래할 위험을 무엇이었을까? 사무엘의 방문으로 인해 이런 두려움을 갖는 이유는 아마 하나님의 선지자가 심각한 잘못을 책망할 것이라는 단순한 추측에서 비롯되었을 것이다. 그러나 그들의 추측은 사실이었다! 일반적으로 사람들은 "하나님"이라는 말만 들어도 불안하고 뜨끔해질 정도로 기본적인 죄성을 가지고 있다. 그렇기 때문에 엄청난 공포는 아니더라도 "하나님"의 이름은 불안한 마음을 갖게 할 수 있다. 나쁜 사람(사울)을 통해서 느꼈던 것과 마찬가지로 선한 사람(사무엘)을 대할 때도 우리가 두려워해야 할 것이 많이 있다. 오히려 더 많을지도 모르겠다. 중복된 두려움이(사울이 사무엘에게 그리고 사무엘이 베들레헴에게) 현재 이 상황에서 격렬한 감정적인 기운을 감돌게 하고 있었다.

다윗에게 기름 붓는 사무엘(16:6~13)

16:6 그들이 오매 사무엘이 엘리압을 보고 마음에 이르기를 여호와의 기름 부으실 자가 과연 그 앞에 있도다 하였더니 7 여호와께서 사무엘에게 이르시되 그 용모와 신장을 보지 말라 내가 이미 그를 버렸노라 나의 보는 것은 사람과 같지 아니하니 사람은 외모를 보거니와 나 여호와는 중심을 보느니라…… 10 이새가 그 아들 일곱으로 다 사무엘 앞을 지나게 하나 사무엘이 이새에게 이르되 여호와께서 이들을 택하지 아니하셨느니라 하고 11 또 이새에게 이르되……보내어 그를 데려오

라…… 12 ……그의 빛이 붉고 눈이 빼어나고 얼굴이 아름답더라 여호와께서 가라사대 이가 그니 일어나 기름을 부으라 13 사무엘이……그 형제 중에서 그에게 부었더니 이날 이후로 다윗이 여호와의 신에게 크게 감동되니라……

다윗을 선택하는 장면은 사울을 선택했던 모습과는 대조를 이룬다. 사울은 외모가 출중했다(9:1~2). 그러나 다윗은 사실 이새의 가족 중에서 가장 보잘 것 없는 존재였다. 그래서 이새의 집이 있는 베들레헴에서 향연이 벌어지고 있는 동안 그의 일곱 형들한테는 사무엘을 만날 수 있는 기회가 주어졌지만, 다윗에게는 그런 기회조차 없었다. 그는 들에서 양을 돌보고 있어야 했다. 사울과 다윗 사이의 대조는 이새의 장남 엘리압이 거절 당하는 내용에서 더욱 강조되고 있다. 엘리압은 사울처럼 일등급 지도자의 조건을 갖춘 완벽한 외모를 가진 청년이었다. 일곱 형제가 한 사람씩 사무엘 앞을 지나가고 모두가 차례로 거절당하자 본문의 긴장이 고조되고 있다. "네 아들들이 다 여기 있느냐?" 사무엘이 물었다. 그러나 이 질문은 "막내" 아들 다윗의 외모를 신통치 않게 여기고 있던 아버지 이새에게는 아무 의미가 없는 말이었다.

형제늘 중에서 가장 못난 아들로 여겨지던 다윗이 백함 받았다는 사실은 그리스도 안에서 이루어지는 하나님의 선택에 대한 은혜의 본질적인 특성을 예시하고 있다. 바울은 택함의 은혜에 대하여 다음과 같이 설명했다: "하나님께서 세상의 천한 것들과 멸시 받는 것들과 없는 것들을 택하사 있는 것들을 폐하려 하시나니 이는 아무 육체라도 하나님 앞에서 자랑하지 못하게 하려 하심이라"(고전 1:28~29)

기름 부음을 받을 때에 다윗에게 임한 "여호와의 영은"(16:13) 다윗의 인생 가운데서 일하시는 하나님의 모습이었다. 하나님은 다윗의 육신과 마음 가운데서 역사하고 계셨다. 사울도 기름 부음 받음 직후에 여호와의 영이 그에게 강림하여 힘이 넘치게 되었다(10:6, 10, 11:6). 히브리어로(헬라어도 마찬가지로) "영"(또는 신)은 "숨" 또는 "바람"과 같은, 가시적인 것을 움직이는 불가시적인 존재를 지칭하는 것이 기본적인 의미이다. 그러나 성경 전반에 걸쳐서 그 단어는 하나님의 생기가 현존하면서 사람들 가운데서 역사하고 있다는 의미로서 은유적으로 사용되고 있는데 우리가 눈으로 볼 수 있는 사람들과 사건들 속에서 우리의 눈으로 볼 수 없는 하나님께서 여전히 일하고 계심에 대하여 우리가 지속적으로 깨어 있을 수 있도록 도와주고 있다.

12. 사울의 조정에 합류한 다윗

수금 타는 자로서 사울을 섬기는 다윗(16:14-23)

16:14 여호와의 신이 사울에게서 떠나고 여호와의 부리신 악신이 그를 번뇌케 한지라 15 사울의 신하들이 그에게 이르되······ 16 ······주의 앞에 모시는 신하에게 명하여 수금 잘 탈 줄 아는 사람을 구하게 하소서 하나님의 부리신 악신이 왕에게 이를 때에 그가 손으로 타면 왕이 나으시리이다······ 18 소년 중 한 사람이 대답하여 가로되 내가 베들레헴 사람 이새의 아들을 본 즉 탈 줄을 알고······여호와께서 그와 함께 계시더이다······ 21 다윗이 사울에게 이르러 그 앞에 모셔 서매 사울이 그를 크게 사랑하여 자기의 병기 든 자를 삼고······ 23 하나님의 부리신 악신이 사울에게 이를 때에 다윗이 수금을 취하여 손으로 탄 즉 사울이 상쾌하여 낫고 악신은 그에게서 떠나더라

"여호와의 부리신 악신"(16:14)이라는 표현이 귀에 거슬리지만 회피할 수 없는 것은, 그 표현과 함께 본문이 시작되고 또한 종결되기 때문이다(14절, 23절). 이것은 초기에 하나님의 영이 사울에게 임하였고(10:6, 10, 11:6), 다윗이 기름 부음을 받을 때에 하나님의 영에게 "크게 감동되

었던”(16:13) 것과 대조를 이루는 부분이다. 본문의 이 내용을 정치적으로나 심리학으로 전락시킬 수 없는 이유 또한 하나님께서 중심에 계시면서 원동력을 제공하시기 때문이다. 성경 기자들은 하나님에 대해서 포괄적인 이해를 가지고 있었으므로, 모든 것(축복과 저주, 선과 악)이 하나님의 손에서 비롯된다는 것을 자연스럽게 진술한다. 본문에서 말하는 “악”은 임의적인 것이 아니라 분명 심판의 한 요소인데, 이 심판은 사울의 완고한 불순종에 대한 결과였다. 그러나 그것만이 전부는 아니다. 왜냐하면 하나님께서 사울을 위로하고 치유하시기 위해서 다윗을 붙여 주셨기 때문이다.

얼마 전에 사울을 뒤이어 왕이 되도록 선택 받은 다윗이 오히려 사울을 섬김으로써 자신의 임무를 준비하기 시작한다. 다윗은 섬김으로 통치하는 첫 번째 훈련에 임하고 있는 셈이다. 다윗은 하나님의 심판에 의해서 초래된 사울의 번뇌를 치유하는 것(수금을 타는 것)과 왕의 개인적인 조력자(왕의 무기 관리자)로서의 역할을 감당하면서 그를 섬겼다. 다윗은 맡은 임무를 유능하게 그리고 인격적으로 잘 감당했으므로 사울은 그를 총애하였다. 본문의 내용은 인간적인 감정과 정서가 유난히 많이 드러나 있는 장면이라고 할 수 있다.

사울을 대신하여 왕이 될 사람이 사울이 왕좌에 머물러 있을 수 있도록 도와주는 역할을 하면서 왕으로서 훈련 받고 있다는 사실은 참으로 놀라운 일이 아닐 수 없다. 사울은 자신이 미처 알지 못하는 가운데 자신의 자리에 앉게 될 사람을 가장 가깝게 시중드는 자리로 불러들였던 것이다.

블레셋을 대적하여 사울을 섬기는 다윗(17:1~58)

다윗과 골리앗의 이야기는 가장 잘 알려지고 자주 듣는 성경 이야기 중의 하나이다. 그러나 안타까운 사실은 이 이야기를 단순한 동화로 취급해 버리는 경우가 너무도 많다는 것이다. 거인과 맞서 싸우는 소년의 이야기는 동심을 고무시키기에 좋은 소재가 되고 있기 때문이다. 이 이야기를 어린이 중심으로 이해하다 보니 어른에게 적용시키는 부분이 완전히 배제되어 있고 또한 그것을 당연하게 받아들이는 기이한 현상이 빚어지고 있다. 이 본문이 염두에 두는 일차적인 독자는 바로 어른이라는 사실을 기억해야 할 것이다.

17:1 블레셋 사람들이 그 군대를 모으고 싸우고자……에베스담밈에 진 치매 2 사울과 이스라엘 사람들이 모여서 엘라 골짜기에 진 치고……3 블레셋 사람은 이편 산에 섰고 이스라엘은 저편 산에 섰고 사이에는 골짜기가 있었더라 4 블레셋 사람의 진에서 싸움을 돋우는 자가 왔는데 그 이름은 골리앗이요 가드 사람이라 그 신장은 여섯 규빗 한 뼘이요……8 그가 서서 이스라엘 군대를 향하여 외쳐 가로되 너희가 어찌하여 나와서 항오를 벌였느냐 나는 블레셋 사람이 아니며 너희는 사울의 신복이 아니냐 너희는 한 사람을 택하여 내게로 내려보내라 9 그가 능히 싸워서 나를 죽이면 우리가 너희의 종이 되겠고 만일 내가 이기어 그를 죽이면 너희가 우리의 종이 되어 우리를 섬길 것이니라……11 사울과 온 이스라엘이 블레셋 사람의 이 말을 듣고 놀라 크게 두려워하니라……
13 그 장성한 세 아들은 사울을 따라 싸움에 나갔으니…… 14 다윗은 말째라…… 15 다윗은 사울에게로 왕래하며 베들레헴에서 그 아비의 양을 칠 때에 16 그 블레셋 사람이 사십일을 조석으로 나와서 몸을 나타내었더라
17 이새가 그 아들 다윗에게 이르되……이 볶은 곡식 한 에바와 이 떡 열 덩이를……네 형들에게 주고
18 이 치스 열 덩이를 가져다가 그들의 천부장에게 주고……

이 이야기에는 골리앗이 몸집이 거대하고 오만 불손한 사람으로 등장한다. 2.7미터가 넘는 그의 신장과 가공할만한 크기의 무기는 그를 보통

사람과 구별시키기에 충분하다.

다윗은 천한 목동이자 심부름만 하는 보잘것 없는 소년으로 그려지고 있다. 그의 세 형들은 그 날 중요한 군사 작전에 참여하고 있던 중이었는데 그에 반해서 다윗은 사울의 왕실과 아버지의 양떼 사이를 왕래하는 일종의 종노릇이었다. 여기서 다윗과 그의 형들 사이의 비교는 베들레헴에서 사무엘 앞에 다윗이 처음으로 모습을 나타낼 때의 경우와 비슷하다 (16:6~11). 또한 다른 형제들과 대조되고 있는 다윗의 모습은 요셉과 그의 형들의 이야기를 떠올리게 한다(창 37장 참조).

17:20 다윗이 아침에 일찍이 일어나서 양을 양 지키는 자에게 맡기고 이새의 명한 대로 가지고 가서…… 21 이스라엘과 블레셋 사람이 항오를 벌이고 양군이 서로 대하였더라 22 다윗이……군대로 달려가서 형들에게 문안하고 23 ……블레셋 사람의 싸움 돋우는 가드 사람 골리앗이라 하는 자가 그 항오에서 나와서 전과 같은 말을 하매 다윗이 들으니라

24 이스라엘 모든 사람이 그 사람을 보고 심히 두려워하여 그 앞에서 도망하며…… 26 다윗이 곁에 섰는 사람들에게 말하여 가로되……이 할례 없는 블레셋 사람이 누구관대 사시는 하나님의 군대를 모욕하겠느냐……

28 장형 엘리압이 다윗의 사람들에게 하는 말을 들은지라 그가 다윗에게 노를 발하여 가로되 네가 어찌하여 이리로 내려왔느냐 들에 있는 몇 양을 뉘게 맡겼느냐 나는 네 교만과 네 마음의 완악함을 아노니 네가 전쟁을 구경하러 왔도다 29 다윗이 가로되 내가 무엇을 하였나이까 어찌 이유가 없으리이까 하고

다윗은 전쟁과 현재의 상황에 관해서 아무런 사전 지식도 없이 그 진영에 도착했는데, 전쟁 중인 사람들과는 다른 시각으로 눈앞에 일어나는 일을 보고 들을 수 있었다. 전쟁에 지치고 공포에 질린 군인들은 움직일 생각조차 하지 않았다. 그들은 골리앗으로 인한 이 곤경을 어떻게 빠져나갈 수 있을는지 알 수 없었다. 거드름을 피우는 거인이 40일 동안 모욕

과 위협을 일삼는 동안 이스라엘의 군대는 주눅이 들어 버렸다. 그런 상황을 보게 된 다윗은 약속된 보상에 대해서 호기심이 발동했다. 또한 하나님의 백성들이 "할례 받지 아니한 자"에 의해서 주눅 들어있는 것을 보며 충격 받은 자기 심정을 토로했다. 어린 동생 다윗을 꾸짖었던 엘리압의 모습을 보면 "블레셋의 실체"가 얼마나 이스라엘을 공포에 떨게 했는지 분명하게 알 수 있다. 그러나 이야기가 전개되면서 그 실체는 전혀 다른 모습이 되고 만다.

위 본문에서는 맏형 엘리압과 막내 다윗의 사이가 불편해져 있다. 엘라 골짜기에서 두 사람은 같은 "사실"을 보고 있었지만, 해석은 각각 달랐다. "엘리압의 정신"은 크기와 힘에 의한 것이었고, "다윗의 정신"은 하나님과 의로움에 주의를 기울였다. 그 날 다윗이 진영에 나타났을 때, 당시 전쟁의 분위기는 골리앗에 의해 완전히 장악당하고 있었다. 방패잡이를 앞세우고, 창 날 무게만도 15킬로그램에 육박하는 창을 휘두르고 있는 거인의 모습은 생각만 해도 얼마나 공포스러웠을지 상상이 간다. 거인의 적나라한 비아냥거림이 계곡을 가로질러 이스라엘의 귓전을 때릴 때마다 그들은 수치감과 분노에 휩싸였다. 이것이 매일 반복되는 동안 군인들은 조금씩 비겁한 사람으로 변해갔다. 신장, 잔인무도함, 잔악함으로 대표되는 골리앗이 그 상황의 중심을 차지하고 있었다. 골리앗이 북극성이었고 모든 사람들은 그 별을 두르고 있는 위성 별들이 되었던 것이다.

골리앗을 대단한 사람으로 여겼던 바로 그 저급한 상상력이 다윗을 별 볼일 없는 사람으로 취급했다. 골리앗으로 인해 공포에 질려있던 엘리압이 다윗에게 무안을 주는 장면이 있는데, 다윗을 비웃고 경멸함으로써 그를 기죽이려 했던 것 같다. 반복되는 그 상황에서 골리앗을 지켜보면서 엘리압의 사고방식 역시 황폐해졌던 것이다. 그래서 그는 그 현장에 계실지도 모를 하나님의 임재는 물론이고, 어린 동생이 베푸는 형제우애의 단순한 행동을 보는 것과 수용하는 것조차 불가능했다.

그러나 다윗의 생각은 하나님이 지배하고 계셨다. 그는 담대하게 엘라 골짜기로 갔다. 모든 사람이 하나님께 불경한 언행을 하는 거인 앞에서 주눅이 들어 있다는 것은 믿기 어려운 일이었다. 그 사람들은 살아계신 하나님의 군대에 이름이 올려져 있는 사람들이 아닌가? 다윗이 가까이 하고 의지해야 할 실체는 바로 하나님이었다. 다윗에은 세상을 움직이는 길, 역사가 이루어지는 길에 하나님을 모르는 거인이 행패를 부리고 있는 모습을 보고 있을 수만은 없었다.

17:32 다윗이 사울에게 고하되 그를 인하여 사람이 낙담하지 말 것이라 주의 종이 가서 저 블레셋 사람과 싸우리이다 33 사울이 다윗에게 이르되……능치 못하리니 너는 소년이요…… 34 다윗이 사울에게 고하되 주의 종이 아비의 양을 지킬 때에 사자나 곰이 와서 양떼에서 새끼를 움키면 35 내가 따라가서 그것을 치고…… 36 주의 종이 사자와 곰도 쳤은 즉 사시는 하나님의 군대를 모욕한 이 할례 없는 블레셋 사람이리이까 그가 그 짐승의 하나와 같이 되리이다 37 ……사울이 다윗에게 이르되 가라 여호와께서 너와 함께 계시기를 원하노라
38 이에 사울이 자기 군복을 다윗에게 입히고 놋 투구를 그 머리에 씌우고 또 그에게 갑옷을 입히매 39 다윗이 칼을 군복 위에 차고는 익숙치 못하므로 시험적으로 걸어보다가 사울에게 고하되 익숙치 못하니 이것을 입고 가지 못하겠나이다 하고 곧 벗고 40 손에 막대기를 가지고 시내에서 매끄러운 돌 다섯을 골라서 자기 목자의 제구 곧 주머니에 넣고 손에 물매를 가지고 블레셋 사람에게로 나아가니라

골리앗을 대항하여 싸울 수 있는 사람으로 사울에게 인도되자 다윗은 왕의 신임을 얻었다. 골리앗과의 결전을 허락하기는 했지만, 그 결전에

필요한 실제적인 준비가 되어 있지 않은 다윗의 모습을 본 사울은 그에게 갑옷을 입히고 무기를 지니게 하여 그 당시 전쟁에서 모두가 하듯이 다윗을 무장시켰다. 왕의 갑옷과 무기가 다윗에게는 아무 유익을 주지 못할 것이라는 생각을 하지 못했던 것이다. 사울의 생각은 그 시대의 인습에 제한된 채 두려움에 포로가 되어 있었다. 인습에 대해서 무지한 다윗은 희망으로 부풀어 있었다. 블레셋에 대해서는 무지했던 사람이지만, 하나님의 길을 행함에 있어서는 무지한 사람이 아니었다. 다윗은 사울의 전쟁을 사울의 방식으로 싸울 수 없다는 것을 알았다.

"사울의 병기"(38절)라는 표현은 교회의 설교나 주석에서 많이 다루는데, 하나님의 일을 행하는 도구 또는 방법을 비유하는 것임을 강조한다. 그러나 예수 그리스도의 종이자 제자인 우리의 본분에는 전혀 어울리지 않고 부적절한 도구 또는 방법이다. 그런 "수단"은 흔히 직업적으로 정당화되어지고 전문적인 기술 또는 지식 이라는 언외의 뜻으로 풀이하기도 한다. 그러나 어떤 일을 행하는 "수단"은 우리의 기도와 신앙의 확신에 비추어 볼 때, 반드시 믿을 수 있고, 진실하고, 적절해야 한다. 퀘이커 교도였던 이삭 페닝톤(Isaac Penington)는 자주 이것을 강조했다.: "당신을 인도해 주는 것이 당신 가까이 있습니다. 오! 그것을 기다리십시오. 그리고 결단코 그것을 떠나지 마십시오."

17:42 그 블레셋 사람이 둘러보다가 다윗을 보고 업신여기니······ 43 ······네가 나를 개로 여기고 막대기를 가지고 내게 나아왔느냐······ 45 다윗이 블레셋 사람에게 이르되 너는 칼과 창과 단창으로 내게 오거니와 나는 만군의 여호와의 이름 곧 네가 모욕하는 이스라엘 군대의 하나님의 이름으로 네게 가노라······ 47 ······전쟁은 여호와께 속한 것인 즉 그가 너희를 우리 손에 붙이시리라

48 ······다윗이······빨리 달리며 49 손을 주머니에 넣어 돌을 취하여 물매로 던져 블레셋 사람의 이마를 치매······땅에 엎드러지니라

이제 다윗과 골리앗이 엘라 골짜기에서 결전을 치르게 되는데, 성경 기자는 이 대결을 위해서 우리를 조심스럽게 준비시켜왔다. 그 난폭한 거인은 다윗을 경멸했다. 그는 블레셋의 저주의 표현들을 골짜기 건너편을 향해서 거침없이 내뱉었다. 그가 내뱉은 저주는 가나안 신들의 이름을 빙자한 저속한 표현들이었는데 그 소리는 다윗과 이스라엘 군대의 귓전을 난타했다. 그때 다윗은 모든 사람들을 놀라게 할 수 있도록 영웅적인 행동을 취했던 것이 아니라 냇가에서 조약돌 다섯 개를 주웠다. 이때까지만도 다윗이 하고 있는 일은 조금은 우스꽝스러웠을 수도 있다. 그러나 이어서 골리앗을 향하여 저속함과 용맹까지도 지배하고 계시는 하나님의 주권과 하나님의 심판을 선포한 직 후, 그 거인을 쳐죽였다.

본문의 마지막 장면은 달려가고 있는 다윗(48절, 51절)의 모습을 그리고 있다. 살아있는 악의 화신, 기절해서 쓰러져 있는 거인에게 달려가 그 거인을 시체로 만들어 버린다. 불가능처럼 여겨지던 문제가 드디어 종결되었다: "주께서 내 마음을 넓히시오면 내가 주의 계명의 길로 달려가리이다"(시 119:32)

그 날 엘라 골짜기에서 유일하게 믿음의 실체를 만났던 사람은 다윗이었다. 실체는 대개 우리가 육안으로 볼 수 없는 것으로 이루어진다. 현재의 삶의 대부분은 결코 신문에 보도되어지지 않은 문제이다. 오직 하나님의 생각으로 지배 받는 마음만이 골리앗의 생각으로 지배 받는 마음과 상반되는, 그 날 엘라 골짜기에서 거룩한 역사를 이루게 한 실체가 무엇인지를 설명할 수 있다.

앞에서 보았듯이 사울의 궁전에서 생활하는 다윗에 관한 본문은 두 사
람 사이에 굉장한 친분과 심지어 친밀함이 있었음을 짐작케 한다
(16:14~23). 그런데 현재의 본문은 마치 이전에 결코 들은 적이 없다는
듯이 다윗에 대해서 질문하고 있는 사울을 보여 주고 있다. 이 문제를 잘
이해하기 위해서는 다음의 사실을 주지해야 한다. 분명히 그 당시에 다
윗에 관한 많은 이야기들이 회람되고 있었고, 사무엘서 기자는 가능한
많은 이야기들을 수집했을 것이다. 그 수집된 이야기들을 가지고 그는
일상적인 사건들을 상세하게 보고하는 글을 만드는 것이 아니라, 하나
님의 통치와 구원의 목적을 완성하기 위하여 다윗에 관한 이야기들 중
에서 그 시대 사람들과 사건들을 통해 일하시는 하나님을 가장 잘 보여
주었던 이야기들을 소개하거나, 이미 알려진 것이면 다시 소개해 주는
방식을 쓰고 있다. 어떤 진리(또는 사실)와 관련하여 병행된 여러 이야
기들은 그 진리(또는 사실)를 보는 다른 관점들을 제공해 주는데, 성경
에서 이런 병행된 이야기들을 보는 것은 그리 어렵지 않다. 섬세한 독자
들은 사울과 다윗의 이야기 전체에서 서로서로 상치되고 있는 내용들
을 주목하게 될 것이다. 그런 내용들은 역사를 재구성하기 위해서 단편
적인 정보들을 끼워 맞추는 그 틀에 적합하지 않은 것처럼 느껴질 수도

있고, 앞뒤가 맞지 않고 모순된 것처럼 보일 수도 있다. 사울과 다윗의 이야기는 일종의 정부 보고서를 작성하는 원리에 따라 정리된 것이 아니기 때문이다.

본문의 모든 사실들이 전부 언제 일어난 일들이며 그 세부적인 내용들은 현재 우리가 보고 있는 성경의 본문에 최종적으로 어떻게 수록되었는지 충분히 알고 있다면, 종류가 다르고 때로는 잘못 배열된 자료들이라 생각되더라도 그 사실과 내용이 함께 맞춰져 있게 된 경위를 알게 될 것이다. 그러나 그것을 안다는 것은 불가능하므로 본문을 통해서 우리에게 전해진 그대로 그 이야기를 받아들이고, 그 안에서 하나님의 뜻과 계시를 찾는 것이 바람직할 것이다. 모든 말과 행동이 결국 하나님의 이야기이기 때문이다.

사울의 가족을 섬기는 다윗(18:1~5)

다윗과 골리앗의 이야기에 이어서 다윗과 요나단의 이야기가 기록되어 있는데 후자는 전자와 대조를 이룬다. 전자는 전쟁 이야기이지만, 후자는 사랑 이야기이다. 일반적으로 인류의 역사에 있어서, 특별히 다윗의 인생에 있어서, 전쟁과 사랑이 그 내용의 흐름을 구성하고 있다.

18:1 ……요나단의 마음이 다윗의 마음과 연락되어…… 3 요나단은 다윗을 자기 생명 같이 사랑하여 더불어 언약을 맺었으며 4 요나단이 자기의 입었던 겉옷을 벗어 다윗에게 주었고 그 군복과 칼과 활과 띠도 그리하였더라

본문의 내용은 요나단과 다윗 사이에 정당하게 맺어진 복된 우정을 최

초로 소개하고 있다. 요나단은 이전의 사건을 통해서 우리의 주의를 끌었다. 즉 믹마스 어귀에 있던 블레셋 군사들을 단독으로 공격하여 침체되어 있던 이스라엘에 승기를 불러일으켰고, 그 전쟁 후 자신의 무의식적인 행동을 범죄로 처리하여 아버지 사울 왕이 내린 사형 선고에 의연하게 대처했다(14장). 이제 요나단은 본문의 이야기에서 다윗의 마음의 친구로 등장한다.

이런 정도의 깊이와 내용을 지닌 우정은 그 자체로만으로 주목 받을 만하다(이 우정의 상세한 내용은 20장에서 다룰 것이다). 특히 이 시점에서는 더욱 그러한데, 요나단이 다윗을 경쟁자로 대하는 것이 지극히 자연스럽게 여겨질 수 있는 상황이기 때문이다. 다윗은 전사이면서 동시에 사울이 아들처럼 총애하는 사람이다. 블레셋과 대항해서 싸우는 전쟁의 지휘자로서도 요나단의 친아버지인 사울의 관심을 차지함에 있어서도 다윗과 요나단은 경쟁관계일 수밖에 없는 상황이었다.

우리의 선조들이 아주 귀하게 여겼던 친구와의 사랑과 우정은 현대를 살아가는 사람들 사이에서는 어려운 시기에만 찾는 속된 관계로 전락해 버렸다. 우리는 자신의 유익과 필요를 위한 관계에만 집중하는 편이다. 서로에 대한 애정이 원동력이 되고 요나단과 다윗 사이에 맺은 언약에 의해서 보증된 마음의 형제와 같은 우정은 찾아보기 어려운 세상이 되었다. 그것은 인간이 맺고 사는 관계 중에서 최소한으로 요구되는 것이며, 최소한의 필요이다. 그러나 그런 우정은 우리 자신을 제대로 지탱하고 실현함에 있어서 가장 필요한 것이기도 하다. C. S. 루이스(C. S. Lewis)는 이런 우정을 찬양하기를, "하나님께서 각 사람에게 사랑의 온갖 형태가 지닌 아름다움을 나타내시기 위해서 사용하시는 사랑의 형식"이라고

했다(Lewis, The Four Loves, chapter 4). 다윗과 요나단의 우정은 친구가 자기로 인해 세워지도록 그를 자유케 해 주는 사랑이다. 나의 요구에 매여서가 아니라 우정을 위해서 스스로 헌신하는 자유를 누리게 하는 것이다. 되도록이면 헌신을 회피하고자 하는 현상이 만연해 있는 이유는 사람들이 상대방을 제한하고 구속하기 때문이다. 이런 문화에서 친구를 자유케 해 주며 사랑과 헌신을 보여 주는 본문의 이야기는 가슴 깊이 들어 마신 신선한 공기와 같다. 건강한 관계는 우리의 삶을 제한하지 않고, 오히려 확장시켜 준다.

13. 다윗에게 적대적으로 변한 사울

미래의 왕 다윗은 이제 모든 영역의 일선에서 충성스럽고 신뢰할 만한 신하로서, 개인적으로나 공개적으로 왕의 가족의 일원으로서, 동시에 국가적으로는 영웅적인 전사로서 사울의 정치적인 세력 안에서 견고하게 자리매김하였다. 본문의 이야기가 분명하게 강조하는 것은 다윗이 자신의 야심을 위해서 어떤 계략을 품고 있지 않다는 것이다. 다윗의 인생이 사울에게는 하나님의 은혜이다. 사울은 구할 수 있는 것이라면 어떤 도움이라도 붙들어야 할 형편이었고, 그는 다윗을 바로 그런 도움으로 알고 받아들였던 것이다. 그러나 오래 가지는 못했다.

질투하는 사울(18:6~16)

18:6 ······다윗이 블레셋 사람을 죽이고 돌아올 때에 여인들이······나와서 노래하며 춤추며······ 7 여인들이 뛰놀며 창화하여 가로되

"사울의 죽인 자는 천천이요 다윗은 만만이로다" 한지라

8 사울이 이 말에 불쾌하여 심히 노하여 가로되……그의 더 얻을 것이 나라 밖에 무엇이냐 하고 9 그 날 후로 사울이 다윗을 주목하였더라

10 그 이튿날 하나님의 부리신 악신이 사울에게 힘 있게 내리매……야료하는 고로 다윗이……수금을 타는데 때에 사울의 손에 창이 있는지라 11 그가 스스로 이르기를 내가 다윗을 벽에 박으리라 하고 그 창을 던졌으나 다윗이 그 앞에서 두 번 피하였더라

12 여호와께서 사울을 떠나 다윗과 함께 계시므로 사울이 그를 두려워한지라 13 그러므로 사울이 그로 자기를 떠나게 하고 천부장을 삼으매…… 14 그 모든 일을 지혜롭게 행하니라 여호와께서 그와 함께 계시니라 15 사울이 다윗의 크게 지혜롭게 행함을 보고 그를 두려워하였으나 16 온 이스라엘과 유다는 다윗을 사랑하였으니……

다윗에 대한 요나단의 우정과 백성들의 엄청난 사랑과는 대조적으로, 왕 사울은 다윗에 대하여 시기하기 시작했다. 본문에서 이어지는 동사들은 사울이 죽을 때까지 그의 영혼을 지배했던 적개심이 어떻게 커갔는지를 보여주고 있다. 사울은 "심히 노하였고"(8절), "야료(미친 듯이 소리를 지름)하였고"(10절), "창을 던졌으며"(11절), "두려워하여"(12절), "다윗을 떠나게 했다"(13절). 그리고 마침내, 아마도 처음으로 이 모든 것이 단순한 인기의 문제가 아니라는 것을 인식하였고, 곧 하나님의 목적하신 바가 젊은 다윗을 통해서 이루어지고 있음을 감지하고는 다윗을 "두려워했다"(15절). 그러므로 우리가 "사울이 다윗을 주목하였더라"(9절)라는 표현을 읽을 때, 그 눈길은 실지로 악의에 가득 찬 것이었다는 것을 짐작할 수 있다.

다윗을 죽이려는 음모(18:17~30)

18:20 사울의 딸 미갈이 다윗을 사랑하매 혹이 사울에게 고한지라 사울이 그 일을 좋게 여겨 21 스

스로 이르되 내가 딸을 그에게 주어서 그에게 올무가 되게 하고 블레셋 사람의 손으로 그를 치게 하리라 하고 이에 다윗에게 이르되⋯⋯내 사위가 되리라⋯⋯ 25 사울이 가로되 너희는 다윗에게 이같이 말하기를 왕이 아무 폐백도 원치 아니하고 다만 왕의 원수의 보복으로 블레셋 사람의 양피 일백을 원하신다 하라 하였으니 이는 사울의 생각에 다윗을 블레셋 사람의 손에 죽게 하리라 함이라⋯⋯ 27 다윗이⋯⋯블레셋 사람 이백 명을 죽이고 그 양피를 가져다가 수대로 왕께 드려 왕의 사위가 되고자 하니 사울이 그 딸 미갈을 다윗에게 아내로 주었더라 28 여호와께서 다윗과 함께 계심을 사울이 보고 알았고 사울의 딸 미갈도 그를 사랑하므로 29 사울이 다윗을 더욱 더욱 두려워하여 평생에 다윗의 대적이 되니라⋯⋯

사울의 일반적인 적개심은 어떤 치밀한 계획의 청사진을 가진 미움으로 발전해 갔다. 그는 자기 딸들을 미끼로 이용해서 다윗을 블레셋의 진중으로 밀어넣고자 하려는 계획을 세웠는데, 다윗이 단신으로 가면 반드시 죽게 될 것이라는 것을 알고 세운 작전이었다. 결혼을 빙자하여 명백한 결과를 묵인함으로써 저질러지는 냉혈적인 살인이었다.

다윗이 전쟁에서 공을 세우는 조건으로 사울은 큰 딸 메랍과의 결혼을 제안하였다. 그러나 그 첫 번째 시도는 마지막 순간에 사울 스스로에 의해 철회되었다. 다윗이 블레셋과의 전쟁에서 승리를 거두고 돌아와서 결혼을 하려고 할 때, 사울이 서둘러서 메랍을 다른 사람과 결혼시켜버렸다(18:17~19). 그는 다윗에게 왕의 사위가 되는 것을 허락할 마음이 결코 없었던 것이다.

그의 둘째 딸 미갈이 다윗을 사랑하고 있음을 알았을 때, 사울이 다시 음모를 꾸미기 시작했다. 이번에는 포악한 블레셋 군인의 양피 일백 개를 구해 오는 것으로 지참금을 대신하게 했다. 사울이 조잡스런 농담이나 하자고 그런 조건을 제시했겠는가? "가서 블레셋 사람 일백 명에게 할례를 행하고, 그 증거를 내게 가져오라." 다윗은 그 요구가 위험하거나 천하다는 내색은 전혀 하지 않았다. 그는 그대로 했고, 블렛셋 사람들의 양피가 든 마대를 가지고 돌아와서 미갈과 결혼했다.

사울의 치밀한 음모에도 불구하고, 그의 딸 미갈은 다윗을 사랑했고, 백성들 역시 다윗을 사랑했다. 그런데 결정적으로 중요한 사실은 "여호와께서 다윗과 함께 계셨다"(28절)는 것이다. 단지 블레셋 사람들이 다윗을 미워했다. 그리고 사울도 역시 그를 미워했다.

본문 이야기에 담겨있는 부수적인 주제는 다윗의 등극은 불법적인 왕위 찬탈이 아니었음을 천명하는 것이었다. 사울이 자신의 딸과의 결혼을 두 번이나 제안할 때도 다윗은 왕의 사위가 될 수 있는 자신의 어떤 자격요건도 부정하고 있다는 것에 주목할 만한 가치가 있다(18:18, 23). 왕의 사위가 되는 것, 그래서 왕족의 일원이 되는 것은 다윗 자신의 계획이 아니었다. 왕권을 향한 다윗의 지속적인 성장은 야심에 의해서가 아니라 하나님께서 그 배후에서 사울을 도구로 사용하고 계셨기 때문에 가능한 일이었다.

다윗을 죽이라고 명령하는 사울(19:1~17)

19:1 사울이 그 아들 요나단과 그 모든 신하에게 다윗을 죽이라 말하였더니 사울의 아들 요나단이 다윗을 심히 기뻐하므로 2 그가 다윗에게 고하여 가로되 내 부친 사울이 너를 죽이기를 꾀하시느니라 그러므로 이제 청하노니 아침에 조심하여 은밀한 곳에 숨어 있으라……6 사울이 요나단의 말을 듣고 맹세하되 여호와께서 사시거니와 그가 죽임을 당치 아니하리라 7 요나단이 다윗을……사울에게로 인도하니 그가 사울 앞에 여전히 있으니라

8 전쟁이 다시 있으므로 다윗이 나가서 블레셋 사람들과 싸워……9 사울이 손에 단창을 가지고 그 집에 앉았을 때에 여호와의 부리신 악신이 사울에게 접하였으므로 다윗이 손으로 수금을 탈 때에 10 사울이 단창으로 다윗을 벽에 박으려 하였으나……다윗이 그 밤에 도피하매

11 사울이 사자들을 다윗의 집에 보내어 그를 지키다가 아침에 그를 죽이게 하려 한지라 다윗의 아내 미갈이 다윗에게 일러 가로되 당신이 이 밤에 당신의 생명을 구하지 아니하면 내일에는 죽

결혼을 이용해서 다윗을 죽이려던 계획이 수포로 돌아가자, 사울은 음흉한 전술들은 포기한 채 이제는 다윗을 죽이겠다는 계획을 공개적으로 밝히고 있다. 처음에는 그의 아들 요나단이 이성적으로 아버지에게 말하며 만류했다. 사울은 그때까지만도 이성적으로 들을 수 있었으므로 살해 명령을 철회하였다.

두 번째는 그의 딸 미갈이 다윗을 보호해 주었다. 사울이 야음을 틈타서 부하들과 함께 다윗의 집을 포위했다. 날이 새면 다윗을 죽이기 위함이었다. 미갈이 그 밤에 창문을 통해서 다윗을 탈출하게 한 다음 그의 침대에는 우상을 눕히고 염소 털로 엮은 것을 그 머리에 씌우고 다윗의 옷을 입혔다. 암살을 지시 받은 사울의 심복들이 다윗을 잡기 위해 들이닥치자 미갈은 그들에게 자기 남편이 병이 났으므로 일어날 수 없다고 했다. 군인들은 고대의 명예에 관한 어떤 관습하에서 작전을 수행하고 있었음이 분명하다. 그들은 무방비 상태의 환자를 살해하는 것을 부담스럽게 여겼나. 그래서 단번에 일을 해치우기 위해 무조건 밀치고 늘어가지는 않았다. 그들은 왕 사울에게 돌아가서 다윗이 병환 중이어서 죽일 수 없었다는 것을 보고했다. 사울은 다윗이 누워있는 침상 전부를 메어서 자기 앞으로 가져오라고 명령하면서 자기가 직접 다윗을 죽일 것이라고 했다. 그러나 그 군인들이 메고 온 것은 고작 우상 하나가 누워 있는 침상이었을 뿐이다.

첫 번째 계획은 그의 아들과 논쟁한 끝에 포기하였고, 두 번째 계획은 자기 딸의 속임수에 의해서 수포로 끝나버리는 과정을 겪으면서 살기가 돋는 그의 질투심은 또 다른 비이성적인 분출을 만들어 냈다. 다윗이 왕을 위하여 악기 연주에 열중하고 있을 때 사울은 다윗을 향해 창을 던졌다. 다윗을 죽이기 위해서 창을 던진 것은 이것이 두 번째였다(첫 번째 시도는 18:10~11을 보라).

사울이 자기를 죽이기 위해 안간힘을 쏟고 있을 때 다윗은 오히려 그를 위해 의로운 일을 하고 있었다. 그는 사울의 뒤틀어진 영혼이 치유될 수 있는 음악을 연주했고, 블레셋의 거인을 물리쳤다. 그 결과 적의 위협을 받던 이스라엘의 어려움은 해결되었고 근심에 싸인 왕의 마음의 동요도 잠잠케 되었다. 다윗은 이스라엘 나라가 꼭 필요로 하는 존재이자 왕에게 꼭 필요한 것을 해결해 주는 사람이었다. 건방을 부리거나 과시함이 없이 겸손하게 다윗은 그 일을 해 나갔다. 그러나 이 두 가지 일들을 감당하기 위해서 그는 죽음을 불사한 위험을 감수해야만 했다.

직접 다윗 추격에 나선 사울(19:18~24)

19:18 다윗이 도피하여 라마로 가서 사무엘에게로 나아가서…… 20 사울이 다윗을 잡으려 사자들을 보내었더니 그들이 선지자 무리의 예언하는 것과 사무엘이 그들의 수령으로 선 것을 볼 때에 하나님의 신이 사울의 사자들에게 임하매 그들도 예언을 한지라 21 혹이 그것을 사울에게 고하매 사울이 다른 사자들을 보내었더니 그들도 예언을 한 고로 사울이 세 번째 다시 사자들을 보내었더니 그들도 예언을 한지라 22 이에 사울도 라마로 가서…… 23 ……하나님의 신이 그에게도 임하시니 그가……예언을 하였으며 24 그가……종일 종야에 벌거벗은 몸으로 누웠었더라 그러므로 속담에 이르기를 사울도 선지자 중에 있느냐 하니라

"예언적인 열광"(the prophetic frenzy, "선지자 무리의 예언하는 것", 원서에서 인용한 성경 구절에는 the prophets in a frenzy로 되어

있음–역주)이 의미하는 것을 정확하게 파악하기가 어렵지만, 본문이 말하고자 하는 핵심은 분명하다. 사울이 왕이 되는 때에 그를 지배했던 바로 그 하나님의 영(10:9~13)이 또한 사울 왕권의 종말을 고하고 있다는 사실이다. 사울이 자기를 죽이려는 여섯 번째의 시도를 모면한 후, 다윗은 신변보호를 청하기 위해 선지자 사무엘이 머물고 있던 라마로 갔다. 당시 사무엘은 라마에서 견습 선지자들을 지도하고 있었다. 사울이 전령들을 보내 사무엘을 자기에게로 데려 오게 했다. 그러나 그 영적 집단에 가까이 다가갔을 때, 전령들이 예언적인 입신을 체험하면서 하나님의 영에 의해서 압도당하고 말았다. 두 번째 전령들에게도 똑같은 일이 벌어졌다. 그 일을 전해 들은 사울은 반신반의 하면서 분개한 마음을 품은 채직접 문제를 처리하기 위해 라마로 갔다. 살기로 가득했던 사울의 마음과 그의 악한 의도도 세 무리의 전령들과 마찬가지로 하나님의 영을 저항하기에는 무력하기만 했다. 즉시 사울은 하나님의 영의 영향 아래 완전히 사로 잡혀서 왕의 제복을 벗고 사무엘 앞에 엎드렸는데, 이것은 하나님의 능력과 임재에 대한 증거였다. "한때 위대했던 이 사람, 여전히 키는 장대하시만 더 이상 위대하지 않고, 실질적인 통치권을 상실한 채 왕의 명예를 저버린 그가 이제는 항복하는 자세로 자신의 무기력함을 나타내고 있다"(Brueggemann, First and Second Samuel, 145).

다윗을 더욱 미워하는 사울(20:1~42)

다윗과 요나단 두 사람 모두 사울에게 가장 좋은 것이 이루어질 수 있기만을 원했다. 그런데 하루하루가 지날수록 좋지 않은 징조들이 나타났다. 사울의 간헐적인 분노와 종잡을 수 없는 질투는 그의 인생의 불행한 종말을 쉽게 예측할 수 있게 했다. 그러나 여전히 그 두 사람은 사울의 그런 종말을 인정하고 싶어 하지 않았던 것 같다. 하지만 결국에는 일말의 가능성을 기대하면서 사울에게 시간과 기회를 줄 수 있던 여지까지도 완전히 사라지고 말았다. "요나단이 그 부친이 다윗을 죽이기로 결심한 줄 알았다"(33절)

> 20:1 다윗이 라마 나욧에서 도망하여 와서 요나단에게 이르되……네 부친 앞에서 나의 죄가 무엇이관대 그가 내 생명을 찾느뇨 2 요나단이 그에게 이르되 결단코 아니라 네가 죽지 아니하리라 내 부친이 대소사를 내게 알게 아니하고는 행함이 없나니…… 3 다윗이 또 맹세하여 가로되……진실로 여호와의 사심과 네 생명으로 맹세하노니 나와 사망의 사이는 한 걸음 뿐이니라…… 5 다윗이 요나단에게 이르되 내일은 월삭인 즉 내가 마땅히 왕을 모시고 앉아 식사를 하여야 할 것이나 나를 보내어 제 삼일 저녁까지 들에 숨게 하고 6 네 부친이 만일 나를 자세히 묻거든 그때에 너는 말하기를 다윗이 자기 성 베들레헴으로 급히 가기를 내게 허하라 간청하였사오니 이는 온 가족을 위하여 거기서 매년제를 드릴 때가 됨이니이다 하라 7 그의 말이 좋다 하면 네 종이 평안하려니와 그가 만일 노하면 나를 해하려고 결심한 줄을 알지니 8 그런즉 원컨대 네 종에게 인자히 행하라 네가 네 종으로 여호와 앞에서 너와 맹약케 하였음이니라……
>
> 12 요나단이 다윗에게 이르되…… 13 ……만일 내 부친이 너를 해하려 하거늘 내가 이 일을 네게 알게 하여 너를 보내어 평안히 가게 하지 아니하면 여호와께서 나 요나단에게 벌을 내리시고 또 내리시기를 원하노라…… 14 너는 나의 사는 날 동안에 여호와의 인자를 내게 베풀어서 나로 죽지 않게 할 뿐 아니라 15 ……네 인자를 내 집에서 영영히 끊어 버리지 말라 하고 16 이에 요나단이 다윗의 집과 언약하기를…… 17 요나단이 다윗을 사랑하므로 그로 다시 맹세케 하였으니 이는 자기 생명을 사랑함 같이 그를 사랑함이었더라

사울과 다윗의 최종적인 단절의 순간이 다가올수록, 본문의 진행 속도가 느려지고 있음을 느낄 수 있을 것이다. 대화 형식으로 이어지는 자세한 내용들은 우리로 하여금 현재 진행되고 있는 사건에 함축되어 있는

모든 정치적이고 인격적인 의미들을 깊이 생각하게 한다. 요나단과 다윗 두 사람 앞에는 극악한 위험이 기다리고 있었다.

20:24 다윗이 들에 숨으니라 월삭이 되매 왕이 앉아 음식을 먹을 때에 25 ……다윗의 자리는 비었으나

매월 첫 째날에 시작하는 삼일간의 만찬은 모세의 율법에서 규정한 것 인데(민 28:11~15), 이 만찬을 사울 왕이 주관했다. 만찬이 베풀어 질 때, 그 자리는 다윗에 대한 왕의 심경을 확인할 수 있는 최적의 기회가 되 므로, 요나단은 이 기회를 이용할 계획을 세웠다.

20:30 사울이 요나단에게 노를 발하고 그에게 이르되 패역부도의 계집의 소생아 네가 이새의 아들 을 택한 것이 네 수치……됨을 내가 어찌 알지 못하랴 31 ……이제 보내어 그를 내게로 끌어오라 그는 죽어야 할 자니라 32 요나단이 그 부친 사울에게 대답하여 가로되 그가 죽을 일이 무엇이니이까 무엇을 행하였나이까 33 사울이 요나단에게 단창을 던져 치려 한지라 요나단이 그 부친이 다윗을 죽이기로 결심한 줄 알고 34 심히 노하여 식사 자리에서 떠나고……이는 그 부친이 다윗을 욕되게 하였으므로……

얼마 전에 자기 아버지가 다윗을 죽이려고 결심했넌 바를 설득하여 포 기시킨 적이 있었지만(19:1-7) 이번에는 사정이 달랐다. 일시적인 자 제는 오래 가지 못했다. 이성적인 자제력이 사라지자 분출하는 악에 사 로잡혀서 사울이 다윗을 죽이려고 단창을 던진 것이다. 그때 요나단이 다시 이성적으로 자기 아버지를 설득하려고 하자 사울이 바로 그 창을 요나단에게 던졌다.

20:35 아침에 요나단이 작은 아이를 데리고 다윗과 정한 시간에 들로 나가서…… 42 요나단이 다윗에

이 본문은 다윗과 요나단의 이야기 최종 부분이다. 두 친구는 십 황무지 수풀에서 잠깐 그리고 은밀하게 한번 더 만나게 된다(23:15~18). 다윗을 죽이려는 사울의 결심이 굳어지게 된 과정을 아주 자세히 기록하고 있는 것과 동시에 다윗과 요나단의 따뜻한 우정의 이야기로 감정을 움직이고 있는 것은 의미심장한 부분이다. 다윗과 맺은 요나단의 언약적인 우정은 다윗을 죽이려는 사울의 반복되는 시도들을 – 비이성적인 것과 이성적인 것을 모두 망라하여 – 괄호 속에 묶는 역할을 한다. 18:2~3에서 괄호가 열리고 20:42에서 괄호는 닫힌다.

요나단은 어려운 여건 속에서 그의 언약적 우정을 지켰다. 그 우정은 다윗에게 두신 하나님의 목적을 위해서 기여했으나, 요나단은 그 이후로 다시는 다윗을 볼 수 없었다. 요나단은 자신이 지킨 우정에 대한 감정적인 보상은 거의 받지 못했다고 할 수 있다. 요나단은 다윗에 대항하는 무자비한 정서가 굳어져 있던 환경과 조건들 가운데서 그 언약을 지켰다. 요나단은 죽을 때까지 사울의 조정에 몸을 담고 있으면서, 자기 아버지와 함께 블레셋의 침입을 저지하는 전쟁을 치렀고, 아마도 다윗을 추적하는 자기 아버지와 동행했을 것이다. 그러나 그런 상황들이 그 언약을 무효로 만들지는 못했다. 오히려 그 언약은 그런 상황과 조건들을 극복하는 하나님의 목적을 위해서 사용되어졌다. "사울의 궁"에서 그러했던 것과 마찬가지로 많은 언약적 우정이 서로의 맹세로 맺어진 친밀함으로 인하여 적대적인 결혼관계에서, 가족관계에서, 직장 안에서, 문화적인 조건 가운데서 모든 것을 극복하게 하고 그 우정을 굳건히 지켜나갈 수 있게 한다. 그러나 그 우정 속에 담긴 사람을 유지시켜 주는 것은 그 상황에 개입되어 있는 조건들 때문이 아니라 우정을 약속한 언약으로 말미암은 것이다.

14. 다윗의 광야 시절

사울과의 결별은 지금까지 살아오던 생활 방식과 환경을 포기하는 것을 의미했다. 사울과 결별하게 됨으로써 다윗의 유랑 세월이 시작되었다. 다윗은 인생을 광야에서 시작하지도 않았고, 거기서 종말을 맞이하지도 않았다. 그러나 그는 광야에서 아주 의미 깊은 몇 년의 세월을 보냈다. 모든 사람들, 특히 하나님과의 관계를 유지해 가고 있는 모든 사람들은 특정 시간을 광야에서 보내게 되기 때문에 거기에서 어떤 일이 일어나는지를 알고 있는 것이 중요한 의미가 될 수 있다.

다윗이 광야로 들어간 것은 스스로의 선택이 아니었다. 도망하던 중에 그곳으로 갈 수밖에 없던 상황이었다. 여유롭게 야생동물을 구경하거나 야생화 그림을 그리기 위해서가 아니라 살기등등한 사울 왕의 추격을 피하기 위해서 그 숲으로 들어 간 것이다. 그는 거기에서 위험하고 예측할 수 없는 세월을 보냈다. 이 광야 시절 동안에 그가 보냈던 하루하루의 시간은 왕으로 기름 부음을 받은 그의 지위와는 너무나 모순된 나날이었다. 다윗은 많은 사람들의 도움과 지지를 받아왔다. 그 가운데 사무엘, 미갈, 요나단은 다윗에게 특별한 도움을 주었던 이들이다. 그러나 이제 그는 자기 혼자이다. 그런데 여전히 다윗은 사건 전체 구도의 중심에 있었다. 사울은 점점 하나님의 섭리에서 배제되어지는 반면, 다윗은 단연코 섭리의 중심에 있었다.

발달된 문명 사회에서 안락하게 살고 있는 우리와 같은 사람들을 위해서 광야에는 엄청나게 매력적인 어떤 것이 있다. 너무 매력적이므로 우리는 넓은 땅들을 별도로 구분해서 광야로 보존한다. 그래서 "들판이 부르는 소리"를 느낄 때 우리는 광야로 들어갈 수 있는 것으로 알고 있다. 광야 속에 있을 때, 우리는 외부의 통제 하에 있지 않고, 완성해야 할 과제나 지켜야 할 약속에 억압 당하지 않는다. 경계심을 늦추지 않고, 살아 있는 것 – 그게 전부이다. 광야 가운데 있을 때, 우리는 흔히 우리의 삶이 단순화되고 깊어진다는 것을 느낀다. 광야에서 며칠(때로는 불과 몇 시간)을 지낸 후, 많은 사람들은 자기 자신이 더욱 정리되어지고 자발적이 되었음을 느낀다. 비록 익숙하지는 않을지라도 그들의 입에서는 종종 하나님이라는 이름이 오르내리기도 한다. 광야에는 놀라울 정도로 매력적인 어떤 것이 있다.

그러나 광야에는 사람을 놀라게 하는 어떤 것도 있다. 개발되지 않은 광야는 숨이 막힐 정도로 아름답기도 하지만 한편으로는 예측 불허의 위험천만한 곳이기도 하다. 광야의 폭풍은 천사가 포옹하고 있는 하늘을 악마의 큰 가마솥으로 바꿀 수도 있다. 한 마리의 야수가 일순간에 우아한 조각 상에서 잔인한 살인자로 바뀔 수도 있다. 광야는 우리를 죽일 수 있는 수백 가지의 다양한 방법들을 가지고 있다.

다윗이 숨기 위해서 들어 간 광야가 바로 아름다우면서 동시에 위험천
만한 그런 곳이었다. 다른 곳에서는 보고, 듣고 경험할 수 없는 그런 일들
을 바로 그 광야에서 다윗은 보고, 듣고, 경험하였다. 우리 자신이 광야에
있다는 것을 알게 되었을 때, 우리는 크게 놀라서(다윗처럼), 정신을 바
짝 차리고 눈을 크게 뜬다(다윗처럼). 그 광야에서 우리는 위험과 사망
에 대한 인식에 사로잡히고 만다. 그러나 바로 그 순간 우리가 우리 자신
을 자연스럽게 그대로 내버려 두기만 한다면 우리는 하나님의 위대한 신
비와 생명의 특별한 존귀함에 대한 깨달음 속으로 빨려 들게 될 것이다.
다윗의 광야 시절은 고귀함과 불안함의 요소들을 동시에 갖추고 있었다.

놉에서(21:1~9)

21:1 다윗이 놉에 가서 제사장 아히멜렉에게 이르니 아히멜렉이 떨며 다윗을 영접하며 그에게 이
르되 어찌하여 네가 홀로 있고 함께 하는 자가 아무도 없느냐 2 다윗이 제사장 아히멜렉에게 이르
되 왕이 내게 일을 명하고 이르시기를 내가 너를 보내는 바……일의 아무 것이라두 사람에게 알게
하시 말라…… 3 이제 당신의 수중에 무엇이 있나이까 떡 다섯 덩이나 무엇이든지 있는 대로 내 손
에 주소서 4 제사장이 다윗에게 대답하여 가로되 항용 떡은 내 수중에 없으나 거룩한 떡은 있나니
그 소년들이 부녀를 가까이만 아니하였으면 주리라 5 다윗이 제사장에게 대답하여 가로되 우리
가 참으로……부녀를 가까이 하지 아니하였나이다…… 6 제사장이 그 거룩한 떡을 주었으니……

7 그 날에 사울의 신하 한 사람이……그는 도엑이라 이름하는 에돔 사람이요 사울의 목자장이었더라

8 다윗이 아히멜렉에게 이르되 여기 당신의 수중에 창이나 칼이 없나이까……내 칼과 병기를 가지
지 못하였나이다 9 제사장이 가로되 네가 엘라 골짜기에서 죽인 블레셋 사람 골리앗의 칼이……있
으니 네가 그것을 가지려거든 가지라……다윗이 가로되 그 같은 것이 또 없나니 내게 주소서

광야에서 다윗이 처음 들른 곳은 바로 놉이었다. 거기에는 성소와 아

히멜렉이 이끄는 큰 제사장 공동체가 있었다. 놉의 위치를 정확하게 확인할 수는 없지만, 기브아에서 약 2킬로미터 정도 떨어진 곳으로 알고 있다. 이사야 10:30과 느헤미야 11:32에서는 놉을 아나돗과 함께 언급하는 것을 볼 때, 놉의 위치는 기브아와 예루살렘 사이였음이 분명하다.

사울을 피하여 급하게 떠났기 때문에 다윗은 양식도, 무기도 준비하지 못했는데, 이 두 가지를 놉에서 마련했다. 제사장 아히멜렉이 다윗에게 성소의 떡을 주는 것을 조심스러워 했다. 그러나 성소의 의식 법에 비추어 볼 때 다윗은 정결한 사람이었고, 다윗과 그의 사람들의 굶주린 상태로 보아 그 떡이 가장 요긴하게 사용되어져야 할 상황임을 확신하게 된 아히멜렉은 성소의 떡을 다윗에게 주었다(이 상황에서 다윗은 자신이 지금 사울을 피해서 도망 중에 있는 것으로 말하지 않고, 여전히 사울을 위해서 일하고 있는 것으로, 자신을 소개하여 순간적인 기지를 발휘했다). 예수님은 다윗의 처신을 하나의 모델로 삼기 위해서 이 사건을 인용하셨다(마 12:3~4). 성소에 드려진 떡(진설병—역주)에 관한 율법은 레위기 24:5~9에 정리되어 있다.

다윗과 아히멜렉의 대화는 두 사람이 이전에 친분이 있었음을 짐작하게 해 준다. 군사 원정대의 지휘자 시절에 다윗은 전장으로 떠나기 전에 병사들의 성결 의식을 위해서 자주 아히멜렉이 있는 성소에 들렀었다.

무기가 필요한 다윗에게 아히멜렉이 골리앗의 칼을 주었다. 수년 전 엘라 골짜기에서 다윗이 거인 골리앗을 제압하고 노획한 그 칼은 그때부터 놉에 있는 성소에 보관되어 있었다. 그 사건의 회고는 다윗의 목동 시절의 모습과 현재 곤경에 처해 있는 처지를 나란히 병행시킨다. 무명인데다 검증되지 않은 다윗은 단지 막대기, 물매, 조약돌 그리고 기도로 무장한 채 골리앗을 대적하러 나갔고, 하나님 안에서 승리했다. 수 년이 지난 지금, 여러 전쟁을 승리로 이끈 공훈을 인정 받는 노련한 군인으로서 이스라엘 전역에 걸쳐서 존경 받는 유명한 사람이긴 하지만, 또 다시 그는 무기가 없는 빈 손이었다. 그런데 골리앗의 칼이 그에게 맡겨진 것은 상징적인 의미가 있다. 그 칼은 누구도 이길 수 없는 적을 하나님을 의지하는 믿음으로 정복한 것을 기념하는 상징물이다. 또한 그 칼은 다윗이 사울을 섬기는 중에 성취한 최초의 대승리의 증표인데, 이제 다윗은 사울의 공격으로부터 자신을 지키기 위해서 그 칼을 사용하게 되었다.

다윗은 성소에서 철저하게 준비하였고 무장했다. 다윗을 왕으로 삼기 위해 그에게 기름 부으셨던 하나님은 이제 왕이 되기까지의 길고 긴 투쟁에 필요한 것들을 그에게 제공하셨던 것이다.

이때 도엑(7절)에게 잠깐 주의를 기울여야 할 필요가 있다. 그는 후에 전개되는 이야기(22장)와 관련이 있는 인물이기 때문이다. 에돔 족속들은 전통적으로 적개심에 찬 사람들인데, 그들의 조상 에서로부터 헤롯 대왕 시대의 이두메 사람들에 이르기까지 성경역사 전체에 걸쳐서 등장한다. 따라서 도엑이 에돔 사람 임을 강조해서 밝히는 것은, 그 사람에 의해서 저질러질 악행에 대한 주의를 미리 심어 두려는 것이다. "사울의 목자장"이라는 그의 명칭으로 보아 도엑은 사울이 고용한 경호원으로서 높은 지위에 올라 있던 사람이었음을 짐작할 수 있다.

가드에서(21:10~15)

21:10 그 날에 다윗이 사울을 두려워하여 일어나 도망하여 가드 왕 아기스에게로 가니 11 아기스의

신하들이 아기스에게 고하되 이는 그 땅의 왕 다윗이 아니니이까 무리가 춤추며 이 사람의 일을
창화하여 가로되
사울의 죽인 자는 천천이요 다윗은 만만이로다
하지 아니하였나이까 한지라
12 다윗이 이 말을 그 마음에 두고 가드 왕 아기스를 심히 두려워하여 13 그들의 앞에서 그 행동을
변하여 미친 체하고 대문짝에 그적거리며 침을 수염에 흘리매 14 아기스가 그 신하에게 이르되 너
희도 보거니와 이 사람이 미치광이로다⋯⋯ 15 ⋯⋯이 자가 어찌 내 집에 들어 오겠느냐 하니라

광야에서 다윗이 들른 두 번째 장소는 가드(Gath) 인데, 저지대 평지
에 있는 블레셋의 다섯 도시 중에 하나이다. 다윗은 정말 아무도 모르게
숨어 들려고 했던 것일까? 그는 자신이 얼마나 유명한 사람인줄 몰랐던
걸까? 어찌 되었든, 그는 즉시 발각되었고 가드 왕 아기스에게 보고되었
다. 신하들이 왕에게 보고할 때, 다윗을 "그 땅의 왕"(11절)으로 불렀다.
다윗이 기름 부음을 받은 사실에 대해 전혀 아는 바가 없는 사람들이 그
런 호칭을 사용했다는 것은 놀라운 일이 아닐 수 없었다. 그러나 온 지역
에 이스라엘의 지도자로 알려진 다윗의 명성은 블레셋 사람들에게도 흘
러 들어갔다. 블레셋 사람들에게는 사울이 아니라 다윗이 이스라엘의 왕
이었다. 사울을 피해서 도망하는 바로 그 과정에서 다윗은 이스라엘의
오랜 원수의 손에 자신을 던졌던 것이다.

블레셋 사람들이 자신을 어떻게 이해하고 있는가를 알았을 때, 다윗은
두려웠고 빨리 무언가 조치를 취해야 함을 깨달았다. 비록 멀리 떨어져
있을 때는 흠모의 대상이었을지라도 지금 가드 안에 머물고 있는 상태에
서 다윗은 가드 사람들이 가장 미워하는 사람이 될 수 밖에 없었다. 다윗
은 지난 수년 동안 블레셋의 최우선적 보복 대상이었다. 골리앗은 바로
가드 사람이었고(17:4), 다윗은 그들의 공적 제 1순위였던 것이다. 폭도

들의 희생물이 되는 것을 모면하기 위해서 다윗은 미친 행동을 하면서 정신 이상자로 가장했다. 고대 사회에서는 사람들이 미친 사람을 보면 미신적인 두려움을 가지고 접근을 경계하는 문화가 있었다. 그래서 아기스 왕은 다윗을 죽이기보다는 쫓아내고자 했다. 심지어 감옥에 가두는 것도 원하지 않았다. 또 다시 다윗은 블레셋을 물리쳤다. 그러나 이번에는 무기 대신에 그의 기지를 사용했다.

아둘람에서(22:1~2)

^{22:1} 그러므로 다윗이 그곳을 떠나 아둘람 굴로 도망하매 그 형제와 아비의 온 집이 듣고는 그리로 내려가서 그에게 이르렀고 ² 환난 당한 모든 자와 빚진 자와 마음이 원통한 자가 다 그에게로 모였고 그는 그 장관이 되었는데 그와 함께 한 자가 사백명 가량 이었더라

지형학자들은 예루살렘 남서쪽으로 약 28킬로미터 떨어진 언덕 지역에 아둘람이 있었던 것으로 추측한다. 이 언덕 지역에는 동굴들이 산재해 있다. 재미있는 것은 이 지역이 골리앗과 승부를 벌였던 현장인 엘라 골짜기에서 그리 멀지 않다는 것이다. 아둘람의 언덕 기슭에는 샘이 솟는 좋은 우물이 있었으므로, 그곳은 다윗의 형편에 가장 적당한 이상적인 장소이다. 다윗은 그 지역을 잘 숙지하고 있었는데, 그곳의 언덕과 골짜기는 갑작스런 게릴라 출몰에 대비할 수 있는 적절한 은신처가 될 수 있었고 그곳에는 충분한 물이 있었을 뿐만 아니라 골리앗을 물리친 기억을 생생하게 되살리므로 사기를 진작시켜 주는, 그야말로 미리 계획해서 광야에 만들어 둔 것 같은 은신처였다.

다윗의 형제들에 대한 언급은 다소 의외이다. 왜냐하면 이전에는 그들이 큰 우애심을 가지고 다윗을 대하지 않았다는 사실을 알고 있기 때문이다. 그러나 다윗의 가족이라는 이유 때문에 그의 형제들은 사울에게 보복 당할 위험에 놓여 있었을 것이다. 그렇다면 황량한 사막은 그들에게 가장 안전한 장소로 여겨졌을 것이다. 그들과 함께 피난길에 오른 사람들이 있었는데, 그들은 통치권의 법을 어긴 범법자들이거나, 아니면 사울의 눈밖에 나서 숙청 대상자로 지목이 된 자들이거나, 쉽게 말해서 주로 평이 나쁘고 질이 좋지 않은 온갖 종류의 사람들이었다. 사울의 통치 하에서 사회적, 경제적인 생활은 분명 모든 사람에게 적절치 못했다. 이스라엘의 모든 문제를 풀고 생활을 개선시키겠다는 바램으로 왕을 세웠으나, 바라는 대로 되기 보다는 왕으로 인해 문제는 더 가중 되었다. 그 단적인 예를 본문은 당시의 정치와 사회의 영역에서 보여 주고 있는 것이다.

다윗과 함께 있는 4백 명은 이스라엘 중에서 "능하고 문벌 좋은" 사람들이 아니다(고전1:26). 오히려 고린도에 있던 초대 교인들과 흡사한데, 바울이 그들에게 보낸 편지에는 다윗과 함께 한 사람들에 대한 묘사와 같은 표현들이 있다. "육체의 기준으로 판단할 때 너희 중에 지혜 있는 자가 많지 아니하다……그러나 하나님께서 세상의 천한 것들과 멸시 받는 것들과 없는 것들을 택하사 있는 것들을 폐하려 하시나니 이는 아무 육체라도 하나님 앞에서 자랑하지 못하게 하려 하심이라"(고전 1:26~29)

모압 미스베에서(22:3~5)

22:3 다윗이 거기서 모압 미스베로 가서 모압 왕에게 이르되 하나님이 나를 위하여 어떻게 하실 것을 내가 알기까지 나의 부모로 나와서 당신들과 함께 있게 하기를 청하나이다…… 5 선지자 갓

이 다윗에게 이르되 이 요새에 있지 말고 떠나 유다땅으로 들어가라 다윗이 떠나 헤렛 수풀에 이르니라

이 무렵 다윗의 부모는 아주 노쇠했을 것이다. 여덟 형제 중 막내인 다윗은 아둘람 굴이 부모에게는 안전하지도 않을 뿐만 아니라, 도망자의 험한 생활을 잘 견뎌내지도 못할 곳으로 판단되었다. 다윗이 그의 부모를 안전하게 모셔 둘 장소를 찾아 요단 강을 건너 모압 땅으로 가는 것은 나름대로 정당한 이유가 있다. 다윗의 집안 조상은 모압과 관련되어 있는데, 그의 고조 할머니인 룻이 모압 사람이었다(룻 4:17). 옛적에 베들레헴이 심한 가뭄에 시달리던 시기에 이스라엘의 한 가족에게 은혜를 베풀었던 모압이 이제 다시 어려움을 겪고 있는 다윗의 부모를 위해서 피난처를 제공하는 것이다.

다윗의 인생 말기에 발생한 사건을 다루는 사무엘하 24장에서 선지자 갓이 거듭 언급되는데, 그는 왕이지만 또한 범법자이기도 했던 다윗의 인생 전 영역에서 신앙적인 조언을 아끼지 않았던 사람이었다. 다윗은 전적으로 자신의 기지와 재치로 살았던 것이 아니다. 그는 선지자의 조언과 충고(5절)를 수긍하고 위험하게 여거지는 유다 땅으로 돌아가는 것을 망설이지 않았다. "헤렛 수풀"로 지칭되는 지역의 정확한 위치는 확인할 수 없지만, 분명한 것은 도피 중에 있는 다윗이 잘 알려진 곳만 거쳐간 것은 아니라는 사실이다.

놉에서 일어난 대학살(22:6~23)

22:7 사울이 곁에 선 신하들에게 이르되 너희 베냐민 사람들아 들으라 이새의 아들이 너희에게 각

기 밭과 포도원을 주며 너희로 천부장, 백부장을 삼겠느냐[8] 너희가 다 공모하여 나를 대적하며 내 아들이 이새의 아들과 맹약하였으되……내게 고발하는 자가 하나도 없도다[9] 때에 에돔 사람 도엑이 사울의 신하 중에 섰더니 대답하여 가로되 이새의 아들이 놉에 와서 아히둡의 아들 아히멜렉에게 이른 것을 내가 보았었는데[10] 아히멜렉이 그를 위하여 여호와께 묻고 그에게 식물도 주고 블레셋 사람 골리앗의 칼도 주더이다

[11] 왕이 보내어 아히둡의 아들 제사장 아히멜렉과 그 아비의 온 집 곧 놉에 있는 제사장들을 부르매 그들이 다 왕께 이른지라[12] 사울이 가로되 너 아히둡의 아들아 들으라……[13] ……네가 어찌하여 이새의 아들과 공모하여……나를 치게 하려 하였느뇨

[14] 아히멜렉이 왕에게 대답하여 가로되 왕의 모든 신하 중에 다윗 같이 충실한 자가 누구인지요……[15] ……왕의 종은 이 모든 일의 대소간에 아는 것이 없나이다[16] 왕이 가로되 아히멜렉아 네가 반드시 죽을 것이요 네 아비의 온 집도 그러하리라 하고[17] 왕이 좌우의 시위자에게 이르되 돌이켜 가서 여호와의 제사장들을 죽이라……하나 왕의 신하들이 손을 들어 여호와의 제사장들 죽이기를 싫어한지라[18] 왕이 도엑에게 이르되 너는 돌이켜 제사장들을 죽이라 하매 에돔 사람 도엑이 돌이켜 제사장들을 쳐서 그 날에 세마포 에봇 입은 자 팔십 오인을 죽였고[19] ……남녀와 아이들과 젖먹는 자들과 소와 나귀와 양을 칼로 쳤더라

[20] 아히둡의 아들 아히멜렉의 아들 중 하나가 피하였으니 그 이름은 아비아달이라 그가 도망하여 다윗에게로 가서[21] 사울이 여호와의 제사장들 죽인 일을 다윗에게 고하매[22] 다윗이 아비아달에게 이르되 그 날에 에돔 사람 도엑이 거기 있기로 그가 반드시 사울에게 고할 줄 내가 알았노라……

사울은 과대망상증에 사로 잡혔다. 다윗이 어디에 있는지 알게 되자 사울은 자신의 지위가 더욱 불안해졌다. 다윗은 사울을 배척하는 정서를 형성해서 온 나라를 내란으로 몰고 갈 수도 있는 위치에 있었다. 사울은 다윗이 바로 이것을 꾀하고 있는 것으로 단정지었다. 그는 자기 신하들, 특히 요나단이 다윗과 동조하는 것을 두고 심하게 질책했다. 질책이 계속되는 중에 에돔 사람 도엑이 놉에서 목격한 정보를 이용해서 공을 세울 수 있는 기회임을 알아 차리고 그 날 자기가 목격한 것을 사울에게 일러 바쳤다. 그 시점에 사울의 모습은 정상적인 사람이라고는 생각하기 어려울 것이다. 왕의 병적인 질책 앞에서 신하들은 주눅이 든 채 늘어 서

있을 뿐, 앞을 다투어 다윗에게로 떠나는 배신자들이 속출하는 현실 앞에서 무기력에 찌들어 있던 왕에게는 어떤 도움이 되지 않는 상황이었다. 그러므로 사울이 도엑의 고자질을 경청하는 것은 지극히 당연했다.

도엑의 밀고에 근거해서 사울은 아히멜렉과 그의 지도하에 있는 제사장들을 소환하고, 그들이 다윗에게 양식과 무기 그리고 영적인 도움을 제공한 혐의를 씌워 문초했다. 아히멜렉의 설명은 과대망상에 사로잡힌 사울에게 아무런 영향을 미치지 못했다. 사울은 제사장들을 집단 처형하도록 명령했다. 그러나 신하들은 제사장들을 죽이는 것은 고사하고 그들에게 손을 대는 것조차 거부했다. 그들에게 남아 있는 용기를 모두 모아서 그들은 왕의 명령을 거절했던 것이다. 그러나 도엑은 신성 모독이든 폭력이든 상관하지 않고, 단독으로 집단 살상을 감행했다. 칼빈은 도엑을 가리켜 "더할 나위 없는 완전한 악인"이라고 했다(Calvin, Commentary on the Book of Psalms, vol. 2, 311).

놉에서 무자비하게 저질러진 대학살은 역사에서 주요 범죄 중의 하나로 꼽힌다. 하나님의 분명한 명령을 불순종하여, 하나님을 무시했던 아말렉 왕 아가 죽이는 것을 거부함으로써 파멸을 자초했던 사울 왕이 이제는 한 악인의 증거를 빌미 삼아서 놉 땅의 제사장들과 주민들을 멸절 시키고 었던 것이다. 두 사건의 비교는 사울의 파멸을 한 눈에 보여 주는 도표와 같다.

그러나 아히멜렉의 아들 아비아달이 대학살에서 탈출하여 다윗에게 피하여 진상을 알렸다. 다윗은 도엑이 그 날 놉의 성소 뒤에 숨어서 엿보던 것을 기억하고, 그 대학살의 참사의 원인을 두고 자신을 탓했다. 이 후로 아비아달은 다윗의 사람이 된다.

비록 광야에서 도피 생활 중이었지만, 이제 다윗은 선지자(갓)와 제사장(아비아달)의 지원을 받게 되었다. 이것은 하나님의 인도와 보호의 상징이다. 반면 기브아에서 등극한 사울은 과대망상증과 질투심 안으로 점점 더 자신을 격리시키고 있었다.

그일라에서(23:1~14)

"그일라"로 불리는 부락은 아둘람에서 남쪽으로 약 5킬로미터 떨어져 있는데, 추수를 마칠 때가 되면 블레셋 사람들이 올라와서 타작마당에 쌓아 둔 곡식을 약탈해 가곤 했던 마을이다. 블레셋 사람들은 쉽게 농사를 짓는 격이었다. 그들이 종종 하는 말이 있었다. "그일라 주민들이 열심히 일해서 씨 뿌리고, 재배하고, 추수하고, 타작까지 잘 마치게 하라. 모든 일이 마무리되면 그때 우리가 곡식을 약탈하러 올라가자."

본문이 강조하고 있는 핵심은 비록 다윗이 이제 더 이상 사울의 군대에 속해 있지 않다 할지라도, 블레셋의 약탈로부터 이스라엘을 보호하고

도와주어야 할 사울의 사명을 다윗이 계속해서 실천하고 있다는 사실이다. 본문은 다윗의 지도력과 헌신에 주목하게 한다. 다윗 진영의 사람들의 입장에서는 그들의 지도자가 자기와 함께한 사람들을 동원하여 그일라 사람들의 문제에 개입한 것은 참모들의 의견을 무시한 잘못된 처사로 보였다. 그들은 이제 겨우 사울의 마수에서 완전히 벗어나 있는데, 다시 다른 적을 만드는 처사는 무모한 것으로 받아들였던 것이다. 다윗은 군사 참모들의 조언을 경청했다. 그러나 그대로 따르지는 않았다. 그는 하나님의 권고에 순종했고, 그 결과 승리를 얻었다.

다윗을 더 이상 도망하지 못하도록 궁지에 몰아 넣었다고 판단한 사울이 다윗을 추격하여 그일라에 도착했다. 그런데 여기에서 이해할 수 없는 일이 벌어졌다. 다윗은 자신의 목숨을 아끼지 않고 그일라 사람들을 블레셋의 손에서 구해 주었으나, 그일라 주민들은 사울의 추격으로부터 다윗을 보호해 주기 보다는 오히려 다윗이 또 다시 불확실하고 어떤 것도 기약할 수 없는 광야로 나갈 수밖에 없도록 만든 것이다. 선한 행동이 항상 보답을 받는 것은 아니다.

십 황무지 수풀에서(23:15~29)

23:15 다윗이 사울의 자기 생명을 찾으려고 나온 것을 보았으므로 그가 십 황무지 수풀에 있었더니 16 사울의 아들 요나단이 일어나 수풀에 들어가서 다윗에게 이르러 그로 하나님을 힘있게 의지하게 하였는데 17 곧 요나단이 그에게 이르기를 두려워 말라 내 부친 사울의 손이 네게 미치지 못할 것이요…… 18 두 사람이 여호와 앞에서 인약하고……

본문은 다윗과 요나단의 최후 만남을 보여주고 있다. 이 장면은 그들의 생애에서 마지막으로 고귀한 우정을 나누는 모습이다. 요나단의 처지에서는 아주 위험천만한 일이었지만, 그는 다윗을 만났다. 이 짧은 만남을 통해서 수년동안 사울의 무자비한 추격을 피해 유랑하고 있는 다윗은 엄청난 격려를 받았다. 그러나 그 시간, 그 자리에 단순히 우정만 존재했던 것은 아니다. 거기에는 하나님이 계셨다. 본문에 있는 두 구절 – "그로 하나님을 힘있게 의지하게 하였는데"(16절)와 "두 사람이 여호와 앞에서 언약하고"(18절) – 에 전제되어 있는 핵심은 그들의 우정은 서로에 대해서 염려해 주는 것 보다는 하나님께 대한 관심에 집중된 것임을 보여준다. 이 두 사람은 하나님을 가까이 하려는 그들의 최우선적이자 본질적인 삶에 있어서 상대방에게 걸림돌이 되지 않기 위해서 최선을 다했다. 이런 진솔한 그들의 마음은 언약을 세우는 것으로 이어진다. 언약은 진귀한 헌신으로서 인격적인 관계가 주관주의라는 구린내 나는 늪 속으로 빨려 들어 가버리거나 그 가운데서 파멸되는 것을 막아주는 역할을 한다. 언약은 우리가 서로에게 사랑과 도움을 줄 수 있게 하는데, 이때 우리는 개인적인 편리함 또는 사회적, 정치적 유익을 위해서 상대방을 이용하지 않는다.

십 황무지 수풀에서 두 사람이 자신들의 우정을 최종적으로 확인한 후, 사울의 추격은 가속화되었다. 다윗은 숨돌릴 겨를이 없을 정도로 이리저리 쫓겨 다니다가, 십 황무지 수풀을 떠나서 엔게디로 피신했다.

엔게디에서(24:1~22)

24:1 사울이 블레셋 사람을 따르다가 돌아오매 혹이 그에게 고하여 가로되 보소서 다윗이 엔게디

황무지에 있더이다 2 사울이……다윗을 찾으러…… 3 길 가 양의 우리에 이른즉 굴이 있는지라 사울이 그 발을 가리우러 들어가니라 다윗과 그의 사람들이 그 굴 깊은 곳에 있더니 4 다윗의 사람들이 가로되 보소서 여호와께서 당신에게 이르시기를 내가 원수를 네 손에 붙이리니……다윗이 일어나서 사울의 겉옷자락을 가만히 베니라 5 그리한 후에 사울의 옷자락 벰을 인하여 다윗의 마음이 찔려 6 자기 사람들에게 이르되 내가 손을 들어 여호와의 기름 부음을 받은 내 주를 치는 것은 여호와의 금하시는 것이니…… 7 ……사울이 일어나 굴에서 나가 자기 길을 가니라

8 그 후에 다윗도 일어나 굴에서 나가 사울의 뒤에서 외쳐 가로되 내 주 왕이여 하매…… 9 사울에게 이르되 다윗이 왕을 해하려 한다고 하는 사람들의 말을 왕은 어찌하여 들으시나이까…… 11 나의 아버지여 보소서 내 손에 있는 왕의 옷자락을 보소서 내가 왕을 죽이지 아니하고 겉옷자락만 베었은즉 나의 손에 악이나 죄과가 없는 줄을 아실지니이다……

16 ……사울이 가로되…… 17 ……나는 너를 학대하되 너는 나를 선대하니 너는 나보다 의롭도다

엔게디(문자적으로 "아이의 샘"이란 뜻)는 험한 계곡과 깊은 동굴이 많은 지역인 사해 서쪽 편에 있는 오아시스이다. 잠언 1:14에 의하면 한 때 그 곳이 포도원 지역이었음을 알 수 있다. 20세기 중엽에 아주 잘 알려진 사해 사본들이 엔게디 지역의 동굴들 중에서 발견되었다. 또한 다른 동굴들에서는 철기시대(사울과 다윗 시대)의 것으로 보이는 항아리 조각들이 발굴되었다. 어떤 동굴들은 워낙 크고 깊어서, 다윗과 그를 따르던 사람들이 발각되지 않고 충분히 숨어있을 수 있을 정도이다.

이 중대한 시기에 다윗의 입장은 절박하기만 했다. 왜냐하면, 비록 황무지가 많은 동굴과 가파른 협곡들로 이루어져서 은닉하기에 좋은 장소를 손쉽게 찾을 수 있긴 하지만, 동굴들과 협곡은 또한 함정이 될 수도 있기 때문이다. 만일 다윗이 포위 당한다면 일전을 불사하는 것은 아예 생각할 수 없는 처지였다. 사울의 군사는 다윗의 사람들보다 다섯 배나 많았기 때문이다.

사건이 전개되어 감에 따라, 조야한 어릿광대극에 필요한 모든 요소들

이 등장한다. 지형 조건에 지친 사울은 내려 쬐는 태양 열을 피하고 휴식을 갖기 위해서 캄캄한 동굴로 들어갔다. 그의 시력이 어두움에 적응되지 않았고, 그래서 동굴의 어두움 속에 있는 형체를 알아채지 못했다. "왕복"을 입고 있는 그 왕이 동굴의 뒤쪽에 숨어 있는 도망자에 의해서 감시 당하고 있었던 것이다. 이 상황은 사해 바다의 시퍼런 심해와 멀리 떨어져 있는 모압 평원의 붉은 산들이 서로 마주한 광경을 간단하게 요약해서 옮겨 놓은 듯 했다. 사울은 왕복과 무기들을 벗어서 한쪽에 밀쳐 둠으로써 자신을 무방비 상태로 위험에 노출시켜 버렸다.

한편, 숨어서 사울의 모든 동태를 살피고 있는 다윗과 그의 사람들은, 자기들이 숨어 있는 사실도 모르고, 띠를 풀고 무장을 해제하고 있는 사울을 죽은 것과 다름없는 것으로 여겼다. 그때 다윗은 분명 왕을 죽여야 했다. 그것이 당연한 이치였다. 그러나 다윗이 그것을 금했다. 대신에 그는 직접 어두운 그늘에서 소리없이 나와서 한쪽에 내팽개쳐진 왕의 의복 한 귀퉁이를 잘라 취한 후, 다시 자기 사람들이 숨어 있는 자리로 돌아왔다. 얼마 지나지 않아 사울은 그 동굴을 떠났다. 동굴에서 제법 멀리 떨어진 것을 확인하자 다윗이 동굴 입구에 서서 "내 주 왕이여!" 하고 사울을 불렀다. 다윗이 부르는 소리에 사울은 놀라 뒤를 돌아보았다. 두 사람은 서로 말을 주고받았는데, 다윗은 자신의 충성심에 변함이 없음을 주장했고 사울은 다윗의 도덕적 우위성을 인정했다. 예술적으로 표현된 두 사람의 주고받은 대화의 내용은 두 사람 안에서 이루어진 하나님의 일을 보여주고 있다.

본문 진술의 역동성을 함께 유지하고 있는 내용은 다음과 같은 다윗의 말에서 볼 수 있다. "혹이 나를 권하여 왕을 죽이라 하였으나 내가 왕을

아껴 말하기를 나는 내 손을 들어 내 주를 해치 아니하리니 그는 여호와
의 기름 부음을 받은 자가 됨이니라 하였나이다"(10절). 다윗의 행동과
말은 모든 일 가운데 하나님이 임재 하신다는 확신 속에서 이루어졌다.
반대로 사울은 하나님이 누구이시며, 그 분이 무엇을 하시는가에 대해서
깨닫는 바가 거의 없었다. 하나님을 배제시켜 버린 정치적이고 군사적인
관심이 그의 생활을 지배하고 있었다.

다윗에게 대답하는 사울의 말에서(17~21절) 감정적인 영성의 고전
적인 실례를 볼 수 있다. 사울은 다윗이 옳다는 것을 인정하며, 다윗이 자
신을 대신하여 의로운 왕이 될 것임을 천명하였다. 결과적으로 동굴에서
일어난 사건의 전말은 그들 두 사람 각자의 왕권에 대한 진실을 드러내
고 있었던 것이다. 사울이 그렇게 말하는 동안 자기가 무슨 말을 하고 있
는지를 느끼고 있거나, 자기 말의 내용을 신뢰하고 있었다고 생각할 수
있는 근거는 본문에서 전혀 발견되지 않는다. 그런 추측을 가능하게 할
수 있는 어떤 특징조차도 없는데, 예를 들어서 (그의 아들과 다윗 사이에
맺은 것과 같은) 그가 지켜야 할 언약이 있다면, 그것에 근거해서 회개와
기도, 관계와 순종의 삶을 구축할 수 있었을 것이다. 사울은 격렬한 종교
적인 감정에 쉽게 사로 잡혀서 행동하고 표출하는 사람이지만, 그의 삶
은 조금도 변화되지 않았다.

사무엘의 장례식(25:1)

25:1 사무엘이 죽으매 온 이스라엘 무리가 모여 그를 애곡하며 라마 그의 집에서 그를 장사한
지라……

사울의 사살 명령을 받고 자기를 추격하는 자들을 피해서 다윗이 의논과 보호를 구하기 위해서 라마에 있는 사무엘을 찾아 온 이후(19:18), 선지자 사무엘은 표면에 등장하지 않는다. 그러나 표면적으로 드러나지는 않을지라도, 사무엘의 존재는 여전히 사건 전체에 영향을 미칠 정도로 대단했음을 알 수 있다. 왜냐하면 그의 죽음을 두고 이스라엘의 모든 사람들이 애도했기 때문이다. 겉으로 보기에는 다윗의 앞날이 그렇게 밝아 보이지 않았다. 그의 후견인이었던 사무엘이 죽었고, 자신은 여전히 광야에서 유랑하는 처지였다. 그러나 사건의 전말을 읽어 오는 동안, 성경 본문을 한 장씩 넘길 때마다, 우리는 섭리의 불가피성에 대한 강한 느낌을 받는데, 다윗이 점점 부상하고 있다.

갈멜에서: 나발과 아비가일(25:2~42)

25:2 마온에 한 사람이 있는데 그 업이 갈멜에 있고 심히 부하여……그가 갈멜에서 그 양털을 깎고 있었으니 3 그 사람의 이름은 나발이요 그 아내의 이름은 아비가일이라 그 여자는 총명하고 용모가 아름다우나 남자는 완고하고 행사가 악하며…… 5 다윗이 이에 열 소년을 보내며……너희는 갈멜로 올라가 나발에게 이르러 내 이름으로 그에게 문안하고 6 ……이르기를 너는 평강하라…… 7 네게 양털 깎는 자들이 있다 함을 이제 내가 들었노라 네 목자들이 우리와 함께 있었으나……그들이 갈멜에 있는 동안에 그들의 것을 하나도 잃지 아니하였나니 8 ……내 소년들로 네게 은혜를 얻게 하라 우리가 좋은 날에 왔은즉 네 손에 있는 대로 네 종들과 네 아들 다윗에게 주기를 원하노라 하더라 하라

9 다윗의 소년들이 가서……이 모든 말을 나발에게 고하기를…… 10 나발이……대답하여 가로되 다윗은 누구며……근일에 각기 주인에게서 억지로 떠나는 종이 많도다 11 내가 어찌 내 떡과 물과……고기를 가져 어디로서인지 알지도 못하는 자들에게 주겠느냐…… 12 이에 다윗의 소년들이……이 모든 말로 그에게 고하매 13 다윗이……이르되 너희는 각기 칼을 차라……사백 명 가량은 데리고 올라가고……

14 소년 중 하나가 나발의 아내 아비가일에게 고하여 가로되 다윗이 우리 주인에게 문안하러 광야에서 사자들을 보내었거늘 주인이 그들을 수욕하였나이다 15 ……그 사람들이 우리를 매우 선대하였으므로…… 16 우리가 양을 지키는 동안에 그들이 우리와 함께 있어 밤낮 우리에게 담이 되었음이라 17 그런즉……어떻게 할 것을 알아 생각하실지니 이는 다윗이 우리 주인과 주인의 온 집을 해하기로 결정하였음이니이다 주인은 불량한 사람이라 더불어 말할 수 없나이다

18 아비가일이 급히 떡……포도주……양……볶은 곡식……건포도……무화과뭉치……취하여 나귀들에게 싣고 19 소년들에게 이르되 내 앞서 가라 나는 너희 뒤에 가리라 하고 그 남편 나발에게는 고하지 아니하니라……

23 아비가일이 다윗을 보고…… 24 그가 다윗의 발에 엎드려 가로되…… 25 원하옵나니 내 주는 이 불량한 사람 나발을 개의치 마옵소서 그 이름이 그에게 적당하니 그 이름이 나발이라……

28 주의 여종의 허물을 사하여 주옵소서…… 29 ……내 주의 생명은 내 주의 하나님 여호와와 함께 생명싸개 속에 싸였을 것이요…… 31 ……여호와께서 내 주를 후대하신 때에 원컨대 내 주의 여종을 생각하소서

32 다윗이 아비가일에게 이르되 오늘날 너를 보내어 나를 영접케 하신 이스라엘의 하나님 여호와를 찬송할지로다 33 또 네 지혜를 칭찬할지며 또 네게 복이 있을지로다 오늘날 내가 피를 흘릴 것과 친히 보수하는 것을 네가 막았느니라…… 35 다윗이……그에게 이르되 네 집으로 평안히 올라가라……네 청을 허락하노라

36 아비가일이 나발에게로 돌아오니 그가 왕의 잔치 같은 잔치를 그 집에 배설하고 대취하여……아침까지는 다소간 말하지 아니하다가 37 아침에 나발이 포도주가 깬 후에 그 아내가 그에게 이 일을 고하매 그가 낙담하여…… 38 한 열흘 후에 여호와께서 나발을 치시매 그가 죽으니라

39 다윗이 나발이 죽었다 함을 듣고……아비가일로 자기 아내를 삼으려고 보내어 그에게 말하게 하매

본문의 극적인 이야기의 핵심에는 광야에서 다윗 앞에 무릎을 꿇은 아비가일이 있다. 눈에 살기가 등등할 정도로 다윗은 격노해 있고, 아비가일은 그의 앞에 무릎을 꿇음으로 다윗의 길을 막았다. 심한 모욕을 당한 다윗이 보복하기 위해서 4백 명을 대동하고 나발을 치러 가는 길이었다. 외롭게 살지만 아름다운 아비가일이 다윗의 행로에 나서서 그의 앞에 무릎을 꿇고 진군을 저지한 것이다(23~31절). 하나님을 위한 열정으로 충

만한 사람으로 알려진 다윗이 바로 이 순간에는 자신에게 집착되어 있었다. 그는 일찍이 용모가 아름다운 것으로 알려졌었으나(16:12, 17:42), 이 순간에는 그 아름다움의 흔적조차도 보이지 않았다. 이제 "아름다운" 아비가일(3절)이 다윗이 자기 자신을 돌이켜 보고, 그의 진정한 모습을 회복하도록 돕는 사람이 되었다.

본문의 배경은 다윗의 광야 사역이다. 광야에서 거하는 수년의 기간동안 다윗은 자기와 함께한 사람들을 "선한 사마리아인"과 같은 잘 훈련된 집단으로 준비시켰다. 생활 환경의 자연적인 위험에 더하여 광야는 범죄의 위험이 높은 지역이었다. 약탈을 일삼는 마적들이 자주 광야에 출몰하여, 지나가는 사람들을 습격하고, 방어 능력이 없는 주민들을 약탈하기 일쑤였다. 예수께서 사용하신 유명한 예화 중에 유대 광야를 지나던 한 나그네가 노상에서 강도 만나서 다 빼앗기고 두들겨 맞아서 쓰러져 있는데, 그리로 지나던 한 사마리아인이 그를 구해준 얘기가 있다. 이 예화는 다윗과 그의 사람들이 광야에서 해왔던 일의 내용과 같은 것이다. 다윗의 사람들은 일종의 자원 경비대와 비상 구조대를 연상케 한다. 그들이 도움을 베풀었던 사람들 중에는 아주 부유한 목축업자 나발의 가축을 돌보는 목동들이 있었다. 그들 가운데 한 명이 양털 깎는 기간 중에 있었던 약탈자들의 침입을 다윗이 막아 주었던 것을 주인 나발에게 증언했다(16절). 나발의 이름은 "어리석은"이라는 뜻이다. 시편 14편은 나발에 관해서 자세하게 묘사하고 있다.

"어리석은"이라는 표현은 성경에서 사용되고 있는 말 중에서 가장 경멸적인 용어이다. 어리석은 자는 하나님의 창조의 세계에서 일어나는 일의 진의를 모르는 사람이다. 어리석은 사람들은 진실을 알아 보려는 것조차도 모를 정도로 무식하거나, 진실을 볼 수 없을 정도로 원천적으로 지혜가 상실된 사람들을 의미하지 않는다. 나발은 진실을 알고 있었고, 그 경위 또한 잘 이해하고 있었던 사람이다. 단지 그는 자신의 욕심을 채우기에는 여전히 재물이 부족한 것으로 믿고 있었다. 어리석은 사람들은 무언가 가치 있는 계획들을 구상할 줄 모르므로 결국에는 파멸하고 만다. "어리석은"(나발)이라는 단어는 "실패하다"(to collapse)는 의미의 히브리어 동사에서 파생된 것이다. "시체"를 의미하는 단어 역시 후자와 밀접한 관계가 있다. 아주 탄탄하고 보기 좋은 애드벌룬에서 뜨거운 공기가 빠지고 나면, 눈에 보이는 것은 찌그러진 공기 주머니의 맥 빠진 모습부분이다.

양털 깎는 기간에는 축제를 즐기는 한편, 나그네와 이웃들에게 관용을 베푸는 전통이었다. 이 기간에 다윗이 나발에게 사람을 보내어 양식 지원을 요청한 것은 무리한 것이거나 돌발적인 요구가 아니었다. 그러나 나발이 그 요구를 들었을 때, 마치 다윗의 이름을 한번도 들은 적이 없었던 것처럼, 다윗을 광야의 떠돌이들과 같이 취급하고 모욕을 주면서 다윗을 거질했나.

사울이 주는 시련 가운데서도 사울에 대하여 감정을 억제하고 부드러움을 잃지 않았던 다윗이 나발의 일로 자제력을 잃고 그를 죽일 것을 결심했다. 살기 등등한 사울을 하나님이 기름 부어 세운 사람으로 볼 수 있었던 다윗이 나발의 비열한 모욕에 직면하게 되었을 때는 자기 인생에서 고약한 냄새를 피우고 있는 쓰레기 통속의 지독한 쓰레기 한 덩이 같이 여겨지는 것 외에 어떤 것도 눈에 보이지 않았다.

바로 그때 아비가일이 개입한 것이다. 그녀는 하나님이 세우신 지도자로서의 다윗의 직분과 하나님의 왕권을 보여주는 증인으로서의 다윗의 위치를 다윗 자신에게 환기시켜 주었다. 그녀의 시적인 청원에 보면, 아비가일은 다윗이 근본적으로 사망이 아니라 생명과 관계한 사실을 가지고 그에게 나아갔고, 그의 “물매”를 암시하는 그녀의 비유를 사용함으로써 다윗이 골리앗을 제압한 승리를 회상시켰다(29절). 그리고 다음과 같이 구체적으로 말했다. “다윗이여, 앙갚음을 하는 것은 당신의 할 일이 아닙니다. 그것은 하나님이 하실 일이며, 당신은 하나님이 아닙니다. 당신은 여기 광야에서 이런 상황에 집어 삼켜서는 안됩니다. 그래야 하나님께서 하시는 일과 하나님 앞에 있는 당신 자신을 깨달을 수 있습니다. 광야는 당신이 얼마나 강하고 당신이 얼마나 즉각적으로 보복을 잘 할 수 있는 사람인지를 시험해 보는 실험실이 아닙니다. 오히려 광야는 당신의 삶 가운데서 그리고 삶을 통하여 일하시는 하나님의 신실하신 방법들과 그분의 힘을 발견하는 현장입니다. 나발은 어리석은 사람입니다. 그러나 당신은 어리석은 사람이 되지 마십시오. 지금 이 사건은 한 명의 어리석은 사람으로 충분합니다.”

다윗은 경청하는 사람이었다. 사무엘의 말을 들었고, 하나님의 말씀을 경청했고, 아비아달과 요나단의 말을 진지하게 들었으며, 이제 아비가일의 말을 새겨듣고 있다.

본문의 이야기는 나발, 다윗, 그리고 아비가일 세 사람 사이에 이루어진 사랑과 죽음의 삼각관계로 시작되어서, 하나님, 다윗 그리고 아비가일 사이에 형성된, 형식은 비슷하지만 전적으로 다른 삼각관계로 끝을 맺는다. 만약 이 사건의 구성에서 나발이 하나님을 제치고 주도권을 가진다면, 다윗과 아비가일 둘 다 제거되었을 것이다. 그러나 곧 이어 보게 되겠지만, 다윗과 아비가일 두 사람은 엄청난 축복을 받았다(32~33절에 명시된 삼중 축복을 주목하라).

기독교 전통 중에는 희랍 정교회 가운데서 대부분 발전되어 장구하게 이어져 오는 것이 있는데, 하나님에 대한 증거와 기도의 부름과 같은 아름다움을 존중하는 것이다. 아름다움은 단지 우리의 감각이 우리 자신에게 보고해 주는 것만이 아니라, 또한 우리의 감지 능력을 초월하는 것 - 감정의 내밀성과 심도(innerness and depth) - 에 대한 징조 역시 아름다움이다. 우리가 경험을 토대로 아름다움을 다 설명할 수 없는 이유는, 경험을 초월하는 요소가 더 많기 때문이다. 바로 그 초월과 더 많음의 영역에서 우리는 하나님을 식별하고 깨닫는다. 몹시 지친 감각을 일깨워서 이런 영역들에 주의를 기울이도록 도와주는 예술가들은 바로 복음을 전하는 사람들이다. 우리 가운데 존재하는 그 아름다운 것들을 통해서(복음을 통해서 초월과 더 많음의 영역에서 하나님을 깨달음—역주), 우리는 "주님의 아름다움"에 다가갈 수 있는 방법을 깨닫게 된다.

나발에 대한 강렬한 복수심, 자존심을 위한 자기방어, 혈기 솟구친 성난 행동에 삼겨 그의 인격과 삶 속에 뚜렷하던 주님의 이름다움이 거의 지워질 때, 다윗을 주님의 아름다움에 다시 접촉하도록 돌이킨 것은 아비가일의 아름다움이었다.

십 황무지에서(26:1~25)

26:1 십 사람이 기브아에 와서 사울에게 이르러 가로되 다윗이 광야 앞 하길라산에 숨지 아니하였나이까 2 사울이 일어나 십 황무지에서 다윗을 찾으려고 이스라엘에서 택한 사람 삼천과 함께 십 황무지로 내려가서……

7 다윗과 아비새가 밤에 그 백성에게 나아가 본즉 사울이 진 가운데 누워 자고 창은 머리 곁 땅에 꽂혔고⋯ 8 아비새가 다윗에게 이르되 하나님이 오늘날 당신의 원수를 당신의 손에 붙이셨나이다 그러므로 청하오니 나로 창으로 그를 찔러서 단번에 땅에 꽂게 하소서⋯ 9 다윗이 아비새에게 이르되 죽이지 말라 누구든지 손을 들어 여호와의 기름 부음을 받은 자를 치면 죄가 없겠느냐⋯ 11 ⋯너는 그의 머리 곁에 있는 창과 물병만 가지고 가자 하고⋯

13 이에 다윗이 건너편으로 가서 멀리 산꼭대기에 서니⋯ 14 다윗이⋯아브넬아 너는 대답지 아니하느냐⋯ 15 ⋯네가 어찌하여 네 주 왕을 보호하지 아니하느냐⋯ 16 ⋯이제 왕의 창과 왕의 머리 곁에 있던 물병이 어디 있나 보라

17 사울이 다윗의 음성을 알아 듣고 가로되 내 아들 다윗아 이것이 네 음성이냐 다윗이 가로되 내 주 왕이여 내 음성이니이다 18 또 가로되 내 주는 어찌하여 주의 종을 쫓으시나이까⋯ 20 ⋯이스라엘 왕이 한 벼룩을 수색하러 나오셨음이니이다

21 사울이 가로되 내가 범죄하였도다⋯내가 어리석은 일을 하였으니 대단히 잘못 되었도다 22 다윗이 대답하여⋯ 24 오늘날 왕의 생명을 내가 중히 여긴 것같이 내 생명을 여호와께서 중히 여기셔서 모든 환난에서 나를 구하여 내시기를 바라나이다 25 사울이 다윗에게 이르되 내 아들 다윗아 네게 복이 있을지로다⋯

다윗이 "어리석은" 나발에 관한 일은 정리했으나(25장), 어리석은 사람들과 얽힌 문제는 여전히 남아 있었다. 그는 사울을 또 다시 대면하게 되는데, 그때에 사울은 자신을 가리켜 스스로 어리석은 자라고 불렀다(26:21).

십 황무지에서 있었던 사울과 다윗 사이의 이야기는 엔게디 광야에서 있었던 두 사람 사이의 사건(24장)과 아주 유사하다. 내용의 취지는 본질적으로 동일하지만, 사건의 세부 사항은 아주 판이하다. 광야로 피난하여 유랑하는 세월이 마감되는 시점에 이르자, 본문은 주제의 반복을 통해서 사울과 다윗의 이야기의 근본적인 관심을 강조한다. 다윗이 진정한 왕 임을 현재의 왕인 사울이 인정하는 반면에, 다윗은 사울을 제거하고 스스로 왕이 될 목적으로 사울을 대항해서 손가락을 치켜드는 것조차

도 계속해서 거부했다. 만일 다윗이 하나님이 선택한 왕이라면, 하나님께서 그렇게 되도록 필요한 모든 일을 하실 것이다. 그러므로 다윗은 권력 투쟁에 개입할 필요가 없고, 그 문제를 자신의 손에 두어서도 안 된다. 연단과 훈련의 의미가 있는 고통스러운 현실 가운데서 다윗이 보여준 과묵함은 예수님께서 "땅을 차지하게 될" 것을 축복하신 "온유한 자"의 자격(마 5:5)에 속한다. "온유함"은 통제된 힘인데, 자신의 유익이나 입장을 강화하려는 기회주의를 거부하고, 하나님의 "날", 하나님의 정한 때를 기다리는 동안 인내하면서 굳게 서 있을 수 있게 해준다. 사울을 하나님의 기름 부으신 자로 존중해 줌으로써, 다윗은 역사 속에서 원하시는 때와 장소와 방법으로 뜻을 이루시는 하나님을 높인 것이다.

엔게디에서의 사건부터 반복된 유형(24장)에 더하여, 사울과 다윗의 이야기에는 초반부터 어떤 어휘적인 메아리가 보인다. 다윗이 왕궁에서 시중들던 초기에, 사울이 다윗에게 창을 던진 사건이 두 번 있었다. 각 사건은 "다윗을 벽에 박으리라(pin)"(18:11, 19:10)는 표현을 동반하고 있다. 사울은 또한 자기 아들 요나단까지 똑같은 창으로 죽이려고 했다(20:33). 다윗이 도망한 후에, 사울은 "그 손에 자기 창을 가지고" 기브아에 앉아 있는 모습으로 묘사된다(22:6). 지금까지 사울이 자기 창을 떠나서 있었던 적이 있었던가? 그리고 지금 수년이 지난 후, 다윗과 아비새가 십 광야의 진영에서 잠든 사울에게 접근했을 때, 그의 창은 한 눈에 확 들어왔다(26:7). 아비새가 똑같은 표현 "그를 (땅에) 꽂다"(pin)를 사용하면서, 바로 그 창으로 사울을 죽일 것을 제안했다(26:8). 이것은 정의를 나타내는 탁월한 시적 표현법이다. 즉 사울이 다윗에게 사용했던 바로 그 창과 창에 얽힌 언어가 부메랑처럼 사울에게로 되돌아왔다. 그러나 다윗은 아비새에게 그것을 허락하지 않았다. 다윗은 "눈에는 눈, 이에는 이"로 가르치는 옛 윤리 지침을 따라 상황을 대처하지 않았다.

이것이 다윗과 사울의 마지막 만남이었다. 다윗을 죽이기 위해서 사울이 여러 번 집요하게 시도한 후, 사울이 다윗에게 한 마지막 말은 축복이었다는 사실은 놀랄만한 일이기도 하지만, 또한 놀랍게도 적절한 것이었다(26:25).

수년 간의 광야생활에 관한 보다 큰 이야기 안에 24, 25, 26장은 일종의 대칭이 중심을 이루고 있다. 세 장 모두 다윗이 이스라엘의 진정한 왕임을 우호적으로 보여준다. 첫째와 셋째는 다윗과 사울 사이의 대화로 이루어지는데, 이 대화에서 다윗은 사울을 죽이고 왕권을 찬탈하는 것을 거부한다. 그리고 사울은 다윗이 자기보다 뛰어난 자이며 하나님께서 축복하신 왕위 계승자라는 것을 인정했다. 두 번째(25장)는 어리석은 사람 나발을 죽이고 싶은 마음을 억제하는 다윗과 (비록 머리끝까지 화가 났지만), 다윗의 왕의 신분과 임박한 통치에 대해서 자기 자신의 말로 증거하고 있는 이방인 여인, 아비가일을 보여준다.

다시 가드에서(27:1~28:2)

27:1 다윗이 그 마음에 생각하기를 내가 후일에는 사울의 손에 망하리니 블레셋 사람의 땅으로 피하여 들어가는 것이 상책이로다…… 2 일어나 함께 있는 육백 인으로 더불어 가드 왕 마옥의 아들 아기스에게로 건너가니라 3 다윗과 그의 사람들이……가드에서 아기스와 동거하였는데…… 4 다윗이 가드에 도망한 것을 혹이 사울에게 고하매 사울이 다시는 그를 수색하지 아니하니라

5 다윗이 아기스에게 이르되 내가 당신께 은혜를 받았거든 지방 성읍 중 한 곳을 주어 나로 거하게 하소서…… 6 아기스가 그 날에 시글락을 그에게 주었으므로……

다시 가드에서 아기스와 함께 했다. 아기스는 다윗의 유랑생활 초기에 눈에 띄게 등장한 후(21:10~15), 잠잠하다가 이제 유랑 기간 말기에 다시 모습을 나타낸다. 그러나 그의 역할이 바뀌었다. 다윗이 광야로 피신할 당시 아기스는 다윗의 적이었으나, 이제 그는 다윗의 후견인이 되었다. 다윗이 처음에는 미친 사람 행세를 하면서 아기스의 손에서 탈출했으나, 지금은 아기스를 섬기면서 그의 관심어린 보호를 누리고 있다.

아기스의 역할은 우리가 이해하기 어려운 아이러니이다. 이스라엘의 숙적 블레셋의 왕이 이스라엘의 망명 중인 차기 왕을 보호하기 위해서 적절한 환경을 제공한 것이다. 가드는 바로 골리앗의 고향이다. 이교도이며 적대적인 블레셋 사람들이 하나님의 기름 부으신 자를 영접하는 역할을 함으로써, 블레셋 사람들은 하나님의 주권적인 목적을 완성함에 있어서 하나의 도구가 되었다. 이 상황에 적절한 중세 시대의 격언이 있다. "하나님은 절름발이의 말을 타고 달리시고 구부러진 막대기로 반듯하게 기록하신다."

본문에는 팽팽한 긴장이 흐르고 있다. 다윗은 사울의 추적에서 벗어날 가망이 없는 것으로 판단하고, 숙적 블레셋의 왕 아기스에게 망명했다.

다윗의 전략은 적중했다. 사울은 다윗 쫓는 것을 중단했고, 아기스는 파괴와 약탈 중심의 블레셋의 지속적인 과업을 위해서 다윗을 귀한 동맹자로 여기고 환영했다. 다윗은 자기와 함께한 사람들과 거할 수 있는 자치 마을을 요구해서 허락을 받았는데, 그 마을은 아기스의 직접적인 감시를 피할 수 있을 만큼 먼 거리에 있었다. 모든 일이 아주 순조롭게 정리되었다. 다윗과 그의 사람들은 광야의 불안정한 생활 조건에 의존해서 사는 것을 벗어나서, 이제는 안정된 거주지인 시글락에서 가족들과 함께 집안 살림을 일으키고 가정을 돌볼 수 있게 되었던 것이다.

그러나 블레셋으로 망명한 것은 다윗이 아주 위험천만한 이중 게임을 하고 있는 것이다. 그는 유다 남쪽 지역의 마을들을 습격해서 약탈을 일삼는 것처럼 행동하며 하나님의 백성을 괴롭히는 블레셋의 정책을 잘 실천하고 있는 듯이 행세했다(10절). 그러나 실지로 그가 출정해서 한 일은 출애굽 당시 이스라엘이 거쳐 왔던 그 행로대로 유다에서 애굽에 이르는 길을 따라 보다 더 남쪽에 거주하고 있던 이스라엘의 역사적인 원수 민족들을 침략하여 약탈하고 황폐화시키는 것이었다. 생존자가 자기가 목격한 것을 아기스에게 보고하지 못하도록 하기 위해서 침략한 적의 진영에 있는 모든 사람을 죽였다. 결과적으로 아기스의 후원과 보호를 이용하여 다윗은 자신의 동족 이스라엘을 위해서 은밀하게 일을 진행하고 있었던 것이다.

다윗의 광야 유랑 생활의 마지막 기간이라 할 수 있는 시글락에 거주하던 16개월동안 다윗의 활동은 이런 형태로 계속 유지되어 갔다. 아기스는 아무것도 의심하지 않았다. 오히려 아기스는 유명한 다윗이 자기와 동맹이 되어 블레셋을 위해서 충실하게 싸우고 있는 것으로 알고, 다윗에 대해서 자부심을 가지고 있었다.

모든 일이 너무도 순조롭게 풀려 가고 있었다. 그런데 또 다시 블레셋과 이스라엘 사이에 전면 전쟁이 시작되자, 아기스는 다윗을 전쟁 작전 참모 회의의 요직에 임명했다. 이제 다윗이 어떻게 행동해야 할 것인가? 하나님께서 자기를 선택해서 목자로 세워 돌보라고 맡기신 바로 그 사람들을 적으로 삼고 전쟁을 할 것인가? 어떻게 처신하는 것이 현명한지를 분간하기 어려운 상황에 처하게 된 다윗은 아기스의 호의와 같은 명령을 거절할 수 없었다. 왜냐하면 이 임명은 다윗이 평소에 이스라엘을 대적해 온 사람이라는 아기스의 신뢰에 근거한 것이기 때문이다. 그렇다고 아기스의 명령대로 할 수도 없는 노릇이었다. 이스라엘을 대적하여 싸우는 것은 자기를 세우고 규명하는 언약과 기름 부음의 모든 요소를 부정하는 것이기 때문이다. 얼마 전에 다윗은 사울 죽이는 것을 두 번씩이나 거절했다. 그런데 이제 사울을 죽이려는 블레셋의 전략에 함께 하여 이스라엘을 치러 나가야 할 처지가 되었다. 만일 블레셋과 함께 출정하여 사울 죽이는 것을 거부한다면, 후견인이 되어 자신을 보호를 제공해 주었던 사람들에게 등을 돌린 배신자로 드러나게 될 것이다. 만일 사울을 대항하여 무기를 든다면, 다윗은 자기 동족들에게 등을 돌린 배신자가 될 것이다. 이 부분에서 우리는 긴장이 고조되어 있음을 느끼게 된다(이 긴장은 29장에서 해결될 것이다).

사울과 엔돌의 무당(28:3~25)

블레셋의 돌발적인 침공이 시작되자, 다윗은 어정쩡한 타협으로 마련된 위치에 재배치되었다. 한편 사울은 아주 위험한 곤경에 빠지게 되었는데, 막다른 골목에서 등을 벽에 기댄 채 빠져나갈 출구를 찾아 마지막 몸부림을 쳐보는 것과 같은 절박한 상황이었다.

28:3 사무엘이 죽었으므로 온 이스라엘이 그를 애곡하며……사울은 신접한 자와 박수를 그 땅에서 쫓아 내었었더라 4 블레셋 사람이 모여 수넴에 이르러 진 치매…… 5 사울이 블레셋 사람의 군대를 보고 두려워서…… 6 사울이 여호와께 묻자오되 여호와께서 꿈으로도, 우림으로도, 선지자로도 그에게 대답지 아니하시므로 7 사울이 그 신하들에게 이르되 나를 위하여 신접한 여인을 찾으라…… 그 신하들이 그에게 이르되 보소서 엔돌에 신접한 여인이 있나이다

8 사울이 다른 옷을 입어 변장하고 두 사람과 함께 갈새 그들이 밤에 그 여인에게 이르러는 사울이 가로되 청하노니 나를 위하여 신접한 술법으로 내가 네게 말하는 사람을 불러올리라 9 여인이 그에게 이르되 네가 사울의 행한 일 곧 그가 신접한 자와 박수를 이 땅에서 멸절시켰음을 아나니 네가 어찌하여 내 생명에 올무를 놓아 나를 죽게 하려느냐 10 n 사울이……그에게 맹세하여……여호와께서 사시거니와 네가 이 일로는 벌을 당치 아니하리라 11 여인이 가로되 내가 누구를 네게로 불러 올리랴 사울이 가로되 사무엘을 불러 올리라…… 13 ……여인이 사울에게 이르되 내가 신이 땅에서 올라오는 것을 보았나이다 14 ……한 노인이 올라 오는데 그가 겉옷을 입었나이다……

15 사무엘이 사울에게 이르되 네가 어찌하여 나를 불러 올려서 나로 분요케 하느냐 사울이 대답하되 나는 심히 군급하니이다 블레셋 사람은 나를 향하여 군대를 일으켰고 하나님은 나를 떠나서 다시는 선지자로도, 꿈으로도 내게 대답지 아니하시기로 나의 행할 일을 배우려고 당신을 불러 올렸나이다 16 사무엘이 가로되…… 17 여호와께서……나라를 네 손에서 떼어 네 이웃 다윗에게 주셨느니라…… 19 ……내일 너와 네 아들들이 나와 함께 있으리라……

20 사울이 갑자기 땅에 온전히 엎드러지니……심히 두려워함이요…… 21 그 여인이 사울에게 이르러……나의 생명을 아끼지 아니하고 왕이 내게 이르신 말씀을 청종하였사오니 22 그런즉 청컨대 이제 여종의 말을 들으사 나로 왕의 앞에 한 조각 떡을 드리게 하시고 왕은 잡수시고 길 가실 때에 기력을 얻으소서

죽은 사람의 혼령을 불러내어 점괘를 보는 행위는 이스라엘에서 금지되어 있었다. 그러나 그런 점술은 암암리에 성행하여 많은 사람들이 이용하고 있는 실정이었다. 과학적인 사고방식에 어울리게 표현하자면, 그

런 행위는 산자와 죽은 자 사이의 "대화의 통로를 여는 것"이다. 관계와 그 관계를 위한 헌신에 따르는 어떤 불편함을 겪을 필요가 없는, 실지로 하나님을 무시한, 초자연적인 체험을 제시하는 것처럼 보인다. 그것은 따분하거나 절박한 사람들에게 초자연적인 스릴을 제공하는 일종의 영교술인데, 신명기에 명시된 "그 민족들의 가증한 행위"에 포함되는 것이다(신 18:9~11). 통치 초기에는 사울이 직접 무당들이 그런 마술적인 강신술을 금지시켰다.

사울이 강신술을 이용하기 위해서 무당을 찾아 가는 것은 그가 얼마나 절박한 상태인가를 보여주는 하나의 증표이다. 사울이 만났던 사람 가운데 최고의 지혜자 사무엘은 죽었다. 그러나 혹시 자기를 위해서 사무엘의 혼령을 불러올릴 수 있는 무당을 찾을 수 있을 것이라는 한 가닥의 기대에 의존하고 있었다.

본문의 진술은 예술적이고 화려하며 그리고 신학적이다. 하나님을 대신할 여자 무당을 찾기 위해서 이스라엘의 뒷골목으로 몰래 숨어 들어가는 사람으로 전락해 버린 바로 이 사울이, 하나님의 계시와 기름 부음의 고귀한 은혜를 누리던 사람이었다. 선지자적 사사들 가운데 마지막이자 가장 위대한 사람이 여러 해 동안 그의 개인적인 조언자였다. 사울은 이스라엘의 초대 왕이 되어, 느슨한 종족 연맹체제로부터 하나님의 주권에 대한 증거가 될 중앙집권체제로 전환시키는데 관련된 모든 일을 처리해야 할 위치에 있었다. 그러나 꾸준히 부상하는 다윗의 명성과 오랜 기간동안의 불순종으로 인해 누적된 결과는 사울을 벼랑 끝으로 내몰리게 하고 있었다. 하나님을 만나려 하지도 않고, 자신의 참 모습을 보려고도 하지 않고, 그는 눈에 보이는 것은 무엇이든지, 그것이 지푸라기일지언정 붙잡으려고 했던 것이다. 그가 잡은 것은 엔돌에서 명성이 나있는 여자 무당이었다.

그 여자는 죽은 사무엘의 혼령을 불러내어 사울이 자기에게 원하는 것을 해 줄 수 있었다. 그러나 그 강신술을 통해서 사울이 알게 된 새로운 것은 아무것도 없었다. 사울이 사무엘의 혼령에게서 들은 것은 사무엘이 살아 있을 때에 여러 번 거듭해서 그에게 이미 말했던 바로 그 내용이었다. 즉 사울의 통치는 끝나고, 다윗의 통치가 곧 시작될 것이라는 예언이었다. 강신술을 이용하는 질 나쁜 무속행위의 실체가 무엇이든지 간에 한 가지 분명한 사실은, 하나님께서는 그런 종류의 방법들을 통해서 구원의 진리를 계시하시지 않으신다는 것이다. 사무엘은 자신이 이전에 말했던 내용을 다시 말했고, 사울은 이전에 들었던 것을 다시 들었을 뿐이다.

자신에게 유리한 것은 아무것도 듣지 못했다. 그렇지만 심지어 구제의 길이 없고 어둠이 드리운 저승의 상황에서도 사울은 동정을 받아야 했다. 인정이라고는 찾아보기 힘든 그 여자 무당이 사울을 측은히 여겨 동정심을 보였다. 그 여자는 사울에게 음식을 접대하며, 먹고 힘을 얻기를 간청했다. 그는 밑바닥까지 추락했고 거기에는 실의와 절망 가운데 있는 자신에게 동정을 베푸는 한 여자가 있었다. 그것이 그가 다음 날 죽기 전에 먹은 마지막 식사였다.

블레셋과의 동맹 위기(29:1~11)

이야기의 흐름을 두고 볼 때, 사울과 엔돌에서 있었던 강신술에 대한 이야기는 일종의 사담에 해당된다. 이제 본문에서 이야기의 본줄거리가 재개된다. 아기스의 일행 가운데 포함된 다윗이 사울과 이스라엘을 공격하는 블레셋의 전쟁에서 격리되었다.

29:2 블레셋 사람의 장관들은……나아가고 다윗과 그의 사람들은 아기스와 함께 그 뒤에서 나아가더니 3 블레셋 사람의 방백들이 가로되 이 히브리 사람들이 무엇을 하려느냐 아기스가……이르되……다윗이 아니냐…… 4 블레셋 사람의 방백들이……그에게 이르되 이 사람을 돌려보내어……우리와 함께 싸움에 내려가지 못하리니…… 5 그들이 춤추며 창화하여 가로되 사울의 죽인 자는 천천이요 다윗은 만만이로다 하던 이 다윗이 아니니이까 6 아기스가 다윗을 불러 그에게 이르되…… 7 너는 돌이켜 평안히 가서…… 8 다윗이 아기스에게 이르되 내가 무엇을 하였나이까…… 9 아기스가 다윗에게 대답하여 가로되 네가 내 목전에 하나님의 사자같이 선한 것을 내가 아나 블레셋 사람의 방백들은 말하기를 그가 우리와 함께 전장에 올라가지 못하리라 하니…… 11 이에 다윗이 자기 사람들로 더불어……블레셋 사람의 땅으로 돌아가고 블레셋 사람은 이스르엘로 올라가니라

아기스는 다윗을 훌륭한 군인으로 생각하고, 그에게 완전한 신뢰를 보냈다. 그는 16개월동안 다윗이 블레셋의 편에서 이스라엘의 마을들을 침략하여 약탈을 일삼아 왔기 때문에, 결과적으로 자기는 다윗의 은덕을 입은 사람으로 생각했다. 그 기간은 아기스가 다윗의 충성심과 전투 실력을 확인하기에 충분한 시간이었다. 하지만 다른 블레셋 지휘자들은 여전히 의심하고 있었다. 블레셋 전사들을 죽인 공훈으로 명성이 높은 사람이 그렇게 단순하게 입상을 바꾸어서 이전의 자기 동지들이있던 이스라엘 사람들을 대적하여 목숨을 건 사투를 할 수 있을까? 확신이 서지 않았다. 그들은 이구동성으로 아기스에게 말하기를, 다윗이 자기들과 같은 지위에서 전투에 참전하는 것을 원하지 않는다고 했다. 아기스는 다윗이 가져다 준 이익과 그에게 보여주었던 신뢰를 강조하며 다윗을 변호했으나, 결국에는 자기 군사 참모들의 요구대로 다윗을 지위에서 면직시킬 수 밖에 없었다. 다윗이 마음 상해서 화내지 않기를 바라면서 아기스는 망설임 가운데 신중한 변명과 위로의 말과 함께 그 조치를 취했다. 그러

나 다윗에 관한 판단은 블레셋 지휘자들의 생각이 옳았다. 아기스가 다윗에 대해서 신뢰할 수 있도록 만든 것은 다윗의 속임수이다. 시글락에 정착한 이후 다윗은 이중 플레이를 하면서 아기스가 의심없이 자기를 신임하도록 만들었다. 자기도 모르는 사이에 아기스는 자기 진중에 적이 정착할 수 있게 해 준 셈이었다. 다윗은 끝까지 신실한 친구 행세를 유지해 갔다.

이것은 아기스와 다윗 사이의 생생한 대화를 통해서 전달된 사건의 표면에 지나지 않는다. 바로 그 표면 아래에서 우리는 하나님의 섭리가 역사하고 있음을 감지할 수 있다. 다윗에게 초점을 두고 진행되던 이야기의 흐름이 일시적으로 사울에게로 방향을 바꾸었던 그때(28:3), 다윗은 곤란한 상황에 직면했었다. 즉 블레셋이 이스라엘을 침략하기 위해서 전면전을 준비하고 있고, 아기스는 다윗을 참전시켜서 블레셋의 편에서 싸우게 하는 것을 아주 당연하게 생각하고 있었던 것이다. 그러나 비록 아기스는 모르고 있을지라도, 다윗은 이스라엘의 왕이다. 만약 아기스가 이런 사실을 알았더라면 아마도 그는 다윗을 죽였을 것이다. 한편 다윗이 아기스 편에서 이스라엘을 대적하여 싸운다면, 그것은 자신의 진정한 본질을 거부하는 행위이다.

그런데 그 곤란한 상황은 다윗의 별다른 노력없이 자연스럽게 해결되었다. 블레셋 사람들(불경한 원수 블레셋)은 노를 발하며 다윗을 거절했으나, 무의식 중에 그의 생명과 본질을 동시에 구원하시는 하나님의 일을 하고 있었던 것이다. 이것은 하나님의 사람들이 흔히 경험하는 것인데, 시편의 다음과 같은 구절에서 아주 잘 표현되어 있다. "진실로 사람의 노는 장차 주를 찬송하게 될 것이요"(시 76:10)

브솔 시내에서(30:1~31)

내용의 "주요 사건"인 이스라엘과 블레셋 사이의 전면전 준비는 이스르엘에서 진행되는 한편 본문 기자는 다시 한 번 우리의 주의를 남쪽으로 돌려서 무대 뒤에서 이루어지고 있는 어떤 일을 보게 한다.

본문의 내용은 다윗의 친밀한 정을 가장 잘 나타내고 있는 이야기 중에 하나이다. 전투에 참전하지 못하도록 배제된 후 다윗은 변방에 있는 자기 마을로 귀향했다. 그러나 세상에 잘 알려지지 않은 변두리 마을 시글락에서 발생한 일은, 이스르엘에서 벌어지고 있는 톱뉴스 감의 전쟁과는 아주 별개의 것으로서 "기쁜 소식"(gospel)을 전해 줄 것이다. 브솔 시내에서 일어난 한 사건이 우리의 주의를 끌고 있다. 브솔(besor)의 뜻은 "기쁜 소식"(good news) 또는 우리가 흔히 표현하는 식으로 말하자면 바로 "복음"(gospel)이다. 인류에게 결정적인 영향을 미치는 대부분의 행동들은 메스컴의 기자들이 난리법석을 떨며 기사화한 자기들의 이야기들을 전송하는 장소로부터 아주 격리된 곳에서 일어나기 마련이다. 본문의 사건과 함께 다윗이 광야에서 지낸 수년 간의 세월이 막을 내린다.

30:1 ……아말렉 사람들이……시글락을……쳐서 불사르고 2 거기 있는 대소 여인들을……다 사로잡아 끌고 자기 길을 갔더라 3 다윗과 그의 사람들이 성에 이르러 본즉 성이 불탔고 자기들의 아내와 자녀들이 사로잡혔는지라 4 다윗과 그와 함께 한 백성이……소리를 높여 울었더라 5 (다윗의 두 아내……아히노암과……아비가일도 사로잡혔더라) 6 백성이 각기 자녀들을 위하여 마음이 슬퍼서 다윗을 돌로 치자 하니 다윗이 크게 군급하였으나 그 하나님 여호와를 힘입고 용기를 얻었더라

7 다윗이……이르되……에봇을 내게로 가져오라…… 8 다윗이 여호와께 묻자와 가로되 내가 이 군대를 쫓아 가면……여호와께서 대답하시되 쫓아가라…… 9 이에 다윗과 그와 함께 한 육백 명이 가서 브솔

시내에 이르러는…… 10 곧 피곤하여 브솔 시내를 건너지 못하는 이백 인을 머물렀고 다윗은 사백 인을 거느리고 쫓아가니라

11 무리가 들에서 애굽 사람 하나를 만나 다윗에게로 데려다가 떡을 주어 먹게 하며 물을 마시우고 12 ……그가 낮 사흘, 밤 사흘을 떡도 먹지 못하였고 물도 마시지 못하였음이라…… 13 다윗이 그에게 이르되 너는……어디로서냐 가로되 나는……아말렉 사람의 종이더니 사흘 전에 병이 들매 주인이 나를 버렸나이다 14 우리가 그렛 사람의 남방과 유다에 속한 지방과 갈멜 남방을 침노하고 시글락을 불살랐나이다 15 다윗이 그에게 이르되 네가 나를 그 군대에게로 인도하겠느냐 그가 가로되……당신을 이 군대에게로 인도하리이다

16 그가 인도하여 내려가니 그들이 온 땅에 편만하여……먹고 마시며 춤추는지라 17 다윗이……그들을 치매…… 18 다윗이 아말렉 사람의 취하였던 모든 것을 도로 찾고 그 두 아내를 구원하였고 19 ……아무 것도 잃은 것이 없이 다윗이 도로 찾아왔고……

21 다윗이 이왕에 피곤하여 능히 자기를 따르지 못하므로……이백 인에게 오매…… 22 다윗과 함께 갔던 자 중에 악한 자와 비류들이 다 가로되 그들이 우리와 함께 가지 아니하였은 즉 우리가 도로 찾은 물건은 무엇이든지 그들에게 주지 말고…… 23 다윗이 가로되 나의 형제들아……너희가 이같이 못하리라 24 ……전장에 내려갔던 자의 분깃이나 소유물 곁에 머물렀던 자의 분깃이 일반일지니……

블레셋 군대의 지위에서 면직된 것은 분명히 하나님의 섭리였다. 그러나 다윗과 그와 함께한 사람들이 돌아와서 보니 그들의 주거지인 시글락은 약탈 당한 후 불타고 있었고, 그들의 아내들과 아이들이 포로로 끌려가 버린 후였다. 그 광경을 보게 된 그들의 마음에는 감사와 안도가 사라지고 분노가 용솟음치게 되었다.

그들의 분노는 곧 다윗을 분풀이의 표적으로 삼았다. 그들 눈앞에 펼쳐진 대학살과 파괴에 대해서 지도자로서 책임을 질 것을 강력하게 요구하며 다윗을 공격했다. 비난은 울부짖음이 되었다. "다윗을 돌로 쳐라!" 지금까지 다윗의 생명은 사울 왕의 위협과 블레셋의 위협을 받아왔다. 그러나 이제 다윗은 처음으로 자기를 죽이기 위해 분개하고 있는 자신의 동료들을 직면하게 되었다. 시편에서 "원수"라는 말을 자주 사용하고 있

는 이유가 바로 여기에 있다. 다윗의 인생 경험 안에는 광범위한 근거를 찾을 수 있다. "하나님은 일어나사 원수를 흩으시며"(시 68:1, NIV는 "his enemies"로 번역하여, 다윗의 원수들을 지칭함을 명확하게 했다—역주)

이 절박한 상황에서 다윗은 하나님을 바라보며, 하나님의 제사장 아비아달을 찾았다(6~7절). 다윗은 기도했다. 사울이 엔돌에서 미신을 믿고 무당의 도움을 받아 죽은 혼령을 만나는 거의 같은 시점(28장)에 다윗은 자기와 함께 한 제사장이 보관하고 있는 율법에서 거룩하게 성별한 에봇을 가지고 하나님께 기도했다. 두 사람 모두 자신들의 생명이 죽느냐 사느냐의 갈림길에 있음을 알고 있었다. 그러나 사울이 허상과 같은 유령에게 자문을 구하는 동안에 다윗은 친히 자신을 보여 주신 바로 그 하나님께 기도했다.

하나님의 응답을 확인한 후, 다윗은 사람들을 재정비하여 약탈자들 추격에 나설 수 있었는데, 그들은 분노한데다 심히 지친 상태였다. 다윗과 그의 사람들은 이스라엘과의 전면전을 치르기 위해서 출정하는 문제 때문에 블레셋과 함께 아벡에 머물러 있다가, 출정에서 제외되자 3일동안 걸어서 조금 전에 시글락에 도착했던 상황이었다. 그런데 재충전을 위한 최소한의 시간도 가지지 못한 채 곧 바로 행진하여 그 날 늦게 브솔 시내에 도착했을 무렵에는 사람들이 완전히 기진맥진한 상태였다. 그래서 6백 명의 추격대 중에서 2백 명이 추격을 포기하고 브솔 시내에 머물렀다. 바로 이 2백 명이 계속되는 다음 내용에서 특이한 역할을 하게 된다.

한편 추격대는 자기들이 잡으러 가는 사람들의 정체나 그들이 있는 장소 등에 관해서 아무 정보가 없었다. 그러다가 도중에 빈사 상태에 빠진 병든 애굽 사람을 발견했다. 그들은 친절하게 그리고 연민을 가지고 그를 치료해 주었다("선한 사마리아인"의 주제와 같다). 그 애굽 사람이 회복되자 그는 다윗의 추격대를 위해서 안내 역할을 맡게 되었는데, 알고 보니 그는 다윗의 시글락 진영을 약탈한 아말렉 사람의 노예로서 약탈 현장에 함께 있었던 사람이었다. 광야에서 병들어 쓰러지자 주인이 그를 더 이상 쓸모없게 여기고, 광야에서 죽도록 내버린 채 가버렸던 것이다. 그 노예의 생명을 구해줌으로써 다윗의 사람들은 길이 없는 사막에서 자기들이 쫓고 있는 사냥감에게로 인도해 줄 수 있는 한 유능한 안내자를 얻게 되었던 셈이다.

아말렉 사람들에게 이르러 보니, 약탈꾼들은 술에 만취가 되어 있어서, 마치 도살장에 웅크리고 앉아 있는 오리들과 같았다. 납치되었던 여자들과 아이들 모두 무사히 돌아왔을 뿐만 아니라, 아말렉이 약탈해 간 것들을 모두 되찾을 수 있었다.

돌아오는 길에 뒤에 처졌던 2백 명을 대열에 합류시키고 그들의 아내들과 자녀들을 보게 하기 위해서 브솔 시내에 들렀다. 그러나 일부 비열한 사람들이 처져 있던 사람들과 전리품 나누는 것을 반대했다. 이유는 다른 사람들이 쉬지 못하고 일하는 동안 뒤에 처진 사람들은 시내 가에 앉아서 발을 적시고 있었으므로 전리품을 분배 받을 자격이 없다는 것이었다. 그러나 다윗은 모든 사람에게 똑같이 분배하도록 명령했다. 그들을 안내해 준 병든 애굽인 노예, 술 취하여 무방비 상태로 있던 아말렉 사람들, 모든 여인들과 아이들이 살아 있었던 것 등, 추격전의 전 과정은 하나님의 은혜였고, 승리는 하나님이 주신 선물이었다. 본문에서 관용을 베푸는 장면이 두 번 있는데, 버려진 애굽 노예에 대한 것과 뒤에 처져 있었던 2백 명에 대한 것이다. 다윗의 은혜로운 관용은 그 이후로 이스라엘에서 지키는 표본이 되었다. 본문의 이야기는 다음과 같은 바울의 가르침의 본질을 예시하는 구약의 이야기인 것으로 인정되고 있다. "너희가 그 은혜를 인하여 믿음으로 말미암아 구원을 얻었나니 이것이 너희에게서 난 것이 아니요 하나님의 선물이라 행위에서 난 것이 아니니 이는 누구든지 자랑치 못하게 함이니라"(엡 2:8~9)

사울이 이스르엘 골짜기에서 자기 목숨을 위해서 싸우고 있는 그 시간에 바로 이 브술 시내 사건이 발생했기 때문에, 우리는 아말렉 사람들이 보여준 분명한 반항을 주목하지 않을 수 없다. 사울은 아말렉과의 전쟁에서 하나님의 명령을 불순종했을 때 (15장), 그의 몰락은 굳어졌다. 이제 사울의 왕권이 종말을 고하는 바로 이 시점에, 다윗은 아말렉을 무찌른 승리를 발판 삼아 왕권으로 나아갈 준비가 되고 있었다. 그러므로 본서의 내용 연결은 사울의 버림 받음과 다윗의 상승 (둘 다 명백한 특징을 가지고 있다) 사이에서 이루어지지만, 한 아말렉 사람과 관련해서는 대조적인 방식으로 연결된다.

> 30:26 다윗이 시글락에 이르러 탈취물을 그 친구 유다 장로들에게 보내어 가로되 보라 여호와의 원수에게서 탈취한 것을 너희에게 선사하노라 하고…… 30 ……다윗과 그의 사람들의 왕래하던 모든 곳에 보내었더라

열 두 마을들 또는 지역들의 이름이 소개되는 중에 헤브론이 마지막으로 언급되고 있다. 이 성은 다윗이 이스라엘을 약탈하는 것처럼 아기스를 속였던 문제의 지역이다. 그러나 실지로 다윗이 한 일은, 헤브론의 적들을 침입하고 괴롭게 하므로 헤브론 사람들을 보호해 주었다. 지난 수

년 동안, 다윗은 동족들이 자신에 대해 신뢰할 수 있도록 행동했고, 그들의 필요에 관심을 보여 줌으로써 자신이 동족들에게 헌신적인 사람임을 스스로 입증했다. 이제 얼마 있지 않아서 다윗이 헤브론에 입성하여 유다의 왕이 되어 논의의 여지가 없는 통치를 시작하게 된다(삼하 2:1~4). 헤브론은 다윗이 잘 알고 있는 지역이며, 그 성의 사람들은 다윗을 잘 알고 있다. 이제 다윗이 왕으로 등극해야 할 때가 되자, 그가 광야에서 도망자로 지내는 동안 일어난 모든 일이 합력하여 선을 이루고 있는 것이다.

놉에서 시작된(21장) 다윗의 광야생활 이야기들은 이제 완료되었다. 다윗의 광야에서 지낸 세월의 중요성은 이 이야기가 다른 두개의 광야 이야기의 사이에 놓여 있다는 사실에서 볼 수 있다. 한쪽에는 모세가 이스라엘 백성들을 시내 광야를 지나도록 인도한 40년의 세월이 있고, 다른 쪽에는 예수님이 유대 광야에서 금식하며 보내신 40일의 기간이 있다 – 모세, 다윗, 그리고 예수님.

광야의 이야기들은 유혹과 시험 당하는 이야기들이다. 광야는 시련의 장소이며 또한 유혹의 장소이다. 광야는 그야말로 광야이다. 온순하거나 길들여진 것은 아무것도 없다. 그곳에는 익숙하고 편리한 문명의 도움이 없다. 그러므로 생활은 목숨을 부지하려는 몸부림이 전부이다.

모세의 광야 이야기를 보면, 이스라엘 백성은 우상들과 살아계신 하나님 사이에 있는 다른 점을 구별할 수 있는 훈련을 받고, 하나님을 예배하는 것을 배웠다. 광야의 경험을 통하여 그들은 온전히 하나님 앞에서 살아 갈 수 있도록 준비되어진 것이다. 예수님의 광야 이야기를 보면, 우리 주님은 하나님을 이용하는 종교와 하나님이 행하시는 것을 행하는 신앙(spirituality)을 확실하게 구별하셨던 분이시다. 그 일로 말미암아 예수님은 기꺼이 우리의 구세주가 되실 준비가 되어 있었다. 다윗의 광야 이야기에서 우리는 미움 받고 사냥 감처럼 쫓기는 한 사람을 본다. 그의 인간으로서의 존엄성이 철저히 짓밟히는 상황은 그로 하여금 하나님을 원망하는 인생을 살 것인지 아니면 경외와 기도의 인생을 살 것인지를 결심할 수 밖에 없도록 만들었다. 그는 기도를 선택했다.

15. 사울의 종말

사무엘상 31:1~13

본문의 배경은 다시 블레셋 사람들에게로 맞추어졌다. 우리는 앞의 본문에서(29:11) 그들이 전쟁터로 진군하는 모습을 보았다. 다윗이 남쪽 지역 브술 시내 근처에서 사랑의 공동체를 세우는 동안 북쪽에서는 블레셋과 이스라엘 사이의 전쟁이 한창이었다.

> 31:1 블레셋 사람이 이스라엘을 치매 이스라엘 사람들이⋯⋯도망하여 길보아 산에서 엎드러져 죽으니라 2 블레셋 사람들이⋯⋯사울의 아들 요나단과 아비나답과 말기수아를 죽이니라 3 사울이 패전하매⋯⋯중상한지라 4 그가 병기 든 자에게 이르되 네 칼을 빼어 나를 찌르라⋯⋯병기든 자가⋯⋯즐겨 행치 아니하는지라 이에 사울이 자기 칼을 취하고 그 위에 엎드러지매 5 병기 든 자가⋯⋯자기도 자기 칼 위에 엎드러져 그와 함께 죽으니라

사울의 병기 든 자는 자기를 칼로 치라는 왕의 명령을 거부하였다. 이 장면은 안락사를 정당화하기 위해서 입심 좋게 둘러대는 현대 사회의 문화와 두드러진 대조를 보이고 있다. 왕 사울이 자신의 비참한 상태를 끝

내고 싶은 마음에서 자기의 신하에게 명령한 것을 두고 왕이 잘못했다고 말하기는 어려울 것이다. 그는 이미 죽어 가고 있는 상태였고 고통 가운데서 호소했다 – "나를 죽여서 이 고통에서 벗어나게 하라." 그 상황을 두고 볼 때, 그의 명령은 충분히 이해할 수 있는 것이다. 그 명령은 연민이라는 측면에서도 충분히 타당한 것이었다. 그러나 그 신하는 불복했다. 하나님이 기름 부어 세운 직책인 왕권 그 자체에 대한 그의 존경심이 왕의 어떤 특별한 명령보다도 더 강하게 압박해 왔기 때문이다. 그러나 또 다른 이유가 있었을지도 모른다. 즉 생명 그 자체의 존엄성은 심지어 고통으로 일그러진 최후의 순간에서 조차도 생명이 없는 것 보다 더 귀하다. 한편, 그 병기 든 자를 현대의 안락사를 반대하는 증인으로 채택하기에는 근거가 빈약하다. 왜냐하면, 그도 왕을 따라 자결을 하고 말았기 때문이다. 그러나 오늘날의 의학과 윤리의 상당 부분이 합법화 해줄 수 있는 것에 대해 그가 보인 직관적인 부정적 반응은, 편안한 죽음을 지지하는 여러 입장들을 자주 펀드는 우리에게 어떤 대답을 요구한다.

31:8 그 이튿날 블레셋 사람들이 죽은 자를 벗기러 왔다가 사울과 그 세 아들이 길보아 산에서 죽은 것을 보고 9 사울의 머리를 베고…… 10 ……그 시체는 벧산 성벽에 못박으매 11 길르앗 야베스 거민들이 블레셋 사람들의 사울에게 행한 일을 듣고 12 모든 장사가……사울과 그 아들들의 시체를 벧산 성벽에서 취하여…… 13 ……야베스 에셀나무 아래 장사하고……

사울의 종말은 오래 전부터 진행되어 왔고, 이제 비로소 완료된 것이다. 이스라엘의 초대 왕이자 실패한 왕, 사울이 죽었다. 그러나 비록 사울이 치명적으로 결함이 있고 하나님께 버림 받은 것으로 지금까지 강조되었으나, 그의 사망에 관한 기사는 경건하게 진술되고 있다. 사울은 그의 세 아들과 그의 병기 든 자와 함께 장엄하게 최후를 맞이했다. 본문에서 그를 얕보거나 경멸하는 흔적은 보이지 않는다. 모든 일들이 어찌 되었든 간에, 사울은 하나님의 기름 부음 받은 사람으로 죽어갔다.

물론, 블레셋 사람들은 사울의 죽음을 다르게 보았다. 그들에게 이스라엘 왕과 그의 자녀들의 시신들은 하나의 노리개 감이었다. 그들은 잔혹하게 시체들을 유린해서 벧산의 성벽에 걸어 두어 비웃음거리가 되게 하고 더욱 능욕 당하도록 만들었다.

그러나 사울의 인생이 그 야만적인 모독으로 마감되는 것이 아니었다. 블레셋 사람들은 승리를 선언하는 마지막 말을 듣지 못했다. 야베스 길르앗 거민들이 사울 왕과 그의 아들들의 시체들이 능욕 당하는 것을 듣고 달려왔다. 그들은 사울에게 입은 은혜를 기억하고 있었는데, 사울이 왕이 되어 치른 최초의 전쟁이 바로 그들을 위한 것이었다. 암몬 족속의 왕 나하스("뱀")를 물리치므로 그의 잔인한 억압에 시달리던 야베스 길르앗 사람들을 구출해 주었던 것이다(11장). 사울이 블레셋에게 능욕 당하고 있는 그때에, 야베스 길르앗 거민들은 사울에게 명예를 돌릴 기회를 얻게 되었다. 사울이 그늘 곁에 있어 주었으므로, 비록 사울에게 남은 것은 사지가 잘린 자신의 시신뿐일지라도, 이제 그들이 그와 함께 있으려 한다. 사울이 지금까지 어떤 잘못을 저질러 왔다 할지라도, 그 위대한 구출에 대하여 그들이 가지고 있는 감사함은 어느 누구도 빼앗을 수 없는 것이었다. 그래서 블레셋이 사울과 그의 세 아들들에게 행한 포악무도함을 들었을 때, 야베스 길르앗 사람들은 죽음의 위험을 무릅쓰고 능욕 당한 사울과 그의 아들들의 시신들을 구출하여 돌아왔고, 가족 장례식을 치러줌으로써 사울의 종말을 명예롭게 해 주었다.

하나님의 마음에 합한, **다윗**

저자 : 유진 피터슨 / 역자 :전 상 수
발행처 : 쉴만한물가
전화 : (031)955-4421 / 팩스 : (031)955-4432
공급처 : 미스바출판유통
전화 : (031)955-4433 / 팩스 : (080)300-9191

값 10,500원